Zum Andenken an Deinen 20. Geburtstag

6/4/86 Gisela

D1858324

DAS REISELESEBUCH
ASIEN

Herausgegeben
von Theodor Geus

Societäts-Verlag

Schutzumschlagabbildung:
Ausschnitt aus einem Thanka mit der Darstellung des Lebensrades. Tibet.
Staatliches Museum für Völkerkunde, München

Alle Rechte vorbehalten · Societäts-Verlag
© Frankfurter Societäts-Druckerei GmbH
Umschlaggestaltung: Heinrich Müller
Satz: Frankfurter Societäts-Druckerei GmbH
Druck und Verarbeitung: Franz Spiegel Buch GmbH
Printed in Germany 1984

ISBN 3 – 7973 – 0424 – 2

Inhalt

Theodor Geus

Vorwort

Manches von dem, was die ersten europäischen Reisenden von ihren abenteuerlichen Fahrten in einen fernen Osten nach Hause gebracht haben, entsprach nicht der Wirklichkeit. Auf seltsame Weise vermischt sich in ihren Berichten Wahrheit mit Fantasie, und die Lust am Fabulieren über eine so fremde und geheimnisvolle Welt verstellte den kühlen Blick: Zu vieles widersprach der Vorstellung von Europa als der Mitte der Erde, zu überraschend war die Einsicht, daß, verborgen hinter einem undurchdringlichen Vorhang, eine hohe Zivilisation und eine alle bisher bekannten ästhetischen Vorstellungen sprengende Kultur zu entdecken war. Die Erzählungen des Marco Polo und seiner Epigonen rührten das Publikum, die Länder Asiens wurden zu Märchenländern, in denen es Menschen von faszinierender Schönheit, mächtige Herrscher, unvorstellbaren Reichtum, Götter mit magischer Kraft und eine so verwirrend vielfältige Natur gab, daß der Gedanke nahe lag, hier sei ein Widerschein eines längst verloren geglaubten Paradieses zu finden. Asien wurde zum Ziel von Traumfahrten und eines sehnsüchtigen Fernwehs. Vielleicht war dies der Anfang aller Mißverständnisse.

Seit die mühsame Expedition auf ein paar Flugstunden zusammengeschrumpft ist, seit einst unendlich ferne und über Jahrhunderte von der Außenwelt isolierte Länder gewissermaßen öffentlich geworden sind und vom Tourismus bedrängt werden, ist der Blick in Asien hinein zwar leicht geworden, aber mit der Erkenntnis tun sich die europäischen Besucher immer noch schwer, zu sehr überwuchern farbige Bilder des Exotischen die Realität und zu eigenwillig ist dieses Leben, als daß ein Vorurteil schnell durch ein gerechtes Urteil ersetzt werden könnte. Manchmal scheint es sogar, als würden die Länder Asiens eine leichte Beute einer Reiselust, die sich im bloßen Betrachten erschöpft – staunend wohl, aber ohne die Neugier, den Blick hinter die Kulissen zu wagen. Gewiß macht es Asien auch dem gutwilligen Betrachter nicht leicht, weil sich hier der Konflikt zwischen Anpassung und Tradition immer mehr verschärft und der Identitätsverlust so weit gegangen ist, daß oft nicht mehr zwischen der Inszenierung des Fremdartigen und dem ursprünglich Fremden unterschieden werden kann. Um so wichtiger ist es, sich dieser Welt, die wir manchmal eine dritte nennen – als ob es eine erste und zweite gäbe –, so behutsam zu nähern, mit Respekt und Rücksicht gegenüber Menschen und Dingen, die weit entfernt sind von der aufgeklärten europäischen Gegenwart.

In diesem Reiselesebuch wird, ähnlich wie in den bereits vorliegenden Bänden über Deutschland und Amerika, der Versuch gemacht, Orte und Landschaften von innen heraus zu erklären. Diese Szenen und Skizzen sind auch darum bemüht, unserem Denken kontroverse Erscheinungen zu deuten, bunte Bilder zu ordnen und den Widerspruch zwischen Schein und Wirklichkeit aufzuhellen. Die hier gesammelten Geschichten, geschrieben von Autoren des Reiseblatts der Frankfurter Allgemeinen Zeitung, erheben keinen Anspruch auf Vollständigkeit; sie bieten ein Panorama Asiens aus persönlicher Sicht, und sie zeigen, daß man manchem Geheimnis nahe kommen kann, wenn man sich berühren läßt von dem Schönen und Häßlichen, dem Fröhlichen und dem Traurigen, was alles in diesem Teil der Erde nahe beieinander liegt.

Theodor Geus

Einmal nach Hunza und zurück

In Pakistan

In der dritten Stunde dieser langen Fahrt durch die eiskalte Nacht sang Samsammullah noch ein Lied mit einer seltsam traurigen Melodie. Danach wurde es still in dem kleinen, klapprigen, eiskalten Bus, still bis auf das Pfeifen des Windes und das Kreischen der Räder, während sich die Scheinwerfer in eine dunkle Unendlichkeit bohrten, vorbei an brüchigen Felswänden und steilen Abstürzen. Der Karakorum Highway ist keine elegante Straße, sondern eher eine von Schlaglöchern, Wasserstürzen und fallenden Steinen zerrissene Piste – neunhundert Kilometer fast vom Niemandsland am Kunjerab-Paß, hinter dem China beginnt, bis in das Tal von Rawalpindi.

Rast in Chilas: Aus dem Schlaf aufgeschreckt, schälen sich dunkle Männer aus ihren Decken. Das zischende Licht der Petroleumlampe erhellt mäßig ein düsteres Haus – eine Herberge der Glückseligkeit in dieser Nacht, weil es Tee gibt, schwarzen, heißen Tee. Sieben Rupien für alle, sagt der Wirt, und die dunklen Männer strecken sich wieder auf ihren geflochtenen Liegen aus. Draußen stehen ihre Lastwagen, in schreienden Farben mit Blumen und Fabeltieren bemalt und mit buntem Blech verziert. Sie fahren die alte Seidenstraße aufwärts und abwärts in halsbrecherischem Tempo, wo einst Kamelkarawanen Kostbarkeiten aus Sinkiang für Maharadschas und Emire herbeischleppten.

Irgendwann wird diese Fahrt zu Ende sein. Inschallah – es liegt nicht in unserer Hand. Sie hat siebzehn Stunden gedauert:

durch einen grauen Abend, eine regennasse Finsternis und einen schönen warmen Morgen mit Nebelschleiern über den Wiesen, die vom Indus heraufgeweht waren. Inschallah – es war der Wille einer Macht, die stärker ist als die der Menschen, daß plötzlich Wolken über die Berge fielen und keines der kleinen Flugzeuge mehr nach Gilgit in den hohen Norden Pakistans fliegen konnte.

Tage zuvor noch schien die Sonne heiß und strahlend, und der Himmel war makellos blau. Geschüttelt von starken Aufwinden, hatte sich die Fokker Friendship über das braune Lehmhüttenmeer von Rawalpindi erhoben, war in einem sanften Bogen über die neue Metropole Islamabad geglitten – eine kühle Stadt aus weißgestrichenem Beton, aus der mit einer imperialen Geste die vier Minaretts der größten Moschee der Welt ragen – und hatte Kurs auf die gleißenden Zacken am Horizont genommen, Richtung Himalaja und Karakorum. Es war ein Flug in eine entrückte Welt.

Nur langsam verblassen die Bilder der ersten Begegnung mit Pakistan – bestürzende und bedrängende Bilder, Bilder von vollendet anmutiger Schönheit und greller Häßlichkeit. Karachis, die Stadt am Meer, ist wie ein Keulenschlag. In nicht einmal vierzig Jahren von 200 000 Einwohnern auf sieben Millionen gewachsen, ist sie ein schreiendes und tobendes Ungeheuer. Die Straßen sind gefüllt mit dem Geplärr der Autohupen. Busse, Motorradrikschas, Ochsenwagen und unter ihren Lasten schwankende Kamele verkeilen sich zu einem Chaos, das auf wunderbare Weise eine eigene Ordnung besitzt. Darüber liegt der beißende Geruch von Staub, Benzin, Hammelblut und faulendem Grünzeug und manchmal ein geheimnisvoller Hauch von Kardamom, Muskat und Curry. Dazwischen fließt ein unaufhörlicher Strom von Menschen, manche gezeichnet von Hunger und Krankheit. Aber anders als in Indien stirbt hier niemand am Straßenrand, weil der Islam eine Religion des Mitleids ist: Der Arme gibt dem Ärmeren und der Ärmere dem Ärmsten. Sie tragen ihr Schicksal mit einer leidenschaftslosen Sanftmut. Unbegreiflich erscheint da der blinde Haß und der Fanatismus, mit dem sich die moslemische Minderheit auf dem indischen Subkontinent ihren eigenen Staat Pakistan erkämpft hat, denn diese Masse Mensch hat nichts

Böses. Sie macht keine Angst, und mitten in dieser Orgie der Armut haben ein Lächeln und das Dulden einer scheuen Berührung der fremdartigen weißen Haut durch neugierige Kinder eine seltsame Kraft.

Heißer, stickiger noch ist Lahore. Der Stadt fehlt die besänftigende Brise vom Ozean. Aber Lahore ist aufregend schön in den verführerisch dunklen Basar-Labyrinthen und in den Oasen des Friedens der Moscheen und Paläste aus der Mogul-Zeit. Nichts vom Alltagslärm dringt in den Hof der Hunderttausend, ein gewaltiges Geviert aus sonnendurchglühten Steinen, an dessen Ende der herrliche Rankenschmuck der Badschahi-Moschee leuchtet. Eine tiefe Ruhe liegt auch über dem mächtigen Fort Akbars des Großen mit dem Schisch-Mahal, einem Wunderwerk aus von Tausenden Spiegeln überzogenen Decken und Wänden und fein perforierten Marmorfenstern, durch die ein kühlender Lufthauch weht. Im Park voll leise plätschernder Wasser lagern Männer aus Sind um einen weißbärtigen Alten und hören ernst seine Geschichten. Im Schalimar-Garten am Stadtrand von Lahore haben sich Kinder zu einer kleinen Parade aufgestellt, verkleidet als Prinzessinnen, Tänzerinnen, Prinzen und Fürsten wie Miniaturen aus einer längst vergangenen prächtigen Zeit.

Taxila, nicht weit von Rawalpindi, ist eine tote Stadt, aber sie redet mit tausend Stimmen. Der Perserkönig Darius und Alexander der Große standen an diesem Platz, später begegneten sich hier Hellas und Asien in der Hochkultur des Gandhara-Reiches, und in den Klöstern und Universitäten Taxilas erhielt die Lehre Buddhas ihre entscheidende Prägung: Das Sanfte hat mehr Kraft als das Starke, die einzige Wirklichkeit ist die Leere, denn alle Erscheinungen sind irreal. Im Museum, einer Schatzkiste der Menschheitsgeschichte, steht ein Porträt Buddhas, das alle anderen übertrifft. Das Glück der letzten Erkenntnis leuchtet aus diesem Gesicht. Ein einziger Baum wirft Schatten über diesen Ort, von dem gewaltige Gedankenströme nach Europa und in den Fernen Osten gingen. Aus der gleichen Erde, die heute Taxila zudeckt, haben Archäologen die Reste des Ramapithecus Panjabicus gegraben, eines vielleicht acht Millionen Jahre alten Urmenschen, eines dummen Zwergs, der auf allen vieren ging. Inzwischen hat sich der

Mensch gewaltig aufgerichtet, aber hier, wo eine seiner Wiegen stand, ist er noch immer gebückt: im Reisfeld, unter einer schweren Last, in niedrigen Hütten.

Neue Bilder verdrängen die alten. Nur für Sie, sagt der junge pakistanische Flugkapitän und zieht seine Maschine in einer kleinen Schleife näher an einen gewaltigen Eisberg, den Nanga Parbat, den »deutschen« Berg, der noch einmal zweitausend Meter höher ist, als das Flugzeug fliegen kann. Dahinter glänzen wie Schaumkronen eines aufgewühlten Meeres die anderen Gipfel des mächtigsten Gebirges der Erde.

Mitten in diesem steinernen Ozean liegt Gilgit gleich einer Insel, ein Städtchen voll Soldaten, Händlern und Bauern, eingehüllt in das leuchtende Gelb und das Karmesinrot herbstlich gefärbter Blätter der Weiden, Aprikosen- und Mandelbäume, überragt vom Rakaposhi, himmelhoch und schneeweiß. In hellen Nächten sind hier die tausend Sterne der Milchstraße zum Greifen nah. In Gilgit ist die Ernte des Sommers eingebracht. Auf den flachen Dächern trocknen Mais und Chili, feine Staubfahnen stehen über Dreschplätzen, und die Männer haben Zeit zum Polo – kein Sport für Herrenreiter, sondern ein wilder, leidenschaftlicher Kampf mit kleinen zähen Pferden auf einem kahlen Dorfplatz. Manchmal versinken die schnellen Attacken auf kleinen wendigen Pferden in Wolken von Staub.

Alles, was rings um Gilgit liegt, ist rätselhaft, so rätselhaft wie der alte Mann, der aus den Falten seines Gewandes kleine Kügelchen aus purem Gold dem Händler anbietet, Gold, das der Fluß aus den Bergen spült, oder der stehende Buddha, der in einer Wildnis aus Steinen und Dornengestrüpp hoch oben in den Felsen gemeißelt ist. Am geheimnisvollsten aber sind die Leute von Hunza. Niemand weiß, woher diese Menschen – viele mit blauen Augen, blonden Haaren und heller Haut – in dieses Tal gekommen sind und woher ihre Sprache stammt. Sind sie Nachkommen der Soldaten Alexanders des Großen oder der weißen Hunnen, die über die Berge bis weit in das Industal vorgedrungen waren?

In dieser rauen Welt haben sie auf kunstvoll angelegten Terrassen und durch ein ausgeklügeltes Bewässerungssystem fruchtbare Oasen geschaffen. Sie ernten Walnüsse, Trauben, Reis, Pflaumen und Gemüse, aber ein gutes Leben führen sie dennoch nicht. Der Winter löscht hier nicht nur die paradiesische Farbenpracht, sondern macht das Dasein erbarmungslos hart. Für viele Monate sind dann getrocknete Aprikosen und Maulbeeren, saures Brot und ein Schluck Ziegenmilch die einzige Nahrung. Aber man sagt, daß viele Hunzukutz über hundert Jahre alt werden, unberührt vom Lauf der Zeit. Unveränderlich scheint hier vieles. Noch immer ist der Mir von Hunza ein Herrscher, denn mag er auch europäische Kleider tragen und eine Frau aus der Ebene geheiratet haben – obwohl ihm der Mir von Skardu seine Tochter angeboten hat –, die Männer von Hunza holen doch wie ehedem seinen Rat bei Streitigkeiten um Grund und Boden, bei Ehescheidungen. Es sind stolze Männer in hellen, schön bestickten Baumwollmänteln und weißen Kappen. Verborgen tragen sie auf der Brust in einer Lederscheide zwei scharf geschliffene Dolche. Islamabad und die zentrale Gewalt des Generals Zia-ul-Haq ist weit weg. Und Mir Gansafar Ali, der auch im pakistanischen Parlament sitzt, ist immerhin der Sproß einer Dynastie von Bergkönigen, die seit Jahrhunderten Tribut nahmen von den Karawanen auf der Seidenstraße. Die Menschen im Hunzatal sind Ismaeliten. Ihr Gott, dem sie den Zehnten geben, ist der junge Karim Aga Khan. Dann und wann kehrt er heim in die Berge. Dann macht ihm sogar der pakistanische Präsident seine Aufwartung.

Die Rückkehr in die Ebene ist wie ein schmerzhafter Stich. Es ist die Rückkehr in eine Welt mit Szenen voll biblischer Kraft – dampfende Wasserbüffel an der Tränke, der Bauer mit dem Holzpflug, tiefverschleierte schwarze Frauen auf einem Esel – und in eine bedrückende Gegenwart. Die Straße durch die kahlen Berge hinauf zum Khyber-Paß darf nur noch mit Sondergenehmigung des Gouverneurs befahren werden, und ein Soldat mit dem Gewehr ist immer dabei, zum Schutz gegen die räuberischen Pathanen, wie es heißt. Manche von ihnen haben die Augenhöhlen geschwärzt gegen den bösen Blick, wenn sie nachts aus ihren Festungsdörfern über die Grenze gehen mit Waffen und Munition für ihre afghanischen Stammesbrüder und zurückkommen mit Flüchtlingen, deren Lager den Weg nach Peshawar säumen. Sie sind die Ärmsten in einem armen Land, und ihr Elend dringt bis in die Basare der Stadt, die als die reichsten Pakistans gelten. Hier schimmern

Gold und Silber, duften Tee und seltene Gewürze, leuchten kostbare Brokate. Für einen Augenblick scheint es dann, als wären Aladin und Sindbad nicht nur eine Legende. Aber die wundersamen Geschichten passen nicht mehr in diese Zeit. Vielleicht ist deshalb der Platz der Märchenerzähler von Peshawar schon lange verwaist.

Hans Scherer

Was unterscheidet die Ratte vom Reh

Durch Rajasthan

Gern denk' ich an Mandawa zurück. Ich höre im Schlaf den klagenden Schrei der Pfauen und das heisere Bellen der Hunde, das irgendwo auf den Zinnen des Palastes beginnt und sich wie eine Stafette fortsetzt hinunter ins Tal, wo ein Chor lautwütend antwortet. Der hechelnde Kampflärm dringt herauf über die Dächer der schlafenden Stadt bis vor die Zimmer des Palastes. Nachts werden hier blutige Schlachten geschlagen, von denen der Mensch keine Ahnung hat. Mit dem ersten Heraufdämmern des Morgens verliert sich das Gebell in der Wüste. Die Hunde graben sich Löcher in den nachtkühlen Sand und lecken ihre Wunden. In Mandawa haben wir über Indien nachgedacht und darüber, was wir hier wollten oder hier verloren hatten.

Wir hatten am frühen Morgen Jaipur, die quirlige Hauptstadt Rajasthans, verlassen und waren Stunde um Stunde bei steigender Hitze durch die Wüste Thar gefahren. Zwar fuhren wir nur durch wenige Dörfer, Marktflecken, passierten einsame Gehöfte, Schmiedewerkstätten, kuppelbesetzte Leichenverbrennungsplätze, klapprige Hütten und Zelte am Straßenrand, aber wie auf allen Straßen der sogenannten Dritten Welt trafen wir auch hier wieder auf den unablässig fließenden Strom der hin- und herziehenden Menschen. In bunten Lastwagen, in überfüllten Omnibussen, auf Karren, die von hochmütig blickenden Kamelen gezogen werden, zu Fuß unterwegs mit Herden von Schafen, Ziegen, Eseln oder mit unglaublich schweren Lasten auf dem krummen Rücken. Dieser unverwechselbare Geruch auf indischen Straßen aus Staub, Kurkuma, verdorrtem Gras und Exkrementen, ein heißer Modergeruch, der lähmend wirkt und auf eigentümliche Weise gefährlich zu sein scheint, man muß sich an ihn erst gewöhnen. Indien empfängt den Fremden nicht mit offenen Armen. Indien stellt sich quer.

Das mag den Reisenden zuerst stören oder gar verärgern, bis er begreift, daß Indien hinter diesem Distanz gebietenden magischen Zirkel aus Schmutz, Krankheit, Armut, Ekel, erst hinter den wohlfeilen Klischees des Fremdenverkehrs beginnt. Die Indien-Reisenden sind meistens wortkarg, wenn sie zurückkommen, das Erzählen fällt ihnen schwer. Sagen sie, »es war phantastisch« – Indien ist phantastisch in des Wortes reinster Bedeutung; wie anders sollte man etwa Jaisalmer nennen, eine hochgetürmte Stadt mit Tempeln und Palästen aus feinstem Marmorschnitzwerk, mit noblen Patrizierhäusern, bemalt und mit Steingittern, mit idyllischen Straßen, in denen es brodelt und dampft vor Leben, aber mitten in einer weit und breit todesflirrenden Wüste bis an den Horizont. Wie soll man Jaisalmer anders nennen als phantastisch? Aber zu Hause erregt das Wort Anstoß, die Daheimgebliebenen blicken vorwurfsvoll und fragen: »Und die Armut haben Sie nicht bemerkt?« Erzählt der Reisende hingegen von zerlumpten Bettlern, von hungrigen, hoffnungslosen Kindern, von heiligen, ausgemergelten Kühen, oder erzählt er etwa von seinen eigenen Mühen, mit dem Klima und den Anstrengungen der Reise fertig zu werden, dann muß er sich die spöttische Frage gefallen lassen, warum er denn überhaupt hingefahren sei. Indien macht es dem Reisenden schwer.

Die selbstzufriedenen Nichtreisenden machen es sich dagegen mit ihrem Vorwurf zu leicht. Wer sich dem Abenteuer der Wirklichkeit nicht aussetzen will, der sollte auf keinen Fall nach Indien reisen. Der in Trinidad geborene indische, also »westindische« Schriftsteller V. S. Naipaul hat in seinem vielzitierten und durch und durch pessimistischen Buch »Indien – eine verwundete Kultur« letzten Endes gestehen müssen, daß er als Gast im eigenen Land Indien nicht verstanden hat. Um wieviel mehr muß der europäische Besucher sich fragen, ob sein stereotypes Entsetzen vor dem indischen Elend weniger menschliches Mitleid als abendländische Blasiertheit beweist, indem wir die Gesetze unserer Zivilisation als verbindlich erklären. Wo die Europäer doch offensichtlich immer wissen, wie man manierlich wohnt, sie sagen »menschenwürdig«, wie man sich anzieht, was man ißt und wie man es mit der Hygiene hält; und nur die armen, armen Inder wissen es nicht. Nein, so ist es eben nicht. Diese Einsicht haben die Indien-Reisenden den Daheimgebliebenen voraus.

Die hochragenden modernen Wohntürme an den Stadträndern von Kalkutta und Bombay zum Beispiel, kümmerliche Versuche, das millionenfache Obdachlosenproblem zu bewältigen, wirken fast lächerlich. Der Vorschlag einer Gruppe junger, progressiver indischer Architekten, die Slums nicht zu beseitigen, sondern mit funktionierenden, hygienischen Einrichtungen zu versehen, wird dagegen jeden Indien-Reisenden sofort als die bessere Idee überzeugen.

Dennoch ist es natürlich nicht zu bestreiten, daß man in Indien mit himmelschreienden Gegensätzen und Widersprüchlichkeiten ständig konfrontiert wird. Während wir beispielsweise über Hunger und Armut philosophierten, berichtete der in Neu-Delhi erscheinende »Indien-Express«, wie schwärmerisch sich der indische Kosmonaut, der in der Raumkapsel der Russen mitflog, über die Aussicht auf seine Heimat geäußert hatte: »India looks best on earth!« Zählt Indien denn überhaupt zur Dritten Welt? Mit seinen Forschungslaboratorien, mit seiner Industrie, seinen Bodenschätzen, seiner Landwirtschaft, mit seinem raffinierten Welthandel? Mit der natürlichen Cleverness seiner Bewohner? Mit dem märchenhaften Reichtum der indischen Oberschicht? – Reisen überhaupt, aber vor allem nach Indien reisen setzt zuweilen auch die Fähigkeit zur Betroffenheit voraus, ohne immer alles gleich verstehen zu wollen, eine Art Demut, ein Staunen über die Welt.

Als wir verstaubt, hungrig und durstig, müde und hinfällig von der Hitze in Mandawa ankamen, mußten wir uns erst einer Schar bettelnder Kinder erwehren. Sie hielten sich nicht lange beim Betteln auf, sondern griffen in unsere Tragetaschen, Jakkentaschen, Hosentaschen, es wurden immer mehr. Bis vor dem äußeren Portal des Palastes ein würdiger weißbärtiger Hofmarschall mit roter Livree und einem silbernen Stab erschien, worauf die Kinder wie ein Spuk verschwunden waren. Musikanten saßen in einer Ecke des weiten Innenhofes und spielten Schwermütiges, Flöte und Trommel, zu unserer Begrüßung. Wir wurden mit duftenden Blumenkränzen empfangen, und der Hausherr selbst tupfte uns den roten Punkt auf die Wurzel des Nasenbeins. Dabei war die Farbe etwas zu flüssig geraten, so daß sie uns bald, während der feierlichen Begrüßungsworte, wie Blut von der Stirn tropfte. Der Palast von Mandawa gefiel uns auf den ersten Blick.

Das Haus beziehungsweise die ineinander verschachtelten Hausaufbauten stammen in ihrer jetzigen Form aus dem Jahr 1750, bestimmt aber handelt es sich um weitere Aufbauten auf bereits früher bestehenden Bauten. Wie alle Paläste in Rajasthan gleicht das Haus von außen einer Burg, einer gewaltigen Festung. Innen hingegen verwandeln sich die schweren, dicken Mauern in zierliche Säulen mit filigranem Schnitzwerk. Mit Teppichen ausgeschlagene Mauernischen, verschwiegene Treppchen, geheimnisvolle Gänge, die plötzlich vor einer Wand enden – oder ist es nur eine Tapetentür?

Um zu den Zimmern oder Suiten zu gelangen, muß man über Brücken, Treppen hoch, übers Dach, vielleicht über eine Leiter wieder herunter und noch einmal ein Treppchen hoch, dann steht man vor einer Pforte, so schmal und so niedrig wie ein Nadelöhr; ein kiloschweres Schloß hängt vor der Tür. Drinnen eröffnet sich ein Zaubergarten, ein schwellendes Bett im Alkoven, Kissensitze und geschnitzte Tischchen mit Intarsien in einer Fensternische aus farbigem Glas, antike Möbel, antike Bilder, ein leerer Nagel an der Wand demonstrierte augenfällig, wie sehr die Bilder meinem Vorgänger gefallen hatten. Das große Badezimmer, in dem alles vorschriftsmäßig funktionierte – bis auf den elektrischen Strom, der mehrmals am Tag ausfiel –, war wiederum über ein Treppchen und durch eine niedrige Pforte zu erreichen; ohne an einem Ende mit dem Kopf an den harten Stein zu stoßen, war die Durchquerung kaum möglich. Das Essen wird in der oberen Halle von zwei, drei Dienern serviert, die stumm zu sein scheinen. Am Abend waren wir zur Vorführung des Marionettentheaters auf dem Dach eingeladen. Wir sahen wilde Ritterkämpfe, gemessen tanzende Frauen und einen Reiter, der durch einen veritablen Feuerreifen sprang.

Die quietschende Bambusflöte, die der Puppenspieler während der Vorstellung zwischen den Zähnen hält und bläst, ist die Puppensprache.

Mandawa und das benachbarte Nawalgarh sind die Hauptorte der Region Shekawati, die wegen ihrer einmaligen Fresken in und an Patrizierhäusern eine Sonderstellung in Rajasthan einnimmt. Rajasthan, das Königsland, das Stammland der Rajputen, der Söhne der Sonne, des Mondes und des Feuers, ist heute der zweitgrößte indische Bundesstaat. Auch während der langen, etwa sechshundertjährigen Moslem-Herrschaft in Indien hat Rajasthan seine Selbständigkeit behauptet – in grausamen Schlachten oder auch in geschicktem Verhandeln und Verheiraten. Selbst als die Engländer kamen, blieb Rajasthan weitgehend »unabhängig«, zumindest sah es so aus: die allmächtigen Maharadschas standen sowieso auf der Seite Englands, so bedurfte es keiner Unterwerfung.

In der indischen Unabhängigkeitserklärung von 1947 wurde es den Rajputen freigestellt, sich Indien oder Pakistan anzuschließen. Traditionell herrschte in Rajasthan ein friedliches Einvernehmen zwischen den Religionen. Die höfische Musik beispielsweise wie auch viele Werke der Architektur sind rein muslimisch. Doch alle neunzehn Fürstentümer und Königreiche stimmten schließlich für Indien, traten aber erst 1949 der Indischen Union bei. 1971 dann hat die Bundesregierung unter Indira Gandhi die staatliche Apanage der Fürsten gestrichen. Sie haben ihren Frieden mit dem neuen Regime noch lange nicht gemacht.

Über die tatsächliche Stellung der Fürsten und ihrer Familien, über ihren politischen Einfluß und ihre Geschäfte kann man als Besucher jedoch kaum Konkretes erfahren. Sie werden verehrt, bewundert, bestaunt, vielleicht sogar geliebt, auf jeden Fall sind sie noch immer unermeßlich reich, reisen rund um die Welt, führen immer noch ein großes Haus, halten Hof, auch wenn viele Paläste heute als Hotel fungieren, bewirtschaftet entweder direkt vom Maharadscha oder von einer »wohltätigen« Stiftung, die im Auftrag der Fürsten solch niedere Geschäfte betreibt.

Ein gigantisches Kuriosum ist das Umaid-Bhawan-Palast-Hotel aus rotem Sandstein in Jodhpur, in seiner Monstrosität zugleich ein Beispiel für den Niedergang der indischen Kultur, die radikale Kunsthistoriker schon um 1750 enden lassen, die aber auf jeden Fall nach dem Einmarsch der Engländer ins Protzerische umschlug. Das Hotel bildet insoweit eine Ausnahme, als es von Anfang an als Gästehaus geplant war; gebaut wurde es erst zwischen 1929 und 1943. Die offizielle Begründung lautete damals wie heute, daß der noble Fürst der notleidenden Bevölkerung von Jodhpur Arbeit verschaffen wollte. So entstand dieses Haus, das jedem, der es betritt, zunächst einmal den Atem verschlägt. Durch immer breiter sich öffnende Gänge und Hallen und geschwungene Treppenhäuser mit Kristall-Lüstern und kostbaren Holzverkleidungen gelangt man endlich in die zentrale Halle, deren Kuppel sich mit St. Peter in Rom vergleichen läßt. Von hier führen sternförmig die langen Gänge zu den riesigen Schlafgemächern, Salons, Konferenzsälen, Ankleidezimmern mit begehbaren Spiegelschränken. Allein die Tür zum Restaurant aus Kupfer und Glas mit Adlern aus Messing als Türgriff ist so schwer, daß man sie als einzelner kaum bewegen kann. Das Haus, das als First-Class-Hotel geführt wird, ist die Ausgeburt eines geschmacklosen Spleens, es bedrückt den Besucher in all seiner falschen Pracht und macht ihn traurig. In Mandawa haben wir uns wohler gefühlt.

Die Fresken von Shekawati übrigens, auch das ist eine Rarität in Rajasthan, sind eben keine Dokumente höfischer Kultur oder religiöser Kunst, sondern Beweise für ein stolzer und selbständiger werdendes Bürgertum im 19. Jahrhundert. Rajasthan war früher ein reiches Land, in der Vorzeit auch ein fruchtbares. Durch das Versickern von Wasserläufen, vielleicht auch durch falsche Bodenbewirtschaftung verwandelte sich das Land erst in der Neuzeit in die Wüste Thar. Reichtum brachten nun ausschließlich Handel und Handwerk. Vor allem die Region Shekawati war Sitz alter und berühmter Kaufmannsfamilien, deren Namen in Indien auch heute noch bekannt sind. Damals belieferten sie von Shekawati aus die Fürstenhöfe, als Bankiers handelten sie auch mit Geld und waren oft reicher als die Fürsten selbst. Heute wohnen die Nachkommen meist in Kalkutta oder in Delhi. Ihre alten Häuser in Nawalgarh oder in Mandawa behalten sie zwar in Besitz, aber sie verkommen und verfallen, lange wird von der Herrlichkeit nicht mehr viel zu sehen sein.

Dabei handelt es sich bei diesen Wandmalereien (zwischen 1850 und 1940) um äußerst seltene Zeugnisse von moderner Kunst in Indien. Unbefangen und naiv schilderten die Maler an den Hauswänden das Leben, wie sie es sahen oder wie man es ihnen erzählt hatte. Göttergeschichten, das Leben am Hofe, den Tiermarkt, die ersten Eisenbahnen, Luftballons, Zeppeline und Flugmaschinen, europäische Touristen als Karikatur, Erotisches, Göttliches, Himmlisches und Irdisches, alles durcheinander, immer heiter, unprätentiös und handwerklich gekonnt. In den meisten Reiseführern ist der Name Shekawati nicht einmal erwähnt.

Während wir die Fresken besichtigten, immer umgeben von prachtvollen Pfauen, die sich auf Mauervorsprüngen oder Türmen effektvoll in Szene setzten – was ist dieser Vogel für eine heillose Verschwendung der Natur –, verdunkelte sich plötzlich der Himmel, und die Pfauen flogen rauschend davon. Auch wir wurden in einen Keller gedrängt. Für wenige Minuten brauste ein wilder Sandsturm durch die Stadt. In dem Kellerzimmer arbeiteten mehrere junge Männer, ohne uns oder den Sandsturm zu beachten, in der Zigarettenfabrikation, wir waren in eine Heimwerkstatt für diese kleinen schwarzen indischen Zigaretten geraten, die in den Städten für ein paar Pfennig verkauft werden. Der Tabak kam aus Nordindien, hier wurde er nur verarbeitet, geliefert wurden die Zigaretten dann nach Bombay. Jeder der Männer drehte am Tag etwa 1200 bis 1400 Zigaretten, das ergab einen Verdienst von 20 Rupien, etwa fünf Mark.

In Jaipur haben wir den Palast der Winde gesehen. Herauf zu der Festung Amber sind wir nach traditioneller Touristenweise auf dem Elefanten geritten. In Bikaner, Jodhpur und Udaipur haben wir die märchenhaften Paläste besichtigt mit An-, Vor- und Aufbauten vom 13. bis zum 19. Jahrhundert. Die Miniaturen und Einlegearbeiten, Wände mit Edelsteinen besetzt. In Jaisalmer, der wundersamen Wüstenstadt, habe ich mich vor lauter Gucken jämmerlich verlaufen. In der schon fallenden Dämmerung war ich froh, endlich einen Betteljungen zu treffen, dem ich mein Problem auseinandersetzen konnte.

Als der Junge begriff, daß ich wirklich auf seine Hilfe angewiesen war, sagte er kein Wort mehr, nahm mich bei der Hand und führte mich getreulich durch die ganze Stadt. Nie und nimmer hätt' ich allein da hindurchgefunden. Als ich den Jungen belohnen wollte wie einen Taxifahrer, genierte er sich, dann nahm er das Geld und lief weg. Vermutlich habe ich es nun doch wieder falsch gemacht.

Soll ich erzählen von den Reis- und Blumenmustern im Jain-Tempel von Ranakpur, rätselhafte Mandala? Oder vom Tanz der alten Männer unter dem Mangobaum beim Picknick vor Udaipur? Oder von dem besessenen Professor auf der Kamelfarm bei Bikaner, der uns erstaunliche Dinge über die sensible Klugheit der Wüstentiere berichtete, dann aber nicht locker ließ, bis er uns seine stattliche Sammlung von Kamelföten, Früh- und Mißgeburten, in Spiritus vorgeführt hatte? So genau wollten wir es nicht wissen. Lieber erzähle ich von dem Besuch im Rattentempel von Deshnoke, 32 Kilometer hinter Bikaner.

Der Tempel aus dem 14. Jahrhundert mit seiner wunderbaren Fassade aus Marmorintarsien ist der Göttin Kami Devi geweiht, die ihrerseits als eine Inkarnation der mächtigen Göttin Durga gilt. Die Legende sagt, daß Kami Devi sich am Ende ihrer Tage in eine weiße Ratte verwandelte. Immer wenn man in ihrem Tempel, in dem alle Ratten heilig sind, eine weiße Ratte sieht, bedeutet das, daß die Göttin selbst anwesend ist. Unsere Besuchergruppe war tapfer zu dem Ausflug nach Deshnoke gestartet. Skeptisch wurde sie erst, als man ihr mitteilte, daß sie zum Besuch des Tempels nicht nur Ledergürtel und Schuhe ablegen müßte, sondern auch die Socken auszuziehen hätte.

Im Innenhof ging es noch einigermaßen zivil zu. Dann und wann lief eine graubraune Ratte gemächlich quer über den Platz. An der Seite war ein Gatter voller Ratten, die gerade gefüttert wurden. Schlimm wurde es erst beim Betreten des Tempels. Es war ein unbeschreibliches Bild: überall Ratten, Hunderte, Tausende von graubraunen, nicht allzu großen, irgendwie verkümmert, verwachsen aussehenden Ratten. Auf den Altären, auf den Figuren, im Rankenwerk der Fenster, überall. Vor unseren Füßen hockte eine offensichtlich kranke, wohl sterbende Ratte, die während unseres kurzen Besuches von mindestens drei kräftigen Ratten begattet wurde, ohne sich um die Besucher zu scheren. Hinter dem Altar, wo sich das eigentliche Heiligtum befand, war der Boden schwarz bedeckt von wimmelnden Ratten.

Die Besucher waren starr und steif auf der Schwelle stehengeblieben. Nur wenige trauten sich noch vor über den glitschigen Boden, der natürlich voll von Rattendreck war. Nie habe ich ein befremdlicheres Schauspiel gesehen, abstoßend und faszinierend zugleich; dem frommen Hindugläubigen neben mir, der die Reise nach Deshnoke als Pilgerfahrt aufgenommen hatte, offenbarte sich das Göttliche in diesem animalischen Hexenkessel. Die schreckliche Göttin Durga, die weiße Ratte, hat keiner gesehen, unergründlich für uns Sterbliche sind die Ratschlüsse der Götter.

Das Satyrspiel lieferte allerdings unsere Gruppe, die nach zwei, höchstens drei Minuten, von Entsetzen und Ekel gepackt, fluchtartig den Tempel verlassen hatte. Sie waren nicht nur herausgestürmt, sondern saßen, würgend und mit roten Köpfen, im Bus; befallen von einer Reinigungsmanie, sammelten sie Papiertaschentücher und putzten und putzten Füße, Schuhe, Socken, Hosen, sie hatten einfach die Lust verloren, der Tempelplatz mit seinen merkwürdigen Devotionalienlädchen interessierte sie partout nicht mehr, sie wollten zurück ins Hotel, baden, sich umziehen, einer, ein besonders Hygienischer, veranstaltete im Hotel eine Generalwäsche seiner gesamten Garderobe, die er beim Tempelbesuch getragen hatte.

Nun begab es sich aber, daß auf der Rückfahrt zum Hotel einer aus der Gruppe nicht weit von der Straße zwei Rehe im Unterholz entdeckte. Der Bus mußte anhalten, damit alle die Tiere sehen konnten. War das ein Entzücken! Einer versuchte später eine Diskussion in Gang zu bringen, er fragte: »Was unterscheidet die Ratte vom Reh? Moralisch? Ästhetisch? Hierarchisch? Heraldisch? Oder haben wir es hier allein mit einer Frage des Images zu tun?« – Aber niemand antwortete ihm. Vom Rattentempel wurde auf dieser Reise nicht mehr gesprochen.

Georg Hensel

Die zärtlichen Tempel

Von indischer Liebe

In keinem erotischen Auskunftsbuch, keinem Lexikon der Lüste fehlen die Tempel von Khajuraho. »Zwischen den Jahren 954 und 1002 von den Königen Dhanga und Ganda errichtet, sind sie durch die erlesene Vollendung ihrer Architektur und die Eleganz ihrer Skulpturen berühmt«, so heißt es in »Indien«, der Kunstgeschichte von Hermann Goetz; tadelnd fährt er fort: ». . . und durch die grobe Erotik ihrer Reliefdarstellungen berüchtigt«. Kein Wunder, daß der Flug nach Khajuraho immer frühzeitig ausgebucht ist. Die Fluggesellschaft hat einigen Grund, mit dem Satz zu werben: »The art of love is perfected here« – »Hier ist die Liebeskunst vollendet«. Man kann morgens hin und abends zurück nach Delhi fliegen, doch empfiehlt es sich – berühmt oder berüchtigt –, länger zu bleiben und zwischen den 22 Tempeln spazierenzugehen, zumal es in der Nähe des winzigen Dorfs Khajuraho, in dem nur Abenteurer nächtigen mögen, ein angenehmes Hotel im internationalen Stil gibt.

Mit dem Bus sind es 1500 Kilometer von Delhi über Amber, Jaipur und Agra nach Khajuraho, dem Ort der Liebestempel, und von dort zurück nach Delhi über Gwalior. In Amber gehört es zu den touristischen Vergnügungen, auf einem Elefanten zu reiten. Die buntbemalten Tiere warten an einer Rampe, damit man sie bequem besteigen kann. Zwei Personen sitzen nebeneinander. Rücken an Rücken mit zwei weiteren Personen, und im Genick des Elefanten hockt ein Inder, er ist der

Lenker und eigentliche Reiter, die anderen vier sind nur die Passagiere.

Die Elefanten trotten den Hügel hinauf zum Amber-Palast, der zu Beginn des 17. Jahrhunderts gebaut wurde und dem Besucher noch immer ein bißchen von dem Raumgefühl vermitteln kann, das der Maharadscha und die Favoritinnen seines Harems gehabt haben müssen: lauter Blicke von oben; hinunter in Innenhöfe; tiefer hinunter in die Stadt. Ein herrschaftliches, prunkvolles Gefängnis: Blicke durch Alabastergitter – Voyeurblicke: Zugelassen war man nur als Zuschauer, und man sah, ohne gesehen zu werden.

Jaipur, die Hauptstadt der Provinz Rajasthan, führt den Beinamen Pink City, die rosarote Stadt. Sie wurde 1727 vom Maharadscha Sawai Jai Singh dem Zweiten, dem Fürsten von Amber, gebaut. Er liebte die Mathematik und die Astronomie; er reformierte den Moslem- und den Hindu-Kalender; er ließ seine Stadt auf einem Raster anlegen mit präzisen Vorschriften für die Breite der sich rechtwinklig schneidenden Straßen, der Häuser und Ladengeschäfte, und er belegte jede andere als die rosa Farbe mit hohen Steuern. So ist die morgenländische Variante eines vorweggenommenen und vollkommeneren Mannheim entstanden samt einem Observatorium aus gigantischen Kalenderbauten, aus Treppen, Pyramiden, Kegelschnitten, aus Himmelssphären, die in den Boden eingelassen sind – für die Ewigkeit gebaute astronomische Meßinstrumente, an denen sich im Licht der Sonne und der nächtlichen Gestirne – ohne das Fernrohr, das der Fürst noch nicht kannte – kosmische Daten und Beziehungen auf der Erde ablesen lassen. Der alte Stadtkern von Jaipur und dieses Observatorium sind gebaute Rationalität, eine architektonische Orgie des berechnenden Verstandes und zugleich ein Beweis dafür, daß es etwas so Paradoxes gibt wie die Phantastik der Vernunft.

In Agra erreichte die Moghul-Kultur im 16. und 17. Jahrhundert ihren Scheitelpunkt. In Agra besucht man den Tadsch Mahal, das schönste und größte aller Moghulgräber, ein der Welt entrückter Marmorpalast, gewaltig und zierlich zugleich: eine Vorahnung von islamischem Rokoko. Von Agra aus besucht man Fatehpur Sikri, eine tote Stadt in einer Sandwüste. So wie diese Stadt Kaiser Akbar der Große im 16. Jahrhundert innerhalb von fünf Jahren gebaut und wegen Wassermangels nach 16 Jahren verlassen hat – damals größer als London –, so ist sie noch heute: nichts dazugekommen und kaum etwas zerfallen – eine ungeheure Anhäufung von Mauern, Toren, Moscheen, Grabmälern und Palästen, unbewohnt, aber belebt von Katzen und Affen, von graugrünen Squirrels, den winzigen indischen Eichhörnchen, den Palmhörnchen, von schweigenden Pilgern und schreienden Händlern, von betenden Moslems, kniend vor einer Moschee, die Stirn im Staub, von Touristen, die betäubt sind vom Anblick der großräumigen Plätze, der Pagoden und Portale mit ihren aufgereihten Kuppeltürmchen, diesen steinernen Zipfelmützen auf vier dünnen Beinen; geblendet vom grellweißen Marmor und sanftroten Sandstein, von all diesen Alabasterfiligranen, Spiegeleffekten, ornamentalen Intarsien aus Smaragden und Rubinen, aus Topasen und Mondstein, aus Lapislazuli und Jade – schließlich ermüdet von diesem Ansturm einer Architektur für Krieg, Gebet und Liebe.

Wer Indien mit dem Flugzeug bereist, der macht Luftsprünge von einer Sehenswürdigkeit zur anderen. Wer mit dem Bus fährt, dem wird am Ende die Entscheidung schwerfallen, was sehenswerter gewesen ist: die berühmten Nummern im Reiseführer oder die lange Fahrt über die Landstraße, diese napoleongerade Akazienallee; ein lexikalisches Weltwunder wie der Tadsch Mahal oder jene anonyme frühe Morgenstunde: noch bewegt sich der Mond und schon die Sonne rasch am Horizont, und in ihrem Zwielicht kreisen die schwarzen Milane mit ihren Gabelschwänzen über den sich ins Unendliche verlaufenden Furchen der schweren Ackererde.

Die Bettgerüste vor den strohgedeckten Lehmhütten sind schon verlassen. Die Männer hocken im Kreis, ihre Oberschenkel ruhen auf den Unterschenkeln, ihre Gesäße auf den Fersen, und die Knie ragen ihnen unters Kinn; sie haben die Hände ausgestreckt über das Feuer, das ihre lehmbraunen Gesichter flackernd beleuchtet. Wo Menschen sind, machen sie diese Feuer an, der Rauch hängt über allen Siedlungen, die Millionenstädte nicht ausgenommen, denn auch da kauern am Straßenrand Menschen um ein Feuerchen: Sie frieren leicht, sie haben nicht viel gegessen.

Der lange Sari, mag er noch so verwaschen sein, ist von unzerstörbarer, hoheitsvoller Eleganz. Wer ihn trägt, der geht nicht, der schreitet, und so schreiten alle Frauen, die Tragekörbe auf den Köpfen, wie im Abendkleid zur Arbeit. Schönere Straßenbauerinnen sind nicht denkbar, adligere Gesichter unter einem flachen Korb voll Kamelmist gibt es sonst nirgendwo auf der Welt.

Die Landschaft läuft wie ein grünstichiges soziales Panorama vor den Busfenstern vorüber. Es ist Winter mit europäischen Sommertemperaturen: Zeit des Pflügens, des Hackens und der ersten Blüte. Luftwurzeln baumeln um die Stämme der wilden Feigenbäume. Blaue Blütentrauben hängen vom Jacaranda. Tempelbäume tragen ihre weißen Blüten wie Papierlampen. Rosenrote Blüten an den immergrünen Ruten der Tamarisken. Mannshohe violettrote Malven rahmen tagereisenlang die Straßen und Felder ein wie der Ginster in der Bretagne. Die Äcker mit ihren Zieh- und Schöpfbrunnen, die Dörfer mit ihren bauchigen Wassertrögen, der Ochsenkarren mit den schweren Holzrädern – alles ist von handverlesener Sauberkeit. Es ist die Sauberkeit der Armen, sie kennen keinen Abfall, der nicht zu verwerten wäre, und sei es nur, um ihn zu verbrennen.

Herden von Ziegen und Schafen und Zebus, diesen graugelben Buckelochsen. Ihre Hörner sind gefärbt oder geschmückt mit Pfauenfedern. Kuhreiher bei den Herden und weiße Ibisse in den Sümpfen. Vor einem gedunsenen Kadaver hocken die grauschwarzen Bengalen-Geier und warten, bis der Hund sich ein Stück Fleisch herausgerissen hat und ihnen den Rest überläßt. Pfaue zwischen den Häusern, Affen auf den Dächern, smaragdgrüne Halsbandsittiche auf den Telefondrähten, zutrauliche, nie geprügelte, sanfte Hunde auf allen Wegen; in den Tümpeln schwarze Wasserbüffel, auf den Feldern Dromedare mit wiegenden Köpfen, und auf der Landstraße, gelegentlich, ein Arbeitselefant: Ein Land wie ein Tiergarten, in dem die Menschen nur zugelassen sind.

Ihre offenen Häuser wirken vom Bus aus wie Ausstellungskojen, in denen man arbeitet, ruht, sich – mit dem Messer – rasieren läßt, handelt und verkauft. Leben als Provisorium, das keiner grundsätzlichen Änderung bedarf, denn es ist nur Durchgangsstation zur nächsten Wiedergeburt. So ist auch die

Armut kein Grund zum Skandal und die Hölle ein selbstverständlicher Bestandteil des Alltags, man erträgt sie mit Gelassenheit, vielleicht wird es besser im nächsten Leben, vielleicht auch nicht, und je weniger man begehrt, desto mehr gewinnt man an Zufriedenheit. Fühlt so der Hindu, oder ist dies nur die verständnislose Deutung des Reisenden im Bus? Vor Augen hat er ruhige Bilder eines geduldig hingenommenen Lebens, entrückt und fremd und eingerahmt wie die Reliefs an den Tempelwänden.

In Khajuraho waren es ursprünglich 85 Tempel, errichtet um das Jahr 1000 von den Tschandellas, einem Stamm der kriegerischen Radschputen. Sie nannten sich nach Tschanirama, dem Gott des Mondes: er stieg vom Himmel herab, angezogen von einer Priesterstochter, die in seinem Licht in einem See badete, und er zeugte unverzüglich mit ihr den Stammvater der Tschandellas. Sie haben die Erotik vergöttlicht und ihre Tempel rundum und bis in die Höhe ihrer Türme mit Skulpturen der Liebe bedeckt.

Hegel, der preußische Philosoph, der seine Abneigung gegen die indische Kunst in seinen Vorlesungen über Ästhetik begründete, konstatierte »statt der Vorstellung eines geistigen Schaffens die immer wiederkehrende Veranschaulichung des natürlichen Zeugens« und meinte: »Wenn man mit dieser Anschauungsweise bekannt ist, so hat man einen Schlüssel für viele Darstellungen, welche unser Gefühl der Scham ganz verwirren, indem die Schamlosigkeit aufs Äußerste getrieben ist und in ihrer Sinnlichkeit ins Unglaubliche geht.« So treiben auch die Tempelfiguren von Khajuraho die Schamlosigkeit aufs Äußerste. Schamlos im Sinne des preußischen Dialektikers sind sie freilich nicht; ihre Sinnlichkeit ist so unschuldig wie eine Zeile aus dem zweieinhalbtausend Jahre alten Rigweda: »Und der Mann begehrt die Frau so natürlich wie der verdurstende Frosch den Regen.«

Öfter noch als vom Mann scheint auf den Friesen von Khajuraho das Begehren von der Frau auszugehen, und man begehrt einander nicht immer auf die gleiche Weise. In seiner Römischen Elegie Nummer XXIV spricht Goethe von dem unermüdlich durchzugenießenden »Dutzend Figuren, wie sie künstlich Philänis erfand«. Daß dieser Erfindungsreichtum nur eine bescheidene Dutzendware gewesen ist, darüber belehrt Khajuraho den vom frühen Kama Sutra und vom mittelalterlichen Koka Shastra noch Unbelehrten: die Inder sind auch hier die erotischen Enzyklopädisten und sexuellen Systematiker. Zwischenruf: Wie könnte man ein Volk mit dieser Tradition vom Übermaß des Zeugens abbringen? Schon Schiwa konnte nur durch göttlichen Einspruch von einem hundert Jahre währenden Liebesakt und weiterem Zeugen abgehalten werden, um – nach Hegel – »nicht das Universum zu zerstören«.

Der Kandariya-Mahadeo-Tempel, der zur schönsten, zur westlichen Gruppe gehört, ist der prächtigste. Sein Dach besteht aus nebeneinanderliegenden Türmen, die wie Stufen hinaufführen zum größten, zum Fünfunddreißigmeterturm. Aus der Ferne sieht der Tempel aus, als sei er lässig aus Sand aufgeschüttet: nicht eine einzige gerade Linie; keine Architektur vom Reißbrett – die erste Skizze scheint mit allen Zufälligkeiten einer flüchtigen Hand zu blassem Sandstein geworden. Ist dies überhaupt Architektur? Oder ist es ein Katarakt von 900 Skulpturen?

Die Skulpturengruppen laufen nebeneinander als Friese rund um die Tempelwände, oder sie sind durch Sockel und Säulen eingerahmt und übereinandergetürmt, irregulär, doch nicht beliebig – was aus der Ferne monumental wirkt, das löst sich in der Nähe auf in lauter Kleinformen, in Intimes und in Intimitäten. Wenn eine Tänzerin ihre vorderen oder hinteren Kugelprallheiten aus der Tempelwand reckt, so weiß sie, wie ihr kokettes Profil signalisiert, genau, was sie vorzuzeigen hat. Sich vorzuzeigen, ist ihr jeder Anlaß willkommen: ein Auge, das zu schminken, ein Dorn, der aus dem Fuß zu ziehen ist. So innig ein Paar ineinander versunken und verschlungen sein mag – einer blickt immer herunter zum Betrachter und kontrolliert, ob ihm die gebührende Aufmerksamkeit erwiesen wird.

Sie alle haben das gleiche kleine Lächeln von Artisten. Sie sind Künstler der vielfältigen Vereinigungen, die vornehmlich im Stehen stattfinden, und sei es auf dem Kopf. Manchmal ist Hilfestellung nötig, doch strengt sich auch dann niemand dabei an: So verdreht ein Körper sein mag, er wird ornamental entspannt. Diese erotischen Springer und Pyramidenbauer bleiben nicht unter sich, sie haben sich formiert für Zuschauer: Die Oberfläche des Tempels ist eine Theatertruppe, sie führt eine Parade der Zärtlichkeit vor und hält dabei Ausschau nach Applaus.

Wer durch Griechenland reist, der muß die Götter kennen, denn er reist durch ihre mythischen Provinzen: Das sportliche Olympia wird beherrscht von Herakles, das philosophische Attika von Athene, das exerzierende Sparta von Artemis und das frivole Korinth von Aphrodite. In Khajuraho mag man zur Kenntnis nehmen, daß sich hier die Sexualmagie der Tantras plastisch präsentierte, eines esoterischen örtlich und zeitlich eng begrenzten Kults, und daß die Verschmelzung der Leiber ein Symbol für göttliche Verschmelzungen sei, für die Erlösung des eigenen Selbst im unpersönlichen Sein, für diese allgemeinste Formel des Hinduismus – man muß jedoch nichts wissen von Wischnu und Lakschmi, von Brahma und Schiwa, um ergriffen zu werden von diesen tantrischen Calvaires, von der Anmut der Leiber und von der Heiterkeit ihrer Tempel, die wie eine fremde Insel sind, ein indisches Kythere.

Die Tempel demütigen den Besucher nicht. Sie geben ihm keine Rätsel auf. Sie ziehen ihn nicht ab von sich selbst, hinauf oder hinüber, ins Himmlische oder ins Jenseitige. Sie sind fremd, aber nicht befremdend. Sie sind erotisch und ästhetisch und humoristisch: Tempel, die mit ihren Besuchern flirten.

Hans Scherer

Wege durch das Inferno

Von Orissa bis nach Darjeeling

Auf der Strecke vom Flughafen zum Hotel der Innenstadt von Kalkutta durchfährt der Bus alle sieben Kreise des Infernos. Ein tropischer Regen hatte die Stadt in ein Schlammloch verwandelt, in dem die Menschen hausen wie amphibische Geschöpfe. Mit schrillem Hupen bahnt sich der Bus einen Weg durch die Massen, Haufen Volks, Hungernde, Bettelnde, Kranke, ein scheinbar sinnloses Getriebe und Geschiebe, Chaos rundherum. – Eine halbe Stunde später, in den kühlen Konferenzräumen des Luxushotels, diskutieren die Reisenden aus dem Bus mit indischen Religionswissenschaftlern, Geologen, Hoteliers und Politikern über die »Destination East-India«. Woran es wohl liegen mag, daß Ostindien, verglichen mit dem Norden, Süden und dem Zentrum des Subkontinents, von den Touristen gemieden werde. Die heiligen Tempelstädte von Orissa, die Vierzehn-Millionen-Stadt Kalkutta, die atemberaubende Landschaft der Himalayastaaten, die Tierreservate von Assam oder die schwarzgrünen Regenwälder von Meghalaya, ob das denn keine Attraktionen seien? Die Diskussion dauerte so lang wie unsere Reise.

Befangen von der Wirklichkeit, die Phantasie und Vorurteile übertrifft, möchte man am liebsten auf die reiche Indien-Literatur verweisen, deren Verfasser sich abwechselnd in den höchsten Tönen der Schwärmerei und des Entsetzens geäußert haben. Jeder Indien-Reisende macht ähnlich ambivalente Erfahrungen, und er versteht und durchschaut sowohl das Schwärmen wie das Entsetzen. Alle haben sich bisher um eine klare Antwort gedrückt. Vielleicht weil sie zu simpel wäre. Denn Indien ist einfach Indien. Wo das Hohe und das Niedere gleichrangig nebeneinander stehen. In diese Ordnung sind auch die fremden Besucher eingeschlossen.

So kann die Beschreibung einer Indien-Reise weniger von touristischen Sehenswürdigkeiten und Abenteuern handeln als von den eigenen Erfahrungen mit der indischen Gegenwart. Unberührt bleibt keiner davon. Und die Reaktionen zielen auf seltsamen Umwegen direkt auf jeden selbst. Der Schock von Kalkutta zum Beispiel. Das Elend, die Slums, der Schmutz, das mörderische Klima, dieser stinkende Pesthauch, der die Luft erfüllt, daß der Besucher unter manischem Waschzwang leidet und sich am liebsten in seinem Hotel verkriechen möchte. Aber nachdem wir auf unserer Reise insgesamt fünfmal in Kalkutta angekommen und fünfmal von dort wieder abgeflogen waren, mußten wir uns selber eingestehen, daß man sich an den Schrecken gewöhnen kann. Die Haltung einiger indischer Gesprächspartner, die fix und mit beklemmender Wendigkeit Armut und Elend in ein religiös-philosophisches System einzuordnen vermögen, wirkt auf europäische Besucher zynisch. Die Haltung von Mutter Teresa jedoch, die nicht fragt, sondern hilft, hat uns beschämt und überzeugt.

Wenn man erst die Berührungsangst überwunden hat, den klimatisierten Schutz des Hotels verläßt und auf die Straße geht, von Kindern und Bettlern umringt, mit Taxifahrern und Straßenhändlern feilscht und sich die Stadt »erwandert«, verliert sich der Eindruck von einem schrecklichen Panoptikum, das die Stadt in der Touristen-Perspektive – aus dem Busfenster – bietet.

Es war Sonntag. Vor dem Victoria-Memorial und im Garten des Parasnath-Tempels, dessen Marmorstatuen mit Juwelen verziert sind, trafen wir die Familien beim Sonntagsausflug. Die Kinder spielten Kästchenspringen, und die Erwachsenen wollten wissen, wo wir denn herkämen. Stolz zeigten sie uns den Tempel, die Goldfischteiche und den Gaukler mit den dressierten Affen. Wir waren ihnen dankbar. Weniger für ihre Dienste als Fremdenführer, sondern weil sie uns, unbefangen und herzlich, eine Lektion in Menschlichkeit erteilt hatten. Daß wir von nun an die Stadt mit anderen Augen sahen, das Touristen-Lamento über die schlimmen, schlimmen Zustände kleinlaut beendeten und uns fast als Bewohner von Kalkutta fühlten.

Zum Durga-Puja-Fest zu Ehren der Stadtgöttin von Kalkutta, das sich von Oktober bis in den November zieht, besichtigten wir die Altäre der einzelnen Stadtviertel. Fast jeder Häuserblock, wie früher bei uns bei der Fronleichnamsprozession, errichtet der Göttin aus Ton und Pappe, Papierblumen und bunten Stoffen, kunstvoll oder primitiv, einen eigenen Altar. Davor brennen die Weihrauchkerzen. Und zum Klang ihrer dumpfen Trommeln und gellenden Flöten tanzen die Musikanten bis zur Erschöpfung. Die Legenden um die Göttin Durga – es gibt Tausende, und jeder erzählt sie auf seine Weise – handeln alle von Tod und Zerstörung. Wenn das Fest seinen Höhepunkt erreicht hat, werden die Altäre unter unbeschreiblichem Geschrei und Gejuchze und Gespritze im Hooghly-Fluß, einem Seitenarm des Ganges, versenkt. Millionen säumen dann am Abend das Ufer des Flusses zu beiden Seiten, baden, singen, jubeln, tanzen oder stehen als unbeteiligte Zuschauer auf der Howrah-Brücke, dem Wahrzeichen der Stadt. Auch die Touristen erleben das Schauspiel, gefesselt und abgestoßen, hautnah, doch abgeschirmt, an Bord eines Charterbootes im Fluß. Der karnevalistische Trubel, eine rauschhafte Lust an der Zerstörung der Altäre, das Gejohle und Gelärme, das Trommeln und Rasselschlagen hatte auch uns erfaßt – obwohl wir uns am Ende ernüchtert fragten, warum wir eine so furchterregende Gottheit wie die Durga eigentlich verehrten. Ein Fest zu ihrer Versöhnung.

Das passiert dem Indien-Reisenden immer wieder, daß er rücksichtslos einbezogen wird in das bunte Leben ringsum. Der Abstand zwischen Besuchern und Einheimischen, der in vielen anderen Ländern der Dritten Welt unüberwindlich ist oder von beiden Seiten sogar gefördert wird, scheint ausgerechnet in Indien mit seinen grellen Kontrasten nicht zu bestehen. Indien nimmt jeden bereitwillig auf: Man ergibt sich seinem Zauber und versucht im gleichen Moment der Umarmung zu entfliehen. Die schwarze Pagode des Sonnentempels von Konarak ist ein Musterbeispiel dafür, wie sich Tourismus und hinduistische

Pilgerreise miteinander vermischen oder wechselseitig ineinander übergehen.

Der Tempel aus dem 13. Jahrhundert, der mit seinem faszinierenden Skulpturenschmuck und seinen harmonischen Proportionen zu den prachtvollsten Zeugnissen indischer Kunst gehört, steht heute nur noch als Ruine, gilt also nicht mehr als Heiligtum, sondern ist zur allgemeinen Besichtigung freigegeben. Das hindert jedoch nicht, daß täglich Tausende von Pilgern aus allen Teilen Indiens den Tempel umschreiten, siebenmal, wie der Ritus es vorschreibt. Das Grüppchen von zwanzig europäischen und amerikanischen Besuchern ging darin unter. Wir pilgerten mit.

Vorbei an den zwölf mächtigen Rädern des mythischen Sonnenwagens, der von steinernen Pferden und Elefanten gezogen wird. In brennender Sonne stiegen wir über die zerbrochenen Stufen zu den drei Nischen der Haupthalle mit den Skulpturen des Sonnengottes Surya. Die kostbaren Reliefs, die an manchen Stellen in zehn Etagen übereinander geschichtet sind, ziehen den Betrachter magisch weiter, von Kreis zu Kreis. Erotische Darstellungen wechseln mit Prozessionen von Göttern und Göttinnen, Gruppen von Pferden und Gänsen, Tänzern und Flötenspielern. Schweißüberströmt erreicht man schließlich den Turm, die letzte Stufe ist nur mit Hilfestellung zu bewältigen. Ohne sich zu besinnen, ohne zu bitten oder zu danken, ergreift man die Hände, die sich einem entgegenstrecken, hilft seinerseits den Nachfolgenden hinauf und klettert an neuen Reliefs vorbei an der anderen Seite wieder hinunter. Mühsam und wortlos auf Pilgerschaft, denn der Puls schlägt rasend, und die Hitze macht das Atmen schwer.

Ganz anders ist die Atmosphäre in der nur zwanzig Kilometer entfernten Wallfahrtstadt Puri. Der berühmte Tempel des Jagannatha – der im Gegensatz zu Konarak von alten Seefahrern die weiße Pagode genannt wurde, beides waren wichtige Landmarken am Golf von Bengalen – darf auch heute von nichthinduistischen Besuchern noch nicht betreten werden. Von einer hohen Plattform aus wurde uns immerhin Einblick gewährt. Der Tempel birgt als kostbarsten Schatz die drei hölzernen, plump bemalten Kultbilder des Jagannatha, seines Bruders Balbhadra und seiner Schwester Subhadra. Im Ort selbst erschließt sich dem Besucher nichts als ein quirliges Durcheinander von Geschäften und Handwerksbetrieben, Souvenirläden und Rasthäusern für die Pilger. Kein Bettler von Puri hat jemals von einem Besucher abgelassen, ohne seine Rupie zu erhalten. Das Knirschen und Quietschen der Karren, auf denen sich die Verkrüppelten über den Boden stoßen, hallte uns noch in den Ohren, als wir auf der Terrasse des gepflegten South Eastern Railway Hotels – unter sanft surrenden Ventilatoren – einen Tee tranken. Am weiten Strand von Puri ist es still bis auf das Schlagen der Wellen.

In Orissa, wie auch in allen anderen Bundesstaaten Ostindiens, die wir besucht haben, bemüht man sich rührend, wenn manchmal auch unbeholfen, darum, dem Gast den Aufenthalt so angenehm wie möglich zu machen. Kleinlichen Unzulänglichkeiten in den Hotels steht die entwaffnende Liebenswürdigkeit der Gastgeber gegenüber. Wenn man sich eben noch darüber beklagen wollte, daß es in einem nagelneuen Hotel keine einzige Steckdose für einen elektrischen Rasierapparat gibt – es gibt einfach keine Steckdose im ganzen Haus –, verschluckt man lieber seine Beschwerde, wenn man im gleichen Hotel für das Waschen und Bügeln von acht Hemden ganze vier Rupien, etwa eine Mark, bezahlen muß.

Überhaupt sind es oft die Kleinigkeiten am Rande, die dem Reisenden beweisen, daß er vor der Reise über Indien wenig gewußt hat. Vegetarische Kost zum Beispiel hielt er früher für eine Diät, die unangenehm an Reformsandalen und Gesundheitsapostel erinnert. Vegetarische Kost in Indien dagegen bedeutet eine lukullische Schlemmerei. Allein die hundert verschiedenen Arten und Zubereitungsarten von Gemüsen, die scharfen und milden Gewürztunken, die Nudel- oder Kartoffelpasteten, ganz zu schweigen von den Süßspeisen aus Joghurt und frischer Sahne, Rosenöl und zerstampften Mandeln. Die Fleischspeisen konzentrieren sich auf Huhn und Lamm, Tanduri zum Beispiel, scharf gebratenes Huhn, mit eingebrannten Gewürzen gewissermaßen lackiert. An den übermäßigen Gebrauch des Ingwergewürzes Kurkuma in einigen Gegenden von Indien – im Süden stärker als im Norden – muß sich der Gast aus Europa allerdings erst gewöhnen. In manchen Lokalen verströmen dann nicht nur die Speisen diesen eigentümlichen Weihrauchduft, selbst die Seife riecht nach Kurkuma, und am Ende sind sogar die Getränke noch kurkumaverdächtig. Die Portion Betelnuß, die zum Nachtisch auf grünen Blättern gereicht wird, ist sowieso mit Kurkuma angerichtet.

Die Bergwelt von Darjeeling – am Fuße des Himalaya – taucht aus den Nebelschleiern auf wie die Offenbarung des Surrealen. Schon unsere Anfahrt glich einem absurden Traum. Vom Flughafen Bagdogra (bei der kleinen Stadt Siliguri), wohin wir von Kalkutta aus geflogen waren, fährt man mit dem Jeep etwa fünf Stunden den Berg hinauf. Das Abenteuer begann mit einer Panne. Zuerst war die Stimmung gut. Wir amüsierten uns über die Spielzeugeisenbahn, die – bis zum Dach überladen natürlich, wie alle öffentlichen Verkehrsmittel in Indien – mit Gestampfe und Dampf in tausend Kehren und Schleifen sich den Berg hinaufwindet. Die Schmalspurschienen wechseln dabei ständig von einer Seite der Straße zur anderen, als wäre die Anlage zur Belustigung des Publikums gebaut. Es war Nacht geworden. Ein platschender Regen hatte eingesetzt. Und je höher wir kamen, desto kälter wurde es. Dann gab es einen Knall, wir flogen im Auto durcheinander, unser Jeep hatte einen Achsenbruch.

Die Aussicht, die kalte Regennacht auf der Straße zu verbringen, war wenig vergnüglich. Aber wir kamen überhaupt nicht dazu, darüber auch nur nachzudenken. Aus dem Dunkel tauchte ein freundliches Hilfskomitee auf, das unseren Weitertransport in einer Art Stafettenlauf organisierte: Von Lastwagen, Jeeps und Personenwagen wurden wir von Station zu Station weitergereicht. Fast schneller als ursprünglich geplant trafen wir uns alle wieder auf der Tee-Plantage »Nagri-Farm«, wo uns die Besitzer, Mr. und Mrs. Prakesh, vor dem Portal empfingen wie Lord und Lady vor einem englischen Landschloß.

Ein heißes Bad war eingelassen. Im Kamin knisterte das Feuer. Die Diener, Barer genannt, kümmerten sich um das Gepäck und um unsere verschmutzten Stiefel. Der Hausherr erkundigte sich bei Mokka und Cognac nach dem Dinner angelegentlich nach der wirtschaftlichen Situation in Deutschland, die Lady ließ sich von den Erlebnissen unserer Reise erzählen und lächelte milde über unsere Begeisterung. Nein, so etwas. Darjeeling liegt außer der Welt. Über der Welt.

Teeplantagen-Besitzer gibt es in Darjeeling nur neunzig. Aber auch der Lebensstandard der übrigen Bevölkerung ist so unvergleichlich anders, höher als in anderen Gebieten Indiens, daß man es kaum für möglich hält. In Darjeeling hungert keiner, bettelt keiner. Fernab von den niederen Geschäften der Welt, gilt in den höheren Regionen die einzige Sorge dem Tee.

Darjeeling trägt nur zwei Prozent zur gesamten indischen Teeproduktion bei – Assam allein über fünfzig. Aber die zwei Prozent von Darjeeling sind die, auf die es ankommt. Während man auf dem Weltmarkt für indischen Tee im Durchschnitt 22 bis 27 Rupien für das Kilo bezahlt, erzielen die Spitzensorten von Darjeeling einen Preis von 500 Rupien. Lady Prakesh bemerkte denn auch gesprächsweise nebenbei, daß Darjeeling der »Champagner unter den Teesorten« genannt werde. Deutschland ist übrigens der wichtigste Handelspartner für Darjeeling, gefolgt kurioserweise von der Sowjetunion.

Die Stadt Darjeeling mit ihrem tibetanischen Gepräge, Treppenstraßen und verwinkelten Gassen, gepflegten Hotels und Restaurants, Antiquitätengeschäften, Silberläden, Wolle- und Seidenshops ist erfüllt von dieser Atmosphäre eines saturierten Wohlstands, daß es dem Besucher, wenn sich wie Augenblitze Erinnerungen an Kalkutta einstellen, fast ungehörig erscheint. Das Wetter wechselt in Minutenschnelle von gleißender Sonne zu undurchdringlichen Nebelschwaden. Für dreißig Sekunden vielleicht gaben die Wolken uns den Blick auf die majestätische Wand des Kangchendzonga mit seinen 8585 Metern frei, dann versank der Himalaya wieder im Dunst. Ein himmlicher Wohlgeruch lag in der seidig kühlen Luft, die weiße Teeblüte im Oktober. Und wir fragten uns, ob wir träumen.

Theodor Geus

Den Göttern nahe

Abenteuer B in Ladakh

Morgens um vier Uhr hatte Karim ein Räucherstäbchen vor dem kleinen Schrein neben dem Lenkrad zu Ehren irgendeiner indischen Gottheit angezündet, die wie der heilige Christophorus für eine gute Reise zuständig ist. Karim ist Busfahrer. Er weiß, daß wunderbare Kräfte notwendig sind, um den schweren Wagen heil ins Tal zu bringen über eine Schotterstraße, die in atemberaubenden Serpentinen von 4100 Meter hinunterstürzt auf 1600 Meter, vorbei an jähen Abgründen und über schwankende Brücken. Dies ist das letzte Stück des Weges von Leh nach Srinagar – die Rückkehr aus einem fernen Land und das Ende der Tage und Nächte in Ladakh. »Daß ich aufgehe in der Ekstase des alle Grenzen und Horizonte durchbrechenden Nichtseins«, beten hier die Mönche. Das läßt sich leicht sagen, wenn man dem Himmel so nahe ist und, die Eisgipfel des Karakorum und des Himalaya vor Augen, in der dünnen Luft sein Herz schneller schlagen spürt.

Die Annäherung an Leh, an die Hauptstadt Ladakhs, dauert zwei mühsame Tage. Es gibt nur diese eine Fahrspur in den abgeschiedenen Distrikt der indischen Provinz Kaschmir. Er wäre weltvergessen geblieben, hätten nicht 1962 in einem kalten Oktober die Chinesen eine durch wolkenhohe Berge für unüberwindlich gehaltene Grenze überschritten und einen Teil des Landes besetzt. Seitdem ist diese Wüste aus Stein und Sand, in der winzige Oasen mit Gerstenfeldern wenige Menschen notdürftig ernähren, in den Sog des politischen Kräftespiels geraten – ein labiles Gebilde, eingezwängt zwischen China und der scharf bewachten Waffenstillstandslinie zu Pakistan, eine letzte Zuflucht der vertriebenen Tibeter. Seit diesem Krieg ist Ladakh auch für ein internationales Globetrotter-Publikum zugänglich. Nach der Niederlage gegen die Chinesen ließ die indische Regierung den alten Karawanenweg von Srinagar über Kargil nach Leh, den 1906 Sven Hedin auf seiner Reise nach Tibet genommen hatte, ausbauen. Die fast übermenschliche Arbeit leisteten die Ladakhis und tibetische Flüchtlinge mit primitivem Werkzeug und bloßen Händen. Heute rollen auf der Straße Lastwagen, Jeeps, Busse und Militärfahrzeuge für drei oder vier Monate im Jahr. In der übrigen Zeit deckt der Schnee alles zu.

Ladakh, das geheimnisumwitterte Land hinter den Bergen, wie Tibet bis in unser Jahrhundert eine Terra incognita, ist offen geworden, nicht nur für die indischen Soldaten, die zu Tausenden in Camps stationiert sind als unübersehbarer Beweis für eine explosive politische Situation. Seit 1974 erhielten auch Fremde, Touristen, Zutritt in ein Gebiet, das zur letzten Bastion des lamaistischen Buddhismus geworden ist, seit Tibet von den Chinesen besetzt wurde und der Dalai-Lama nach Indien geflohen ist.

Die Entwicklung verlief sprunghaft. Den wenigen Rucksacktouristen, die, Kathmandus überdrüssig, Ladakh als ein neues Ziel für Pilgerreisen an den Rand des Nirwana entdeckt hatten, folgten die Pauschalurlauber. Heute sind es schon weit über zehntausend in den drei Sommermonaten, angelockt von der faszinierenden Vorstellung, zu den Auserwählten in einem unbekannten Land zu gehören.

Ladakh ist Abenteuerziel. Genauer gesagt, Reisen auf das Dach der Welt fallen nach den Vorstellungen eines Veranstalters in die Kategorie »Abenteuer B«, und das heißt begrenzte physische Herausforderung durch Höhen bis 4200 Meter, in denen die Luft merklich dünn wird, und wenig Komfort. Gewiß, die Reise nach Leh ist nicht einfach. Zwei Tage im Jeep über Steine und durch Wolken von Staub strapazieren das Sitzfleisch und die Lunge, und auf den Pässen wird für den Mitteleuropäer jeder schnelle Schritt zur Qual. Manchem wird vielleicht die Dusche fehlen und der wohlgedeckte Tisch: die weißliche Hammelsuppe und hartes Hühnerfleisch sind nicht jedermanns Sache, vor allem wenn die Hühner, die am Abend im Kochtopf landen, lebend auf dem Dach des Jeeps mitgefahren sind als zutrauliche Weggenossen. Aber sonst braucht sich der Tourist keine Sorgen zu machen. Fahrer und Koch und Diener machen die Arbeit. Vorsorglich sind auch Sauerstoff-Flaschen im Gepäck.

Das »Abenteuer B« wäre eine fast normale Reise, gäbe es nicht die grandiosen Ausblicke auf eine seltsam getönte Mondlandschaft aus violetten, grauen und weißen Bergen, die irgendwo in den Wolken enden, gäbe es nicht die unbewegten Gesichter der Menschen, die hier in einer erbarmungslosen Natur den Glauben an die Nichtigkeit aller Dinge leben, gäbe es nicht den Buddha von Mulbek – von Gebetsfahnen umfächelt, lächelt der in Stein gehauene Gott sanft und unergründlich. Ladakh, das sich den neugierigen Blicken geöffnet hat, ist wie ein großes Bilderbuch, angefüllt mit Gompas (Klöstern), Tschörten (riesigen steinernen Reliquienschreinen oder Grabmalen) und Mani-Mauern, gebaut aus Steinen mit seltsamen Inschriften, und Ladakh ist ein Mysterium, auch wenn der Ausverkauf sich mit einer Geschwindigkeit vollzieht, die zerstörend sein muß. Wenn es hier Abenteuer zu finden gibt, dann sind es Abenteuer der Augen und der Seele.

Längst ist es in Ladakh nicht mehr einsam. Wer hierherkommt, geht den gleichen Weg – die blassen, asketischen Tramper ebenso wie die Touristen, die auf einen Sprung von Srinagar heraufgekommen sind. Dieses Land hat dafür, daß es aus langer Abgeschiedenheit herausgerissen wurde, einen bitteren Preis zahlen müssen. In kaum einer anderen Gegend der Erde verlief der Zusammenstoß mit der Neuzeit so abrupt und brutal. Als die ersten Militärflugzeuge hier landeten, hätten die Ladakhis, so erzählt man, die seltsamen riesigen Vögel mit Heu füttern wollen. Inzwischen ist die Verwandlung vollzogen. In Leh gibt es mehrere Hotels, die, auch wenn sie nicht europäischen Vorstellungen entsprechen, doch »Traumland« oder »Gletscherblick« heißen, es gibt bettelnde Kinder und geschickte Inder aus dem Süden, die das Andenkengeschäft beherrschen. Es gibt Mönche, die den Block mit Eintrittskarten für ihr Kloster aus der Kutte ziehen, und bei dem berühmten

Hemis-Fest, zu dem Pilger aus vielen Teilen des Landes zusammenströmen, halten – so berichten Augenzeugen – Wächter mit Knüppeln die 20-Dollar-Plätze in der ersten Sitzreihe frei für die Europäer, die den frommen Zauber wie eine Theatervorstellung genießen. Selbst der Drugpa Rinpotsche, das geistliche Oberhaupt Ladakhs, ist für Bevorzugte zum Teil des Besichtigungsprogramms geworden. Freundlich und milde lächelnd thront der junge Mann, als göttliche Wiedergeburt seines Vorgängers vor Jahren aufgespürt, an der Stirnseite eines kleinen Saales im Kloster Hemis und läßt sich geduldig fotografieren. Zum Abschied verschenkt er dünngewebte weiße Schals, die Glück bringen sollen.

Tage und Nächte in Ladakh. Manchmal spürt man doch etwas von dem Geheimnis, das dieses Land umgibt. Abseits der Straße liegt das Kloster Tiktse, das wie ein Adlerhorst in die Felsen gebaut ist. Im Dämmerlicht murmeln die Mönche ihr Gebet, und Butterlampen werfen schmale zitternde Schatten. Als Krieg zwischen Indien und Pakistan war, floß aus dem Mund einer Gottheit Blut. Es war ein wunderbares Zeichen, sagen die Mönche. Tatsächlich konnten die Pakistani nicht bis hierher vordringen. Haben die Fremden Grund, darüber zu lächeln? Wenn der Blick hinunterfällt in das steinige Tal oder aufsteigt zu den himmelhohen Bergen, wird zumindest an diesem Platz klarer als dort, wo die Mönche zu Darstellern einer religiösen Schau geworden sind, warum hier eine so intensive Zwiesprache mit göttlichen Mächten möglich ist.

Seit es den Flugplatz von Leh gibt, ist Ladakh nicht mehr aus der Welt. Aber manchmal sperrt sich die Natur gegen eine perfekte Organisation. Bei schlechtem Wetter fällt der Sichtflug aus, und dann gibt es nur einen Weg zurück – die Schotterstraße. Der Gedanke an eine nächtliche Busfahrt über die Pässe, mit eindrucksvollen Möglichkeiten, abzustürzen, macht niemanden fröhlich. Aber Karim ist mit Unterstützung seines Schutzheiligen der beste Busfahrer der Welt, der seinen Wagen geschickt durch eine Nacht steuert, die von einem riesigen Mond erleuchtet wird. Und am Morgen glühen die Berge in der aufgehenden Sonne. Vielleicht ist dies das Abenteuer.

Hans Eckart Rübesamen

Early morning tea unter dem Mount Everest

Allein in Nepal

Ein guter Freund wäre mir willkommen gewesen auf dieser Tour. Es hat sich aber keiner bereit gefunden, mit mir aufs Geratewohl nach Nepal zu fliegen und erst vor Ort zu sehen, was sich machen läßt. Zwanzig Tage will ich unterwegs sein, habe ich mit dem Agenten in Katmandu ausgemacht, und der hat für alles Weitere gesorgt: Sherpas, Ausrüstung, Verpflegung, das Übliche eben. Sogar Rum für den Tee war dann da, so daß ich mir die Flasche Wodka hätte sparen können. Ein eigener Typ, notabene, dieser Mister Lama: Sitzt ganz unbeteiligt in seinem Büro neben dem königlichen Palast, liest ständig Zeitung, und dann läuft doch alles wie geschmiert.

Es ist also der Sagarmatha National Park geworden, so genannt nach dem höchsten Berg der Erde, der bei uns Mount Everest heißt. Auch Lhotse, Manaslu, Cho Oyu und noch ein paar Giganten, deren Namen die Augen der internationalen Alpinisten-Elite süchtig flackern lassen, gehören dazu. Meine Route bleibt zwei Kilometer weit unterhalb. Ich habe sie mit Mr. Lama nur ins Ungefähre hinein abgesprochen: dieses Tal vielleicht, die Klöster Tengpoche und Pangpoche auf alle Fälle, und ob man wohl auch über jenen Paß da gehen kann? Ein Sechstausender wurde vorsorglich ins Auge gefaßt, nur der Ausrüstung wegen. Aber ich habe kein bestimmtes Ziel im Sinn; der Weg an sich ist mein Ziel. Ich will nicht die Grenzen meiner Leistungsfähigkeit erproben wie Reinhold Messner, suche auch keine Selbstbestätigung, und meine Midlife-crisis spielt sich vermutlich woanders ab. Ich bin nur ein schlichter Bergwanderer, der diesmal eben im Himalaya bergwandern will. Aber ein bißchen auf dem Ego-Trip, in aller Bescheidenheit sei's angemerkt, bin ich doch auch.

Mein Zelt steht auf einer Almwiese, die ich mit zwanzig schwarzzottigen Yak-Rindern teile. Yaks, so sagt man, fühlen sich zwischen 3000 und 4000 Meter Höhe am wohlsten. Wir befinden uns auf 3750 Meter Höhe, und mir geht's wie den Yaks: Ich fühle mich auch wohl.

Vor dem Zelt türmt sich ein Haufen Yak-Mist. Er riecht nicht, ist überhaupt nicht unappetitlich. Die Sherpas kochen und heizen mit den handlichen, kompakten Mistfladen – eine kostbare Energiequelle hier, wo das Holz knapp ist. Dennoch frage ich mich, warum Kame Tshiring, mein Führer, das Zelt so plaziert hat, daß der kleine Mistberg die Aussicht auf die großen Himalaya-Berge verstellt, deren mächtige Eisflanken gerade im Abendrot zu erglühen beginnen. Er wird mir damit doch nicht vorführen wollen, daß im Himalaya das Kleine und das Große, das Banale und das Erhabene zusammen gesehen werden müssen?

Diese Feierabendstunde – nach dem Eintreffen am Lagerplatz, vor dem Dunkelwerden – ist immer zu kurz. Ich sitze auf meinem Klappstühlchen vor dem Zelt, rauche eine Pfeife und habe so viel zu bedenken, so viel zu erinnern. Sieben Stunden bin ich gelaufen, 1200 Höhenmeter gestiegen und nur ein bißchen müde. Zur Zeit bewege ich mich in einer Region, in der ich mich fast wie zu Hause, wie in den Alpen fühle: Fichten- und Kiefernwälder, verstreute Dörfer, Klöster und Heiligtümer, Weideland und Almwiesen, tief eingeschnittene Täler mit reißenden, glitzernden Bergbächen. Neben exotischen Pflanzen blühen auch Rhododendren und Berberitzen am Wegrand, Enzian und Edelweiß.

Aus dem Dach der steinernen Hütte nebenan steigt Rauch auf; da wird jetzt das Abendessen vorbereitet. Solange es noch hell ist, wäre die beste Zeit, die Lagerstatt im Zelt herzurichten. Lesen und Schreiben wäre auch schön. Doch das spare ich mir für den langen Abend auf.

Zugleich mit der Dämmerung kommt die Kälte – und Shewang, der Koch. »Dinner is ready, Sir!« Ich folge ihm in die

Hütte, wo ich einen Platz neben dem Herdfeuer angeboten bekomme. Man weiß mittlerweile, daß ich unten lieber sitze als oben auf der Holzbank am Tisch, wo der Qualm in die Augen beißt. Die Sherpas begnügen sich in ihren Häusern mit einer Lücke im Dach, die der Rauch erst einmal finden muß. Vielleicht husten, räuspern und rotzen sie deshalb so viel, weil sie ständig mit dem wabernden Dunst kämpfen müssen.

Es gibt eine Würfelbouillon, die der Koch auf meine Empfehlung neuerdings mit einem Ei veredelt; geschmorte, zähe Fleischstückchen mit Reis und steinharten Erbsen, ein paar Scheiben Ananas aus der Dose; dazu Tee in unbegrenzten Mengen. Ich esse, weil ich nach dem langen Marsch hungrig bin, aber ohne Appetit. An die schmutzigen Finger des Kochs und seiner Helfer habe ich mich schon gewöhnt, weniger daran, daß die Familie, die in der Hütte haust, mit der Zubereitung ihrer Mahlzeit wartet, bis ich versorgt bin.

Im hintersten Winkel sitzt ein uralter Mann, unbeweglich, aber mit wachen Augen, die in der Dunkelheit phosphoreszieren. Sonst nur Frauen und Mädchen, vorwiegend von heiterer Gemütsart. Die Männer sind als Führer und Träger in den Bergen unterwegs, sagt der Sirdar, bis zum Kashmir hinüber. Die Familie bewirtschaftet die Alm und verdient nebenher ein wenig daran, daß sie Trekkern wie mir Unterkunft und Feuerstelle bietet. Wenn es zu schneien beginnt und keine Trekker mehr kommen, zieht sie mit ihren Yaks hinunter ins Dorf.

Draußen ist es stockdunkel, eine klare, kalte Sternennacht. Ich krieche ins Zelt, schließe den Eingang mit den drei Reißverschlüssen dicht ab und wundere mich wie immer darüber, daß die Temperatur hier drin erträglich ist. Wäre ich vor dem Abendessen fleißig gewesen, könnte ich jetzt in den Schlafsack schlüpfen. So aber muß ich noch arbeiten. Leider hat die Taschenlampe einen Wackelkontakt und fällt ständig um.

Ich rolle die Bodenmatte aus, blase Luftmatratze und Kopfkissen auf, breite den Schlafsack darüber. Dann ziehe ich mich zur Nacht an: Skiunterwäsche, Wollstrümpfe, Trainingsanzug. Neben das Kopfkissen lege ich griffbereit den Daunenanorak, die Wollmütze und Fausthandschuhe für die kalten Morgenstunden. Mit minus 10 bis 15 Grad muß man jetzt allemal rechnen.

Der Luxus meiner Tour besteht darin, daß ich ein Zwei-Mann-Zelt allein bewohne. Auf dem Liegeplatz des zweiten Mannes verstreue ich abends meine ganze Habe, um dem Chaos im Gepäcksack zu wehren. So habe ich alles im Auge, was der zivilisierte Globetrotter der achtziger Jahre für unentbehrlich hält: ein Regen-Wimmerl, Hüttenschuhe, Wollsachen, Wechselwäsche, Hosenträger, zwei Rollen Klopapier, Papiertaschentücher, Sonnenbrille und Sonnenschutzmittel, Wanderhut, Ersatzhose, Brustbeutel, Teeflasche, Kamera mit Filmen, Landkarten, Notizblock, Kraftnahrung, eine Salamiwurst, ein paar Päckchen Schwarzbrot, eine Flasche Wodka, Diktiergerät, Kerzen, ein Buch, Waschsachen, Verbandszeug, ein Haufen Medikamente für alles und jedes . . .

Etwas albern komme ich mir schon vor mit dem ganzen Zivilisationsplunder zu Füßen des Mount Everest, wenn der denn irgendwo Füße hat. Und dazu noch der fünfköpfige Troß meines Sherpa-Teams! Ich stelle mir Scott und Amundsen auf dem Weg zum Südpol vor. Mit dieser Ausrüstung hätte Scott es bestimmt überlebt.

Nachdem alles geordnet und bedacht ist, steige ich in den Schlafsack, montiere drei Kerzen auf dem Deckel einer Blechdose und greife zum Buch: Marcel Prousts »Sodom und Gomorrha«, die angemessene Lektüre für einen, der nie vor Mitternacht zu Bett geht. Die abseitigen Empfindungen des Barons Charlus für den windigen Musiker Morel finden mich aufnahmebereit und verständnisvoll wie nie zuvor. Das Deplazierte an dieser Lektüre inmitten der stummen, gewaltigen Welt des Himalaya gefällt mir und schmeichelt meiner Eitelkeit als vielseitiger Schöngeist. Doch länger als zwei Stunden kann man so was nicht lesen. Ich ziehe den Reißverschluß des Schlafsacks bis unter das Kinn zu und blase die Kerzen aus.

Unruhige Nächte sind das hier oben. Manchmal liege ich stundenlang wach, dann wieder überfallen mich blitzartige Alpträume, ich fliege über einen Abgrund, ich fühle mich wahnsinnig, bin blind. Auf der Gokyo-Alm (4750 Meter) kampiere ich aus Angst vor der Kälte im Vorraum einer Hütte, zusammen mit einem taubstummen Hüterbuben, der im Traum die unglaublichsten Dinge stammelt. Wenn ich mich im Halbschlaf hin und her wälze, wache ich plötzlich auf, weil mein

Organismus zuviel Sauerstoff verbraucht hat und ich meine, ersticken zu müssen. Allmählich lerne ich, mich ganz langsam von der einen auf die andere Seite zu drehen, auch im Schlaf.

Morgens weckt mich, wenn nicht die Kälte, ein leichtes Kratzen am Zelt. »Early morning tea, Sir!« Wenig später folgt durch den schmalen Zeltschlitz ein Schüsselchen mit warmem Wasser für die Körperpflege. Ich kann wählen: Katzenwäsche im Gesicht, Zähne putzen oder rasieren? Mehr ist nicht drin im Schüsselchen. Doch im Lauf des Tages bietet sich Gelegenheit, an einem klaren, wenn auch eiskalten Bergbach Versäumtes nachzuholen. Eine halbe Stunde später: »Breakfast is ready, Sir!« Ein englisch-üppiges Frühstück mit Porridge, selbstgebakkenen Fladen, Eiern und Speck, eine gute Grundlage für den Tag.

Auf den Wiesen überall noch Reif und Frost. Doch sobald die Sonne über die Berge kommt, erwärmt sich die Erde. Ich nehme meinen kleinen Rucksack (mit Pullover, Fernglas, Brotzeit) und gehe los. Die Träger hinter mir bauen das Zelt ab und teilen die Lasten untereinander auf. Die beiden Mädchen bekommen nicht weniger aufgeladen als der Mann, der grundsätzlich barfuß geht; die Schuhe, die er sich von meinem Geld hat kaufen müssen, hat er am Hosengürtel festgebunden. Bald werden sie mich eingeholt haben. Die Mädchen lachen viel unter ihren 30-Kilo-Kraxen, offenkundig auch über mich. In ihren Augen bin ich ein komischer Vogel.

Der Koch trägt seine persönliche Habe, eine Bratpfanne und einen Pappkarton mit Eiern. Der Sirdar trägt nichts, nur die Verantwortung. Anfangs ist er mir immer vorausgegangen oder auf den Fersen gefolgt. Es war nicht einfach, ihn zu überzeugen, daß ich den Weg auch ohne sein Gängelband finde. Schön, daß er seine Aufgabe ernst nimmt. Doch wenn ich schon allein trekken muß, dann auch richtig allein.

Dafür begleiten mich allerlei schemenhafte Gestalten. Meine Kinder zum Beispiel, diese halbwüchsigen Nervensägen, so unerreichbar jetzt und auf einmal so lieb. Marco Polo fällt mir ein, der 24 Jahre – Venedig, China, Japan und zurück – auf Reisen gewesen ist; wie der das nur ausgehalten hat? Zeitweilig schreitet eine Jugendliebe neben mir aus, und ich schiebe mein unrasiertes Kinn männlich vor.

Weiß der Himmel, wie es kommt, daß ich so gerne gehe! Spätestens eine Stunde nach dem Aufbruch spüre ich eine harte Kruste von mir abfallen, die mich unbeweglich und verkrampft macht, im Kopf, wohlgemerkt. Im Lauf des Tages nähere ich mich einem Zustand innerer Ausgeglichenheit, der mir vieles möglich erscheinen läßt, was nicht möglich sein kann. Andere erreichen diesen Zustand, wie man hört, durch Kopfstand, ich, indem ich einen Fuß vor den anderen setze.

Dabei schwebe ich keineswegs, wie die Geister über den Wassern, schwerelos auf meinen Wegen dahin. Wenn es zügig bergauf geht und über die 5000 Meter hinaus, fange ich an zu keuchen, was die Lungenflügel hergeben. Das ist die große Zeit der Selbstgespräche und Ohrwürmer! Als Ausgangspunkt für die Selbstgespräche dienen mir Konfliktsituationen, die ich mit souveränem Witz und in brillanter Diktion meistere. Einer meiner Verleger, dessen blanker Geiz mich seit Jahren nervt, wird mir da zum unentbehrlichen Weggenossen – Gott schenke ihm ein langes Leben!

Die Ohrwürmer dagegen formen sich aus den Pfeiftönen, zu denen ich mein Bergauf-Keuchen veredele. Das hängt mit dem schweren Aus- und Einatmen zusammen, wie jeder weiß, der den Western »Spiel mir das Lied vom Tod« gesehen und gehört hat. Zum Wesen des Ohrwurms scheint ein infantiler Charakter zu gehören. Tagelang ist mir das Kinderliedchen »Drei Chinesen mit dem Kontrabaß . . .« nicht aus dem Sinn gegangen. Als sich endlich ein Nachfolger einstellte, war er noch schlimmer: »Alleweil ein wenig lu-ustig, alleweil ein wenig du-urstig . . .« Da darf ich es wohl als eine Sternstunde bezeichnen, als mich auf dem langen Anstieg zum Island Peak ein Gedichtanfang aus dem West-Östlichen Diwan nicht verlassen wollte, der seit Jahrzehnten tief in mir geschlummert haben muß: »Daß du nicht enden kannst, das macht dich groß, und daß du nie beginnst, das ist dein Los.« Wahrlich, eine Ausnahmeerscheinung unter den Ohrwürmern, die meinen Lebensweg bisher begleitet haben.

Heute noch grübele ich gelegentlich – erfolglos natürlich – darüber nach, ob sich nicht doch ein Zusammenhang möchte herstellen lassen zwischen einem geliebten Gedicht und dem geographischen Höhepunkt meines Erdenwallens.

Andreas Braem

In der Mitte des Himmels

Nachricht aus Kathmandu

Schön ist Delhi nicht gewesen. Ein graubrauner Kessel mit dem Chaos der Fahrrad-Rikschas, wo Hupengesang und Straßendreck die Atemluft ersetzt haben und in dem verfluchter Reichtum und verfluchte Armut den Sieg des Zerstörers Schiwa über den Aufbauer Schiwa jeden Tag verheißen. Es ist die Hauptstadt eines Landes, das Gott nicht für Touristen geschaffen hat.

Ich bin nach Patna gefahren; Schlafpritsche, Sitzplatz reserviert. Fruchtig farbige Felder, Bäume wie Wächter, breite Kronen übers flache Land. Im Grün rotköpfige Kraniche mit wachsam zuckenden Hälsen und Störche, die ruhig den Boden speerten. Zahllos waren die Stationen. Der Nebel über den Seerosensümpfen hatte einen höllischen Sonnenuntergang in unsere Köpfe gejagt, und wir waren ziemlich erschüttert vom Chillum eines Krawattenmenschen auf der Nachbarholzbank. In jedem Bahnhof kamen wir gerade an, wenn ein Massenduell im Gange war, das nah an den Geleisen stattfand. Wir sahen Metall blitzen, näherten uns Todesgebrüll, wir erschauerten. Dann stürzten sie herein, um uns die Bäuche aufzuschlitzen. Sie waren schwer bewaffnet, trugen kochendheißen Tee in Kannen, warfen mit Süßigkeiten, häuften Giftnüsse in die geöffneten Schürzen und warfen uns Bananenstauden durchs Fenster an die Stirn. Wir überlebten es und wurden satt.

Viermal fuhren wir rauchverschnaubt durch fröhliche, chorjubelnde Haufen aus Kindern und älteren Unwissenden. Wir hatten zwei Waggons voll Soldaten, und es war Krieg.

Patna war nur eine kalte Nacht auf einer Bahnhofsbank. Es war Krieg, und es gab keine Flugzeuge auf der Rollbahn. So sparten wir zehn Dollar und nahmen den Zug zur Grenze. Der Stationsvorsteher sagte, die Fähre sei umsonst. Ein Pferdegerippe flog unter Peitschengeknatter mit uns irgendwohin. Dann stöhnte der Rucksack, Treppe 'rauf, Treppe 'runter, Bohlengedonner, Sonnengeblitz: der Ganges.

Der Fluß war ein unbeweglicher Spiegel, bereit, alles zu erfassen, auf der anderen Seite nur notdürftig begrenzt von einem weißgelben Erdstreifen, der sich nach rechts und links in Gas und Wasser auflöste. Ich konnte Hütten auf Pfählen erkennen, die in einem Halbkreis lagen wie eine Bucht. Fischerboote mit hohem Bug drückten sich schräg in den Sand, als wären es angeschwemmte Speerspitzen. Am Horizont flog ein Baum in den Himmel.

Auf der Fähre wühlten sich Familien durch Familien. An der Reling las einer Cocteaus »Kinder der Nacht«. Irgendwann lachte er ins Unterdeck hinunter, weil er einen Gangesdelphin gesehen hatte. »It's too much«, sagte eine Holländerin. Als ein Pfiff uns ansprang, fing das Schiff an zu zittern. In den Gängen backbord und steuerbord konnten wir durch ein Bullauge in Kästen sehen, wo riesige Schaufelräder hart ins Wasser schlugen. An den Fenstergläsern schäumte es hoch und fiel zurück. Wir waren weit draußen und hatten die Flußmitte noch nicht erreicht. Der Ganges macht bei Patna eine Biegung. Die innere Krümmung entlang, kaum hundert Meter vom Ufer entfernt, schob sich die große Schaufel ruhig an einem Fischerboot vorbei, in dessen Heck ein Mann mit einer langen Bambusstange das Ruder führte, während ein anderer, über dem mannshohen Uferrand angestrengt weit nach vorn gebückt und die nackten Füße nach hinten gestemmt, an einem langen Seil den Treidler machte. Das rechteckige Segel hing matt in den Querstegen wie ein Bild im Museum; die bunten Stoffbahnen waren so kunstvoll zusammengeflickt, als sei es ein Teppich und nicht das Bild der Armut.

Das Steilufer wurde höher. In den Wänden saßen weiße Wasservögel. In der Mitte des Himmels pflügte ein Bauer sein Feld.

Spät in der Nacht das Dorf Raxaul. Wir fielen müde unter die Moskitonetze. Zum Frühstück gab es zum letzten Male Tee auf indische Art: der Caiwala, der Teemann, läßt zwei Drittel Wasser mit einem Drittel Büffelmilch aufkochen und löffelt den Tee dazu. Das Ganze wird so sahnig, wie es später hinzugefügte Milch nicht erreichen kann.

Freundlicher Schwatz am Morgen mit den Grenzbeamten. Auf der nepalesischen Seite hockte der Zollmann unter einem Zeltdach und blies in ein Feuerchen. In der Glut lagen ein paar Kartoffeln. Der Nepali knüllte eine Zeitungsseite zusammen, rieb eilfertig das Wachstuch auf dem niedrigen Tisch sauber und bat uns mit der Hand, Platz zu nehmen. Die Sonne war gerade aufgegangen. Über den tiefergelegenen Feldern, Schildkröten im Sand, zogen Baumkronen auf dem Nebel dahin und bewegten sich nicht.

Nirgendwo ist Geographie so aufregend. Das Flachland wich schon nach wenigen Minuten Busfahrt einer hügeligen Gegend. Bald waren die Täler so tief, daß die Sonne nur hie und da gebündelt durch die Bäume schoß. Die Abhänge schoben sich immer steiler hinauf, der Bus wurde langsamer. Um uns flohen tausend Farben in die Weite, hohe Bäume standen dichtgedrängt, Luftwurzeln spannten dazwischen die Netze, Stämme, Äste waren dick von Grün gepolstert. Wo es lichter war, wucherten hochgewachsener Rhododendron, Magnolienbäume. Überall aus dem Grüngewirr heraus leuchteten rote Weihnachtssterne. Bananenstauden warfen tiefe Schatten. Stundenlang wand sich der alte Bus die Serpentinen hoch. Wir konnten unvorstellbar weit die Berge sehen, nach Süden tiefe Dschungeltäler, aus denen wir hergekommen waren. Dort leben Elefanten und Tiger, Leoparden und einige seltene Nashörner. Nur einmal, schon hoch oben, fanden wir ein paar Hütten. Ein Bergbach schoß daran vorbei. Wir waren staubig geworden und genossen mutig das eisige Wasser.

In einer Teehütte wurden wir von zwei schönen Mädchen mit faustdicken Keksen bewirtet; zahllose kleine Goldplättchen waren an ihren Ohrrändern festgesteckt, ihr blauschwarzes Haar war zu einem Zopf geflochten. Ihre Augen waren Mandeln und Kohlen. Wie ich später lernte, waren sie vom Stamm der Newai; das ist ein tibetisches Volk, doch in Nepal schon lange ansässig. Sie haben ihre eigene tibetonepalesische Sprache. Wir saßen da, zweieinhalbtausend Meter hoch, unter uns in tausend Wellen die leuchtenden Wälder, über uns Kiefern und riesenhafte Laubbäume, von Schmarotzerpflanzen bedeckt. Der Himmel war dunkelblau, so klar, wie ich es nie vorher gesehen habe.

Am Ende der Siedlung kroch unser Bus wieder in erbarmungslose Serpentinen; in einem der Bogen stand ein schmales Häuschen, die Vorderwand, die auch die Tür war, weit geöffnet, der Innenraum über und über vollgestopft mit Büchern. Auf einem Brett davor saß ein alter Mann, der mit abgeklärtem Gesicht einen Kürbischillum rauchte. Über ihm hing ein großes Stück Papier mit dem Satz: This ist your library.

»That's too much«, sagte die Holländerin.

Dann sahen wir nur noch Blau herunterstürzen, es waren kaum hundert Meter bis zum Gipfel. Weißgelbe Gräser streckten sich neben wenigen Bäumen senkrecht und steif nach oben. Vom Gipfel aus überblickten wir Nepal und Tibet und Sinkiang und die Mongolei. Über hunderte von Kilometern ragten am Horizont weiße Spitzen, trotz der Entfernung mußten wir den Blick heben: das »Dach der Welt« ist sieben- bis neuntausend Meter hoch. Dazwischen endlose Täler, weniger stark bewachsen als die Südseite, doch voll warmer Sonnenfarben.

*

Ich wohne mit einem deutschen Braumeister in Madhu's Lodge, die manche hier Madhouse Lodge nennen. Wir zahlen 2,50 Rupien, das sind etwa 60 Pfennig. Zwei freche Mäuse jagen sich selbst am hellen Tag um die Bettpfosten, aber für Wanzen scheint es jetzt zu kalt zu sein.

Vor elf Uhr verläßt der Morgennebel nie das Tal, und die Schneeberge sind überhaupt nicht zu sehen. Es ist etwas warm geworden im neuen Jahr, achtzehn Grad am Mittag und sechs Grad nachts. Meine in Delhi gekauften Turnschuhe fallen nun auch auseinander. In zwei Monaten kann ich barfuß laufen über die warmen Steine und das kältelose und wärmelose Gras.

*

Vorgestern war ich mit einigen Freaks in einer katholischen Mitternachtsmesse. Erst fanden wir kein Taxi und bekamen kalte Füße. Es ist uns aber wieder warm geworden. Mitteleuropäische Weihnachtsstimmung zog die Mundwinkel sanft nach oben, die Anwesenden räkelten sich mit leuchtenden Augen im Schlamm der guten Vorsätze, um den sie übers Jahr einen weiten Bogen gemacht hatten. Vielleicht waren es hundert, die da sangen, und ein paar Christen sind wohl auch dabei gewesen. Bescheiden in der zweiten Reihe bedeckten dunkelblaue taillierte Mäntel die Herren Botschafter mit Anhang, Frankreich, Italien, Philippinen. Die Damen hüllten sich in dezentes Make-up und Accessoires à la mode und hatten Gesichter aufgesetzt, als zweifelte jemand an der Echtheit ihrer Brillanten. Von den feineren Anzügen ging keiner zur Kommunion. Um die Seelen bemühten sich fünf Priester.

Die Weihnachtsgeschichte hörte ich zum ersten Mal im Akzent der Westcoast. Das klang sehr schön. Wir durften »Ei-men« singen und »Oh come all ye faithful« und eine Predigt hören, die aus New York war und von lauteren Worten erfüllt. Nachdem Peace, Love und Happiness hierdurch hergestellt waren, liefen wir ins nächtliche Kathmandu zurück. Der sternverkleckste Himmel ersetzte einen ganzen belichterten Tannenwald.

Als wäre es ein Lagerfeuer, saßen wir in meinem Zimmer um den Kerosinkocher. Ich rührte in einem großen Topf Milchreis mit Zucker und Zimt, jeder blies andächtig auf seine gehäuften Löffel und naschte an Geschichten vom Kongo und von den Seychellen. Ein junger Ingenieur hatte ein Jahr lang einen Hundeschlitten durch die Antarktis getrieben; ein vierundzwanzigjähriger Österreicher, der gerade seinen Doktor in Jura gemacht hatte, versuchte, Weanerisches ins Englische zu übersetzen. Bei »Aba geh!« gab er's auf.

Gestern nachmittag bin ich nach Swayambhu gegangen. Das ist ein Dorf auf der anderen Seite des Baghunati-Flusses. Der Weg führt über eine lange Hängebrücke. Sie schwingt und gibt ihre Kraft in langen Wellen von sich. Im Flußschlick stehen unbeweglich Wasserbüffel, und schwarze Schweine ächzen und schnorcheln durch lange Rüssel. Manchmal quiekt eines schrill auf und springt über die Hängebäuche der unbekümmerten Artgenossen, legt sich aber gleich wieder in die Sonne.

*

Das Schreiben fällt mir immer schwerer. Es ist, als hätte ich nie woanders gelebt als hier, und alltägliche Abenteuer sind vielleicht eher festzuhalten als Nepals abenteuerlicher Alltag. Kathmandu ist, wie die Freaks sagen, ein »food-trip«. Chinesische, tibetische, nepalesische, indische Restaurants. Wenn ich im »Snowman« esse, dann habe ich die Wahl zwischen gut sechzig Gerichten. Am besten sind: Nudelsuppe mit frischen Gemüsen und Büffelfleisch, Bananen, gebacken in Vanillesoße, Pfannkuchen mit Honig und Früchten, Krabben süß-sauer. Wenn ich selber koche, muß ich immer wieder lernen, mit der ungeheuren Gemüsevielfalt umzugehen – und mit den Größen. Blumenkohl hat hier die Größe eines Globus, und Rettiche sind gut einen halben Meter lang. Die Auberginen haben nicht das grellschöne Lila wie in Indien, sondern sind grün und prügelgroß. Manchmal esse ich Enteneier. Ich würze und färbe mit einem orangegelben Ingwerpuder, der die bittere Süße des Ingwers schiwalob nicht hat. Viel Knoblauch. Zwiebeln in allen Farben. Zucker ist nur für Reiche da, und die Bemerkung in May's Reiseführer Nepal: »... dank der Schweizer Entwicklung einer Großmolkerei kann jetzt jeder in Nepal Milch, Butter und Käse kaufen«, hat mich nur zu freudlosem Lachen gebracht. Wie leicht Reiseführermacher neun Zehntel der Bevölkerung übersehen ...

*

Gestern abend hat mir Laird, der Amerikaner, das linke Ohr durchstochen. Laird hat kurze Haare und kennt sich aus. Laird ist mit seinem Weib zehn Jahre schon unterwegs. Laird hat über hundert Eitlen die Ohrläppchen durchstochen. Laird kann was erzählen. Ich habe einen zeigefingernagelgroßen blauen Türkis in Silber fassen lassen. Jetzt hängt Tibet auch am Ohr links.

Ich bin nach Nepal gegangen, weil ich die Sprache dort lernen will. In einer Woche vielleicht steige ich die Berge nach Solukhumbu hoch. Tibetisch heißt der Distrikt Sha-rong. Ich habe mir einen warmen Schlafsack gekauft, denn in Sha-rong gehen die Nachttemperaturen auf dreißig Grad hinunter und die Fenster haben keine Scheiben.

In den nächsten Tagen werde ich meinen Treck vorbereiten, dann werde ich meine dreißig Kilo Gepäck auf den Rücken hieven und die Sonne im Auge behalten. Es wird vier Tage lang aufwärts gehen und zwei Tage abwärts und wieder vier Tage aufwärts. Ich werde in einem Sherpadorf bleiben, das Jelsa heißt. Dreitausend Meter hoch. »Jelsa« ist tibetisch und heißt »Regenbogental«.

Andreas Braem

Als der Wind schwieg

Tage in Chialsa

Die Reise nach Chialsa war eine gute Reise. Die Reise nach Chialsa war keine gute Reise. Sie war: Hinauf, hinunter, hinauf, zweitausend Fuß, sechstausend Fuß, dreitausend Fuß, achttausend Fuß, fünftausend Fuß, zwölftausend Fuß, neuntausend Fuß schließlich.

Sie war: Linke Schulter gerissen, rechter Knöchel geplatzt, linkes Knie verdreht, rechter Knöchel wieder geplatzt, ein schneller Hund, zwei Menschenbeine, zwei Bisse.

Über die breiten Bergflüsse hangelte ich auf tiefgeschwungenen Hängebrücken und fand mich am anderen Ende halbverloren. Die Brücken sind von Menschen mit einem starken Gott gebaut. Drahtseile als Geländer, dazwischen krachig morsche Planken, Griff links, Schritt links, Griff rechts. Unten wartendes Toben, unten, unten, unten, Griff links, zehntausend Schreckgedanken, Augen und Beine wie fremd, ob, wenn – geschafft.

Der erste Treck-Tag endete auf einer Wiese, hoch droben, der Abendwind griff an mein Zelt und warf es schier mit lässiger Hand und rüttelte und rüttelte. Den Hang hinauf klammerten sich verreckte Bäume in den Fels. Es wurde dunkler. Im Osten starben ferne Bergspitzen einen roten Tod, unendlich langsam, doch in den Tälern war schon alles in nebelblauer Farblosigkeit erstickt. Mit der Nacht fiel die Kälte herab, mein Versteck bog sich nicht mehr, denn der Wind war weitergeeilt, hatte meinen Flüchen gehorcht. In die Äste schlangen sich Nebeltücher. Bald war die Erde tot.

Der Morgen weckte mich nicht, ich weckte den Morgen. Die ganze Nacht hatte ich gesungen, gebetet, gelacht und gerotzt, hatte Nebellöchern Namen gegeben und mit Bächen gesprochen, selbst mit ganz fernen, in gebänderten Dialogen, die sich eisig in meine Ohrmuscheln klammerten und mich nach links warfen und nach rechts. Es schien, als wären die Sekunden aufgerissen von oben bis unten.

Der Tag kam mit körbebehangenen Menschen vom Volk der Thamang und Rai, die sich vor meinem Zelt niederließen und nach nichts fragten. Sie waren barfuß. Blitzschnell hatten sie mit Stahl und Stein ein Feuer aus der Hand geschlagen und sich niedergehockt, gleichmütig schwatzend, und ihre Füße irrten behaglich in den langzüngigen Flammen. Der nachtkalte Nebel verschwand ganz leise, denn auch an jenem Morgen ging die Sonne auf.

Die Reise nach Chialsa war eine seltsame Reise.

Am zweiten Tag lernte ich einen jungen Sherpa kennen, der auf dem Rückweg von Kathmandu war. Auf einem steilen Pfad holte er mich ein. Mir war die Luft ausgegangen, er hatte Luft für zwei. Wir tranken Tee, wechselten das Gespräch und blieben vier Tage lang zusammen. Sein Rucksack war nur halbvoll, und er trug meine vielen Bücher mit Lächeln. Er hieß Dorje, war Lehrer, neunzehn Jahre alt, verheiratet und am fünften Tag verschwunden.

Sie werden ihn wiederfinden. Ich weiß, daß sie ihn wiederfinden werden. Ich weiß.

Ich war stehengeblieben, vor Erschöpfung, wie so oft. Er ist meinen Augen verlorengegangen, irgendwo zwischen Dickicht und Dickicht auf halber Höhe, verlorengegangen zwischen moosigen Stämmen und glasigen Rinnsalen und Poinsettengestrüpp. Keuchend lehnte ich mich an einen Felsbrocken, Dorjes Gepäck stützend unter dem Kopf, mit brennenden Füßen, brennenden Schultern, rasender Brust. Viele Sträucher waren kahlgefressen, und wo noch ein paar Blätter das Wasser aus den Wurzeln sogen, hingen pelzige Würmer von ungeheurer Länge, die gefräßigen Enden tief ins Grün gebohrt. Ein Baum war völlig bedeckt von jenen braunen, nudligen Meterwürmern, lebendig begraben von Lebendigem, doch nicht triumphierend am äußersten Ende eines Astes in einer blaßroten Blüte und einem letzten Blatt.

Als ich in der nächsten Siedlung ankam, wo wir hatten frühstücken wollen, war Dorje nicht da. Ich ging zurück, suchte die letzten zwei Wegstunden noch einmal ab, fürchtete, er sei abgestürzt, sah, daß der Pfad keinen Sherpa zum Abstürzen bringen konnte, fand Dorje aber nicht.

Ist er ein Dieb, dann ist er ein kluger Dieb, denn dort, bei Megchen, kennt er jeden Stein und weiß auch pfadlose Pfade über das Gebirge. Ist er ein Dieb? Sie werden ihn finden.

Seit acht Tagen nun also in Chialsa, acht fruchtlose Tage ohne Schlafsack, ohne Kleider, ohne Bücher. Ohne Arzneien, ohne Zahnbürste. Ohne Anorak. Ohne Musil also und Hölderlin, ohne Nepali- oder Tibeti-Grammatik. Und der Lama vom Chialsa Gompa, der mich unterrichten soll, ist für dreißig weitere Tage in Kathmandu. Acht Tage in schlimmer Kälte draußen und schlimmer Kälte in jedem Haus, tags und nachts; ohne viel zum Freuen, acht solche Tage waren schlechter Boden für gute Gedanken. Ich glaube aber, seit heute habe ich keine Angst mehr, leer zu laufen.

Gestern war Markt, von den Bergen flossen die Menschen, so eilig wie nach einer trockenen Woche ein Regenbach. Einige kamen zu Pferd oder auf langmähnigen Yaks, die alle tibetischen Geheimnisse in den unendlichen Augen begraben trugen. In langen Reihen waren hohe Trichterkörbe aufgestellt, und die Sonne verkettete die spitzen Schatten zu einem Wald aus Erde und Licht. Die wenigen Holzhäuser sind durch einen halboffenen Gang zu einem Ring gebunden, der jeder Regenzeit trotzt. Auf den Planken saßen Tuchhändler und warfen Wortfetzen, Farbkleckse in die Menge. Diese wogte wie Algen an der Küste, vor und zurück, über Reissäcke hinweg und an Spiegelkämmen vorbei, und es sauste und sang wie in einem großen Feuer. An diesem Tag schwieg der Wind, und der Rauch stieg aus zufriedenen Häusern fast senkrecht in die Luft.

Ich habe mir eine chinesische Zahnbürste gekauft, warme Tibeterstiefel und ein chinesisches Hemd, damit ich das andere, zwanzig Tage und Nächte getragene, waschen kann.

Zum Markttag habe ich mir Milchreis geleistet (Zucker ist fast unbezahlbar) und heute morgen meine ersten Momos gemacht; Büffelfleisch kostet nur achtzig Pfennig das Kilo. Ungehindert verschlinge ich riesige Knoblauchzehen. Salz zerstoße ich mit dem Griff meines Taschenmessers. Viel Chili verlängert jedes Essen um ein paar Stunden. Früchte gibt es nicht: die Mandarinenzeit ist gerade vorbei.

*

Heute nacht habe ich zum erstenmal geschlafen, ohne vor Kälte zu zittern. Am frühen Morgen wärmte ich mich auf einem Holzstapel in der Sonne, während der Reistopf auf dem Feuer zischte und frühes Licht ins Fenster sprang. Bald wälzte sich die Morgenwärme in den Innenhof, und so setzte ich mich an eine Arkadenstütze und verjagte ein paar Hunde und versenkte mich in Reis und Butter, selbstgemachtes Joghurt und das keuchende Gewühl aus grünem Gemüse mit Knoblauch. Wo auf der Welt, frage ich, war die Stunde kostbarer, heute morgen um acht?

*

Mit mir stehen zwei Schneeberge auf, ganz nah, und färben sich blau und färben sich rot und färben sich weiß. Windstöße treiben gleißende Decken ins Blau, wo ein winziges Flugzeug Runden dreht. Ich sitze auf warmem Stein und esse Mang-mo, kein Camembert und eigentlich auch kein Käse. Die Schlehen sind bitter.

Die Geldknappheit hat mich nun schon so in Übung gebracht, daß ich für zwanzig Mark im Monat mir mehrmals Milchreis leisten kann und gebrannte Erdnüsse, Popcorn und jeden Tag Fleisch. Manchmal auch selbstgemachtes Joghurt, immer Reis und Tomaten und Gemüse.

Die aufgezwungene bücher- und studienlose Zeit bringt eine ewige Leere des Magens mit sich. Ich bin hier in Chialsa so losgelöst von allem Bekannten, fühle mich so überrannt, daß es noch gar nichts zu sagen gibt über das Regenbogenland und seine Bewohner. Da ich von der alten Welt nichts mehr in der Hand habe als meinen Dolch, wird jeder Erinnerungsfetzen und jede Träumestunde von der Angst erdrückt, das, was mich zwanzig Jahre lang aufgebaut hat und in meinem Gedächtnis bewahrt geblieben ist, all das möge sich bei einem Windstoß in die Lüfte heben und vergehen.

Hans Scherer

Plädoyer für die Stadt der Engel

Bangkok

Im wäßrigen Glanz der ersten Sonnenstrahlen wandern die Mönche zielstrebig durch die Straßen. Vor vielen Häusern werden sie bereits zum Empfang der Opfergaben erwartet. Stumm und ohne Dank nehmen sie Reis und Früchte entgegen; die Gebenden falten darauf die Hände und verbeugen sich tief. Die Haustempel werden zu dieser Stunde mit frischen Blumenkränzen und glühenden Weihrauchstäbchen geschmückt. Die Bettler, die am Straßenrand oder in Hauseingängen und Vorgärten übernachtet haben, legen ihre Decken und Habseligkeiten zusammen; am Abend wird man sie am gleichen Platz wiederfinden. In den tausend Garküchen beginnt man träge mit den Vorbereitungen; es riecht nach geraspeltem Rosenholz.

Weil ich damals vor zwölf Jahren im billigsten Hotel von Bangkok gewohnt habe, wurde mir das Schauspiel, wie Bangkok erwacht, zu einer lieben, fast täglichen Gewohnheit. Denn zu jeder Stadtrundfahrt oder zu jedem Ausflug mit dem Bus wurden die Teilnehmer sozusagen von unten nach oben eingesammelt: Bis wir uns zum teuersten Hotel durchgesammelt hatten und das eigentliche Programm endlich beginnen konnte, waren mindestens zwei Stunden vergangen; über Bangkok lag dann bereits der Lärm eines höllischen Furioso, die Stadt war hoffnungslos verstopft. Die meisten Ereignisse und Ziele dieser Fahrten, Tempel, Klöster und Paläste, sind mir heute schemenhafte Erinnerungen; ich muß im Reiseführer nachschlagen, wo ich damals überall gewesen bin; im Gedächtnis aber geblieben sind mir die Bilder von Bangkok, die dunstig zarten vom frühen Morgen, die grellen vom Tag, die schreienden von der Nacht. Seitdem liebe ich Bangkok.

Jahrelang wurde von Bangkok vorwiegend an Stammtischen gesprochen, augenzwinkernd oder hinter vorgehaltener Hand, war von Abenteuern in Bordellen und Massagesalons die Rede. Für Fernosttouristen aller Grade gehörte es fast schon zum guten Ton, sich abschätzig über Bangkok zu äußern, über das mörderische Verkehrschaos zum Beispiel, über den Pesthauch von tropischem Klima und schmutziger Luft, aber vor allem und immer wieder über das empörende Verhalten gewisser Mittouristen in den Vergnügungsvierteln. Auch die Reiseunternehmen empörten sich nach außen. Nach innen allerdings, in ihren Katalogen zum Beispiel, formulierten sie die Hotelbeschreibungen eindeutig, daß man als Leser ersehen konnte, in welchem Hotel man Straßenmädchen mit aufs Zimmer nehmen durfte und in welchem Hotel nicht. Nicht einmal die allgegenwärtigen Bildungsreisenden fanden für Bangkok ein gutes Wort. Die Tempelanlagen im Ratanakosin-Stil seien doch noch keine zweihundert Jahre alt! Gegenüber den Tempeln der alten Hauptstadt Ayuthya oder den Bauwerken in Nord- und Südthailand nähmen sich die glitzergoldenen Tempel und Paläste von Bangkok geradezu kitschig aus. Als Einkaufsstadt konnte Bangkok mit seinem eher plumpen Warenangebot nicht lange gegen das Markengetue von Hongkong und Singapur bestehen; erst heute, nachdem in den Stadtstaaten die Preise inflationär in die Höhe geschnellt sind, beweist Bangkok auf diesem Gebiet eine neue Qualität. Dennoch ist für Bangkok als touristisches Phänomen ein merkwürdiges Ergebnis zu registrieren: Je höher die Besucherzahlen von Bangkok kletterten, als Ausgangspunkt oder Zwischenstation von Fernostreisen, um so tiefer sank Bangkok im Ansehen.

Bei den Kritikern von Bangkok ist es besonders beliebt, in Zeitungsberichten und Fernsehfilmen die Übel und Sünden des Massentourismus zu schildern. Unter dem scheinheiligen Vorwand der Sorge um die Stadt und ihre Bewohner kommen sie auf diese Weise rasch zu dem Thema, das ihnen offensichtlich am wichtigsten ist, zu den Vergnügungsvierteln nämlich mit ihren Mädchen und Zuhältern. Mit bebender Stimme bemerken sie dann meistens zum Schluß, der Tourismus habe die Stadt zerstört. Wenn das Verfahren nicht so infam wäre, könnte man darüber lachen. Denn die Vorstellung, daß ein paar vergnügungswütige Touristen die Fünfmillionenstadt Bangkok zerstören, ist im Kern so lächerlich und dumm, daß sie nur beweist, wie wenig diese Kritiker von der Stadt wissen oder gar von ihr verstanden haben. Gerade in dieser blasierten Wichtigtuerei unterscheiden sich die Kritiker jedoch in nichts von den Touristen, deren Verhalten sie bemängeln. Die maßlose Überschätzung ihrer eigenen Bedeutung verstellt vielen europäischen Besuchern den Blick; sie erwarten, daß man ihnen eine exotische Vorstellung bietet, aber sie übersehen den Alltag und damit die Wirklichkeit.

Bangkok ist keine einfache Stadt. Auf den ersten Blick erscheint sie dem Besucher wirr und wild. Sie erschließt sich dem Fremden nicht im Handumdrehen. Und schon gar nicht biedert sie sich an. Sie öffnet sich dem Fremden erst nach ein paar Tagen, vielleicht erst nach dem zweiten oder dritten Besuch (darin hat Bangkok Ähnlichkeit mit Istanbul). Bangkok fordert Geduld und Zeit von seinen Besuchern. Gerade daran fehlt es den meisten. Die kritischen Vorwürfe gegen die Stadt gehen oft schon deshalb ins Leere, weil die meisten Touristen Bangkok nur von Ein-, Zwei- oder Dreitagesaufenthalten kennen. Während dieser Zeit bewegen sie sich nahezu ausschließlich in der Gruppe oder auf deren ausgetretenen Pfaden, in Hotels, auf Tempeltour, in Einkaufszentren oder im Vergnügungsviertel. Nur deshalb bejammern sie die »Zerstörung durch den Tourismus«, weil sie selbst sich stets nur dort aufhalten, wo Touristen sich stets aufhalten. An Bangkok liegt es nicht.

Man braucht nur einen Morgen im Wat Po, dem Tempel mit dem liegenden Buddha, zu verbringen. In Bus-Schüben füllt und leert sich der Tempelhof wie Ein- und Ausatmen. Auf einmal wimmelt es von Touristen; sie drängen sich vorbei an den geschäftigen Marktständen, mit oder ohne gestikulierende Fremdenführer, in die Tempelhäuser und wieder heraus, Besuchergetriebe, und dann ist der Hof plötzlich wieder leer, alles Touristische ist verschwunden, es ist still wie vor einhundert, zweihundert Jahren, die Glocken klingen sanft im Wind, vorwitzige Klosterschüler gehen zu ihrem Unterricht. Der Bilderwechsel ist so radikal wie ein Filmschnitt, daß man sich an den Kopf greift, ob man eben im Wachen geträumt habe. Dabei wiederholt sich der Wechsel zehn-, zwanzigmal an einem Morgen. Natürlich versteht man es als Fremder nicht, weder den stillen Tempel, noch das Wechselspiel. Man begreift immerhin, daß zwischen der Tempelwelt und dem Tourismus keine Annäherung besteht. Das oberflächliche beiderseitige Interesse scheint den Graben zwischen beiden Welten nur zu vertiefen. Fremd steht man sich gegenüber. Aber Gewinn hätten die Besucher bereits vor ihrer Reise, wenn sie das Fremde als fremd gelten ließen.

Die asiatische Beharrlichkeit nämlich, mit der Bangkok auch als moderne Weltstadt seine Identität zu bewahren sucht, unterscheidet gerade die Stadt von anderen Städten in Fernost, die sich dem Westen geöffnet haben. Die krassesten Gegenbeispiele sind dementsprechend Singapur und Tokio. Aber man muß schon mit wohlwollenden Augen hingucken, um zu bemerken, daß Bangkok auch in seinen ödesten Neubaugegenden noch thailändischen Charme bewahrt hat. Abgesehen von dem unverändert affigen Benehmen gehemmter und verklemmter Touristen gilt das sogar für die engsten Gassen der Red-Light-Bezirke zwischen Silom- und Suriwong-Road. Bangkok ist überall Bangkok geblieben.

Vor zwölf Jahren verdiente Bangkok noch seinen Beinamen »Venedig des Ostens«. Die Klongfahrt damals gehört überhaupt zum schönsten, das ich je erlebt habe. Wie sich das Langboot durch ein Gestrüpp von wilden Hyazinthen einen Weg bahnte, vorbei an Hütten, verfallenen Tempeln, Märkten, bis tief in den Palmenwald, wollte es mir scheinen, als führe ich geradewegs ins Paradies hinein. Bis auf wenige Kanäle, die der Schiffahrt dienen, sind heute alle Klongs in der Innenstadt zugeschüttet. Die malerischen Bilder mußten der Hygiene weichen. Wer wollte das mit gutem Gewissen beklagen? Früher besaß ja selbst der höllische Straßenverkehr den Wert einer exotischen Sehenswürdigkeit. Wer jemals die Millimeterarbeit erlebt hat, mit der ein Bus zur Hauptverkehrszeit auf der Sukhumvit-Road gewendet hat, der weiß, was damit gemeint ist. Heute erscheint der Verkehr »ausgedünnt«, wie die Experten sagen; die Umgehungsstraßen zeigen Wirkung. Früher dauerte die qualvoll stotternde Fahrt vom Flughafen zum Hotel oder umgekehrt eine bis zwei Stunden, wenn man Glück hatte, heute ist die Strecke über die neue Schnellstraße in zwanzig oder dreißig Minuten zu schaffen. Je häufiger man nach Bangkok kommt, um so selbstverständlicher erscheint einem die Stadt. Das ist eine triviale Weisheit. Aber was sie an exotischem Glanz verliert, gewinnt sie an Menschlichkeit. Bangkok ist liebenswert – nicht wegen dieser oder jener Sehenswürdigkeit, sondern wegen seiner Bewohner.

Kürzlich hat Bangkok das zweihundertjährige Bestehen als Hauptstadt von Thailand gefeiert mit farbenprächtigen Aufzügen, Ausstellungen, Handelsmessen, Schauspielen, Musik- und Tanz-Festivals. Viele Tempel und Buddha-Statuen wurden restauriert. Die alte Stadtmauer (der einstigen Festung) wurde freigelegt. Der große Platz vor dem Wat Pha Keo, auf dem früher allwöchentlich der berühmte Sonntagsmarkt stattfand, ist zu einem Park geworden; der Sonntagsmarkt ist nach draußen, in Richtung Flughafen, verlegt worden. König Bhumipol ist der neunte König der Chakri-Dynastie, Rama IX. Sein Urahn Rama I. verlieh Bangkok erst 1782 die hohen Weihen der Hauptstadt. Vorher besaß Ayuthya und für kurze Zeit sogar die Nachbarstadt von Bangkok, Thonburi am Westufer des Menam, den hohen Rang.

Bangkok, der erste Name der Siedlung, ist bis heute als Name für den internationalen Gebrauch gültig geblieben; Bangkok heißt auf deutsch »Olivendorf« und deutet auf eine idyllische Vergangenheit. Die Thailänder nennen ihre Hauptstadt gern »Krung Thep«, Stadt der Engel. Der offizielle Titel der Stadt ist allerdings einundzwanzig Wörter lang: Krung Thep Phramaha Nakorn Amorn Ratanakosindra Mahindrayudhya Mahadilokpop Noparatana Rajdhani Burirom Udom Rajnivet Mahastan Amorn Pimarn Avatarn Satit Sakkatuttiya Vishnukarm Prasit: Stadt der Engel, die Residenz des Smaragd-Buddha, die unbezwingbare Stadt des Gottes Indra, die große Hauptstadt der Welt, ausgestattet mit den neun kostbaren Edelsteinen, voll von königlichen Palästen, die der himmlischen Wohnung gleichen, wo der fleischgewordene Gott regiert, eine Stadt, gegeben von Indra und gebaut von Vishnukarman.

Dieter Vogt

Näheres über die Mädchen

Bangkok lächelt

Reisender, kehrst du aus Thailand zurück, so fragen dich alle: Wie waren die Mädchen? Die lächelnden, bronzefarbenen Mädchen. Sogar seriöse Freunde, die regelmäßig Kirche und Börse besuchen, wollen wenig wissen von der Pracht der Tempel oder vom Problem der Reiswirtschaft. Thailand exportiert eine Milliarde Tonnen Reis im Jahr, eine unglaubliche Menge, aber vergiß es, Reisender! Den Hunger deiner Zuhörer wirst du mit den größten Mengen Reis nicht stillen können. Tausend Buddhas hast du gesehen, und hundert hast du fotografiert, aber man läßt dich nur zehn vorführen, dann meldet sich eine fordernde Stimme: Gar nichts Besonderes erlebt in Thailand? Die Mädchen dort sollen doch ...

Man sagt ihnen den vollkommensten exotischen Zauber nach. Ihr Ruf ist nicht der beste, jedoch der reizendste. Pack deine Buddhas ein, Reisender, pack endlich aus und reüssiere! Was zögerst du noch? So bereitwillig wird man dir nie wieder zuhören. Hast du vielleicht mit den thailändischen Mädchen nicht das geringste zu tun gehabt – oder bist du ihnen näher gekommen, als es deine Familienverhältnisse erlauben? Beides könnte peinlich für dich sein, wenn nun jedermann Näheres über die Mädchen in Thailand erfahren will. Fang mit etwas Harmlosem an: mit ihrem Lächeln.

Die Thaimädchen sind die größten Lächlerinnen der Welt. So sorglos und verschwenderisch gehen sie mit ihrem Lächeln um, daß uns kühlen Europäern der Atem stockt. Dein erster

Tag in Bangkok, du spazierst ziellos unter der Sonne. Die bronzenen Fräuleins, in Seide gewickelt, lächeln dich im Vorübergehen an und senken sanft die Wimpern zu einem Blick, der dich aufwühlt. Du bleibst wie elektrisiert mitten auf der Straße stehen, rückst deine Krawatte zurecht und ergehst dich in den köstlichsten Vermutungen. Aber das Fräulein entfernt sich unschuldig. Schon trifft dich der nächste rätselhafte Augenblick. Wieder stehst du gebannt. (Mach deinen Freunden klar, in welcher Gefahr du geschwebt hast! Schildere den mörderischen Autoverkehr und auch das Streitgespräch mit dem Taxifahrer, der dich beinahe unter die Räder genommen hätte, als du, eine selige Salzsäule, auf der Fahrbahn standest.)

Das Verwirrende ist: auch Männer tragen ihr Lächeln stets bei sich. Von einem Mann angelächelt, fragst du dich natürlich: Was führt er im Schilde? In Europa haben wir ein gestörtes Verhältnis zum Lächeln. Wir betrachten es als einen physiognomischen Ausnahmezustand. Warum lächelt Mona Lisa? Darüber grübeln unsere Kunsthistoriker seit Jahrhunderten. Ein Lächeln muß doch etwas bedeuten oder bezwecken. Kein Asiate macht sich Gedanken über das Lächeln der Mona Lisa, und schon gar nicht ein Thai. Was ist natürlicher als ein Lächeln? Du hast die kleine Kellnerin im Hotel gefragt, warum sie dich immerzu anlächelt, und sie hat dich achselzuckend ausgelächelt. Dies erzähle nicht den Freunden, sie wären enttäuscht – vielmehr: bringe die Geschichte an, die der Steward dir im Flugzeug anvertraut hat. Wie er mit dem Mädchen in der Bambushütte war, du weißt schon. Gib die Geschichte als deine eigene aus, schmücke dich mit fremden Mädchen, wer tut das nicht?

Aber deine Freunde werden dir kaum in die Bambushütte folgen können, wenn du nicht vorher ein wenig die Stadt skizzierst. Die Zweimillionensiedlung liegt in einer Schleife des Menam als eine ungeheure Ansammlung ziemlich flacher Häuser ohne Stil und Reiz. In den breiten Straßen tobt ein Verkehr, der die Verhältnisse in Madrid oder Paris in einem neuen, gemütlichen Licht erscheinen läßt. Die Thais sind ein kriegerisches Volk, und genauso fahren sie Auto. Technik, Kapital und Bräuche aus dem Westen haben die asiatische Königsstadt in einen Strudel hektischer Geschäftemacherei gestürzt. Heißes

Pflaster, viel Beton und viel Reklame: Bangkok wäre keine sehr einladende Stadt, wenn es nicht – Buddha sei Dank – auch eine Stadt der herrlichsten Tempel wäre. Stille Inseln, ummauert, im brüllenden Strom.

Du kannst in dieser Stadt mehr als zweihundert Tempelanlagen besichtigen: farbige, geschachtelte Satteldächer, mit Himmelsschlangen verziert, glitzernde spitze Türme und Türmchen, goldene Buddhafiguren, sitzend und liegend, in jeder Größe, mit sinnlich lächelnden Lippen. Beschreibe das schmutzige, bunte, duftende Treiben auf den Märkten, diese plärrende asiatische Szene, die dich berauscht hat – und kehre rechtzeitig zum Thema zurück. Dieses Mädchen, sagst du, wohnte am anderen Ufer des großen Stroms. Das Mädchen des Stewards, dein Mädchen, unser Mädchen.

Thonburi am Westufer des Menam, behauptest du, ist so ähnlich wie das Paradies. Die Straßen aus Wasser. Bambushäuser auf Pfählen. An den Kanälen Venedigs haben die Fürsten gebaut, an den Grachten Amsterdams die Großhandelsbürger, aber an den Klongs von Bangkok stehen die phantastischen, faulenden, brüchigen, romantischen Häuschen der Kulis und Arbeiter, der Händler und Seidenweber. Die Kinder springen nackt aus dem Fenster zum Baden. Palmen neigen sich über olivgrünes Wasser. Tropisches, blühendes Paradies. Mal es den Freunden aus! Stelle die Frage: Warum hat Adam die Schlange nicht erschlagen? Wir wären heute noch im Garten Eden: er ist verwildert, fast ein Dschungel, und die Menschen leben, lieben und sterben nah am Wasser, nah am Himmel. Auf flachen Booten türmen sich Melonen und Bananen und Schüsseln voll Reis. Lächelnde Weiblein paddeln von Steg zu Steg, um Krebse zu verkaufen oder Brot oder Kokosnüsse. Hätte Adam sich nicht wie der erste Mensch benommen, uns wäre ein Paradies wie dies geblieben, und Eva hätte sich die Schlangenhaut gegerbt.

Schweife nicht ab, Reisender, vergiß nicht deinen Steward! Der knüpfte gezielt an ein ungezieltes Lächeln an. Einem wißbegierigen Mann, der ein fremdes Volk kennenzulernen wünscht – was liegt ihm näher als ein Mädchen? Das Mädchen hatte schöne, gastfreundliche Lippen, die immer ein wenig geöffnet waren, während Augen und Bluse halbwegs geschlossen waren. Siebzehn Jahre alt. Sie führte ihn durch Chinesenviertel, an allen Lädchen Asiens vorbei zum Fluß, dort nahmen sie ein Boot. Drüben bogen sie in eine Seitenwasserstraße ein und rauschten im Dämmerlicht zwischen grünen Wänden dahin. Er sah die Pfahlbauerfamilien beim Essen und Waschen, sie standen bis zu den Knien im Wasser, einige winkten, und hinter Bambushecken sah er Mönche in safrangelben Gewändern. Das Boot legte an, sie stiegen eine Leiter zum Pfahlhaus hinauf, »this is my home«. Die Eltern des Mädchens hießen den Gast ohne Verlegenheit willkommen, wiewohl er kein Wort verstand, und luden ihn zum Reisgericht. Nachher zogen sie sich zurück mit ihrem sonderbaren Lächeln. Dann, sagte der Steward, tat das Mädchen etwas Unerwartetes. Es fragte, ob er amerikanische Liebesfilme möge, und schaltete den Fernsehapparat ein.

Du bist natürlich nicht an diese Version der Geschichte gebunden, Reisender, du hast doch hoffentlich Phantasie; denn ohne Phantasie kannst du sowieso keine Mädchengeschichten erzählen. Jedenfalls, nach der tropischen Nacht, deren Schleier du nur um ein winziges lüftest, bricht heiß und hell ein neuer Morgen an. Nun kannst du was erleben: wie das schlafende Paradies erbarmungslos zu modernem Leben erweckt wird.

Das Pfahlhaus erzittert unter den anrollenden Wellen der Wassertaxis. Solche Schiffchen hast du nie gesehen: schmale Sampans mit Sonnendach, grotesk in die Länge gezogen, zehn Meter und mehr, das Heck tief im Wasser, denn es trägt einen kolossalen 40-PS-Lastwagenmotor. Die Schraube rotiert an einem Schaft, der die rasenden Gefährte noch einmal um zwei Meter verlängert und ihnen den Namen »langschwänzige Boote« eingetragen hat. Wenn der Fahrer am Gasgriff dreht, schnellen sie wie Sportwagen vorwärts. Die Motoren lärmen und stinken zum Himmel. Auf dem breiten Menam flitzen die Langschwänzigen mit Vollgas kreuz und quer, in den engen Klongs müssen die jungen Fahrer ihre knatternde Lebensfreude drosseln. Unzählige Marktboote versperren den Weg. Langsame Lastkähne mit Baumaterial oder Touristen schieben sich in die olivgrüne Szene. Ein Polizist regelt mit gellender Pfeife die Vorfahrt, es gibt eine Stauung und schließlich einen gelinden Auffahrunfall.

Touristen in Massen. Obwohl sie sich hinter ihren Teleobjektiven verstecken, erkennt man sie leicht an ihrer hellen Haut und am aufgeregten Gehabe. Sag deinen Freunden, Tourist, wie fragwürdig du den ganzen Tourismus findest! Er macht uns die paradiesischsten Winkel der Welt zugänglich, aber indem er das tut, zerstört er ihren Zauber.

Deine Freunde werden schon wieder ungeduldig. Erinnere dich ihrer Wünsche, wirf ihnen noch eines dieser atemberaubenden Mädchen vor! Du könntest verschweigen, daß es eine Fremdenführerin war, die sich nur beruflich für dich interessierte. Wer ist nicht Fremdenführer in Bangkok? Jeder, der ein bißchen Englisch kann. Wo du gehst und stehst, hängt sich ein lächelnder, hilfsbereiter Thai an deine Rockschöße, zieht Tikkets für irgendeine Tour aus der Tasche, will wissen, ob du schon diesen Tempel, jenen Massagesalon besucht hast. Tourismus ist für Thailand die drittgrößte Einnahmequelle: nach Reis- und Kautschukexport. Übrigens kannst du nicht über Thailand sprechen, ohne die Amerikaner zu erwähnen, die unfreiwilligen Touristen.

Das exotische Königreich, in dessen Dschungeln nicht nur wilde Tiger und Elefanten, sondern auch kommunistische Guerillas leben, liegt dennoch wie eine friedliche Oase inmitten der hinterindischen Kriegsschauplätze. Die wechselnden Militärregierungen stützen sich auf die Macht der Amerikaner. Thailand war Nachschubbasis für Vietnam und »recreation center« für zermürbte Soldaten. Die Entdeckung der siamesischen Weiblichkeit muß hauptsächlich als eine Kriegsfolge angesehen werden. Daß Bangkok schon als größter Puff Südostasiens bezeichnet worden ist, sag deinen Freunden lieber nicht, Reisender, es zerstört ihnen alle Illusionen. Die Thaimädchen lächeln, und du siehst ihnen nicht an, ob sie gerade aus der Schule oder wer weiß woher kommen.

Thailand ist fast so groß wie Frankreich und hat 34 Millionen Einwohner, achtzig Prozent sind Reisbauern. Das Land ist glücklicher als seine Nachbarn; niemand muß hungern. Die sumpfige Ebene des Menam-Flusses, die Reisschale Asiens ... Reisender, deine Freunde fangen an zu gähnen; das haben sie alles schon irgendwo gelesen. Berichte nicht vom Reisbauern, berichte von seiner Tochter, die dir auf der Fahrt nach Norden lächelnd Gesellschaft geleistet hat! Sie hieß ... hast du vergessen. Haare wie Schneewittchen, ebenholzschwarz, und die Haut weich und glatt wie ... laß dir etwas einfallen!

Ihr seid nach Ayuthya gefahren. Beiderseits der Straße dehnen sich endlos die Reisfelder, ein Meer von Fruchtbarkeit, Wasser glitzert, und Boote gleiten querfeldein. Mit dem Sampan kannst du halb Thailand bereisen. Wasserbüffel beim Tagewerk. An der Straße haben Bauern Pyramiden aus Wassermelonen gebaut, die du kaufen kannst. Die warme Luft ist erträglich. Anderthalb Stunden bis Ayuthya, ein kurzer, historischer Ausflug.

Ayuthya, die einstige Perle Siams, war bis vor zweihundert Jahren Hauptstadt des Königreichs. 1767 wurde Ayuthya von den Burmesen nach langer Belagerung erobert und zerstört. Die Thais, die in früheren Jahrhunderten von den Chinesen nach Süden gedrängt worden waren, zogen weiter südwärts, wo sie Thonburi, dann Bangkok als Metropole gründeten. Von Ayuthya wurde der mächtigste Staat in Südostasien regiert. Trümmerfelder sind geblieben, freigelegte Grundmauern, ein Elefantenkral, weiße, schlanke Buddhafiguren, die unwirklich aus dem wuchernden Buschwerk ragen. Du erkennst die Landschaft wieder, in der die Romanhelden deiner Jugendzeit gegen fanatische Feuerpriester, schurkische Schatzsucher und vier Meter große weiße Elefanten gekämpft haben. Immer noch gibt es Schlangen und Wegelagerer, sagt das Fräulein an deiner Seite, aber dir läuft nur eine Schulklasse über den Weg, die im Gänsemarsch Geschichtsunterricht nimmt.

Es ist Zeit, deiner Begleiterin eine Orchidee zu pflücken oder sie zum Mittagessen auf eine Terrasse am Lopburi-Fluß einzuladen: ihr sitzt in Korbstühlen über der stetigen, hellbraunen Flut, ihr laßt euch das köstliche Pat Priew Wan Nua schmecken und plaudert über das süße Leben und solche Sachen. (Das entspricht nicht der Wahrheit, aber klingt es nicht zauberhaft?) Vom jenseitigen Ufer leuchtet das hohe Ziegeldach eines Tempels. Du bist im Märchenland.

Auf dem Heimweg zeigt dir das Mädchen TIM-Land. Dies ist eine sehr amerikanische Einrichtung. »Thailand In Miniature« wurde für ganz eilige Touristen gebaut. Hier führt man ihnen in zwei, drei Stunden sämtliche Sehens- und Merkwürdigkeiten des alten Landes vor: die klassischen Kostümtänze, Kämpfe unter Boxern und Hähnen, Ackerbau und Arbeitselefanten, Seidenweberei und Schlangenfütterung. Als sei's von Meister Disney.

Dein zweiter Abend in Bangkok. Den Freunden zuliebe, Reisender, solltest du das lockere Spiel weiterspielen. Der Ruhm der thailändischen Mädchen verpflichtet, auch dich. Du fällst in Spott und Schande, wenn du etwa wahrheitsgemäß berichtest, deine einzige Bekanntschaft in Bangkok sei eine sommersprossige Engländerin aus Plymouth gewesen, mit der du am zweiten Abend – na, was schon! – Tee getrunken hast. Wenn deine Zuhörer gewisse Träume haben, so kommen darin gewiß keine Engländerinnen vor.

Gib deine Engländerin als Tochter eines buddhistischen Mönchs aus, hülle sie in den frommen Qualm der Räucherstäbchen, mach irgendwas mit ihr! Einen Einkaufsbummel. Ihr kauft von der schillernden Seide, die der Amerikaner Jim Thompson vor zwanzig Jahren für den Weltmarkt entdeckt hat. Ihr kauft eine kleine Lackente, Keramik, Bronzebesteck, so das Übliche, und einen von den alten Buddhaköpfen, die alle Stewardessen zu Haus im Wandregal stehen haben.

Deine Freunde machen Anstalten, dir wegzulaufen. Aber du, ihrer drohenden Haltung nicht achtend, wagst dich aufs neue in die Tempelbezirke, in den strotzenden Prunk und flimmernden Zierat, der dir wie die Kulisse einer monströsen Operette erscheint. Mönche knien auf dem Steinboden, ihre Schuhe stehen vor dem Eingangstor. Im Hof tollen Kinder zwischen goldenen, grünen, roten Türmen, Toren, Figuren und Mauern. Aus dem Bot tönt Singsang. Knaben im Mönchsgewand laufen umher und versuchen ernst auszusehen, bis ihre gottergebene Zeit vorüber ist. Fast jeder Thai verbringt ein paar Monate seines Lebens im Kloster; auch Bhumipol, der König, ist als Bettelmönch durch die Straßen gezogen, und man hat ihm Reis und Früchte gegeben.

Im Tempel Wat Po betrachtest du die stumme Galerie von 394 steinernen Buddhas. Sie starren blicklos, aber ihr Mund lächelt. Im Wat Po wird die größte aller Buddhafiguren aufbewahrt: ein liegender Riese von 49 Meter Länge, aus Stein gemauert, er stützt den Kopf in die rechte Hand, ein Verklärter, der ins Nirwana eingeht. Auch sein Leib ist golden. Die Gläubigen kleben ihm hauchdünne Goldplättchen auf die Beine, auf den Arm, auf daß sein strahlender Glanz nicht nachlasse.

Drei Tage sind nicht viel, aber was hättest du davon erzählen können! Nun sitzt du da und sollst eine einzige Frage beantworten. Man kann sich eben seine Freunde nicht aussuchen. Näheres über die lächelnden, bronzefarbenen Mädchen in Thailand? Erst jetzt, wenn du in die mißmutigen, ja offenbar enttäuschten Gesichter der Zuhörer blickst – erst jetzt weißt du richtig zu schätzen, wie toll sie da hinten in Asien lächeln können. Diese Mädchen.

Gabrielle Wittkop-Ménardeau

Goldene Glöckchen klingen

Im Norden Thailands

Aus seinem unsäglich speckigen Militär-Parka zieht einer der kleinen Specksteinmänner eine Blechdose; auf Schaumgummi liegen darin Saphire und Rubine. Er hält die Steine hin, nennt Preise, indessen sein Gefährte, dem ein Chinesenkäppchen mit Riesenpompon ein beinahe klerikales Aussehen verleiht, ein Stück Scheibenglas zur Zerschneideprobe hervorholt. Beide Männer gehören zum Stamm der Meo oder Hmong, wie sie sich selbst nennen, eine der animistischen Volksminderheiten, wie auch die Yao, die Lisu, die Akha, die Karen, die vor etwa hundert Jahren aus Südchina in die Gebirge Nordthailands eingewandert sind. Der Mann hält ein Stück blaue Nacht zwischen Daumen und Zeigefinger; die ganze Dorfstraße fällt hinein, mit der Doppelreihe von Blechbuden, wo Stickereien und Silberschmuck feilgeboten werden, mit den grindigen, brüllenden Kindern. Rotz, Rost und Räude, wie man es sonst nur in Indien oder Südamerika antreffen kann; Wellblech, Pappe, chaotische Gebilde, um eine Art staubgelben Trichter gruppiert, wo Autobusse geparkt sind. Ein Saphir schwebt zwischen Himmel und Erde, ist aber zu teuer oder allzu preiswert.

Dieses Meo-Dorf von Ban Doi Pui liegt kaum 30 Kilometer von Chiangmai entfernt, also der Zivilisation viel zu nahe, um typisch zu sein; es ist in der Tat kaum etwas anderes als ein Marktflecken für folkloristische Industrieprodukte, mögen auch hie und da einige alte Artefakte aus China stammen. Oft kaufen die Meo Güter auf den Märkten der Ebene, um sie in den Bergdörfern wieder abzusetzen. Dabei kommen sie in Kontakt und vor allem in Konflikt mit den alteingesessenen Bauern, den Konmiang-Bürgern oder Landeskindern, wie sie sich selbst bezeichnen, um sich von den Gebirgsstämmen zu unterscheiden. Alle diese eingewanderten Stämme sind sich ihrer ethnischen Identität außerordentlich bewußt und stark an ihre traditionelle Lebensweise gebunden, wobei die Tradition Unabhängigkeit von jeglicher Regierungsautorität einschließt. Aus der Situation der Gebirgsstämme ergibt sich ein unentwirrbares Geflecht von Problemen, von denen nicht das geringste sicher die unmittelbare Nähe des »Goldenen Dreiecks« ist. Trotz der Wachsamkeit der Militärpatrouillen wird weiter im Dickicht der Gebirgsdschungel tüchtig geschmuggelt. Da viele Stämme dieses Gebietes seit undenklichen Zeiten ihr einziges Einkommen aus der Mohnkultur bezogen haben, hat das Verbot ihre ganze Ökonomie ins Wanken gebracht, und die thailändische Regierung hat Abhilfe schaffen müssen. Um den Bergstämmen »Ausweichernten« zu ermöglichen, sind im Rahmen eines großen Anbauprogramms zahlreiche Obst- und Tabakplantagen entstanden.

Barfuß, aber mit dicken, schwerbestickten Beingamaschen haben Frauen und Männer nach den einschläfernden Klängen einer monotonen Musik getanzt. Es war ein einfaches Treten – einen Schritt vorwärts, einen Schritt zurück –, das die ganze Kargheit des Gebirgslebens zum Ausdruck bringt. Plötzlich aber werden die Trommeln wild, der Klang der Becken bohrt sich bis ins Knochenmark. Der Tanz stammt aus Burma, ist uralt, von Schreien, Säbelschwingen, Fackelwirbeln begleitet, weniger ein Tanz als eine mongolische Biwak-Unterhaltung. Vom Tänzer sieht man nur die schwarze, weite Hose und, als zwei rasche Bürstenstriche auf die Transparenz des Raumes gepinselt, das krapprote Tuch um seine Stirn. Wenn die Musik aufhört, läßt sie eine brennende Leere zurück.

Ein Philantrop ist – sagt Ambrose Bierce – ein reicher, alter, meist kahlköpfiger Gentleman, der sich zum Lächeln trainiert hat, indessen sein Gewissen ihn ausraubt. Aber man könnte auch sagen: ein Philantrop ist ein gütiger Unternehmer, der das Paradies so einrichtet, daß ihm eine angenehme Beschäftigung der Erwählten substantielle Gewinne sichert. Vor einigen Jahren kaufte ein thailändischer Unternehmer die Reisfelder des ganzen Tals von Mae Sa, ließ das Gelände in Terrassen aufbauen, auf denen Kaffee, Gewürze, Blumen, Obst und Gemüse gezogen werden, errichtete Baumpflanzungen, öffnete ein Bungalow-Hotel und beschäftigte unter großzügigen Bedingungen die ehemaligen Reisbauern in seinem Betrieb. Mae Sa mit seiner Kaskade, seinen lieblichen Plantagen, seinen Orchideen und den als Bäume wachsenden Christrosen läßt in der Tat etwas wie ein Bild vom Paradies aufkommen, einem Paradies allerdings, das viel Arbeit erfordert. Hier hat sich die Philanthropie noch nicht bezahlt gemacht, trotz regem Absatz von Avocados, Wasserkresse und Endivien. Später? Ja, vielleicht später . . . für die Kinder oder die Kindeskinder.

Am Rand von Mae Sa halten eine Gruppe Karen eine Elefantenherde und veranstalten täglich Shows für die Touristen. Es beginnt mit dem Elefantenbad, geht weiter mit sinnlos scheinenden Darbietungen, endet mit der Gelegenheit zu einem Elefantenritt. Die Dressur von Tieren hat oft etwas Beschämendes; die Haut des Elefanten scheint viel dünner zu sein als die eines lauthals lachenden Publikums. Merkwürdig ist der Blick des Elefanten, merkwürdig sein Auge, ein heller Achat mit dem winzigen Punkt der Pupille und langen, blassen Wimpern.

Als King Kuena, sechster Herrscher der Mengrai-Dynastie, 1367 eine passende Stelle für die Pagode suchte, in der eine Reliquie des Buddha aufbewahrt werden sollte, wurde das Heiligtum auf den Rücken eines gesalbten weißen Elefanten gesetzt, den man dann freiließ. Von König und Mönchen respektvoll gefolgt, kam der Elefant zum Gipfel des Berges Suthep, gab drei Trompetenstöße von sich, lief dreimal im Kreis und kniete nieder. Die heilige Stelle war gefunden. Die Wahl war getroffen. Der Wat Phradhatu Doi Suthep acht Kilometer westlich der Stadt Chiang Mai ist eine der vier Pagoden der Provinz, die unter königlicher Schirmherrschaft stehen, also einer der heiligsten Tempel von Nordthailand. Am Fuß der Anlage steht das Monument des Reverend Kruba Srivichai, einer höchst charismatischen Persönlichkeit. Der Reverend veranlaßte den Bau einer 12 Kilometer langen befahrbaren Straße zwischen Bangkok und Doi Suthep, einer von Freiwilligen geschaffenen und von ihm selbst im April 1935 als via triumphalis klerikalen Einflusses eingeweihten Strecke. Der jahrhundertelange Fortbestand dieses Einflusses über alle historischen Ereignisse hinweg stellt ein breites Betrachtungsfeld dar. Jedes thailändische Heiligtum vermittelt ein starkes Erlebnis, so zum Beispiel auch Doi Suthep, das goldgelb über pyramidalen Nadelbäumen schwebt. Zwei naga, siebenköpfige Riesenschlangen, winden ihre grün-gelben Keramikleiber die 290 Stufen entlang bis zum Tempel hinauf. Im Kloster von Doi Suthep, einem Hort des Friedens und der Harmonie, hat König Bhumipol als junger Mann seine Mönchszeit verbracht. Entlang den Klostergängen illustrieren Wandgemälde das Leben des Herrn Buddha, seine Wunder und die Stufen seiner eigenen Erleuchtung. Die Farben sind milchig, unendlich subtil; sie lassen an Mondstein oder an Opale denken, Farben, die kühl und reich zwischen den vergoldeten Buddhastatuen im Sukhothai- und im Chiang-Saen-Stil metaphysische Schwingungen wachrufen. Tauben gurren im Schnitzwerk des Dachgiebels, ganz leise bewegt der Wind goldene Glöckchen, langsam entrollt sich der Gesang der sutra und führt – grave sostenuto – zum Altarraum. Im flackernden Kerzenschimmer knien gelbe Mönche und braune Äbte vor einem Glanz, einem Schein, einem Licht, einer Epiphanie, die sich in unzählige Gestirne zerteilt, aus sich selbst entwächst und in die Tiefe der Urnacht explodiert.

Den Mädchen von Chiangmai sagt man große Schönheit nach und perfekte Beherrschung der guten Manieren. Chiangmai, sagt man auch, sei die Rose des Nordens. Nun, es zeigt sich, daß eine Rose nicht immer eine Rose ist. Ratschlag an häßliche Mädchen: Unfreundlichkeit lenkt keineswegs von äußerlicher Benachteiligung ab. Chiangmai, wo – nach sämtlichen Reiseprospekten – die Schönheit, Liebenswürdigkeit und Gastfreundlichkeit der Bewohner legendär geworden sind, ist die zweitgrößte Stadt Thailands. Sie ist das Zentrum eines Großraums Chiangmai, der etwa 23 000 Quadratkilometer umfaßt. Es handelt sich um eine Urbanstruktur, die sich um eine Wasserburg gelegt hat, eine Burg mit dem Viereck eines trüben Kanals, in dem sich Palmen und ein chedi spiegeln. Chiangmai ist eine einzigartige Stadt, aber auch eine Agglomeration, wo man die Banalität staubiger Gärten und endloser Kaufstraßen wiederfindet. Frauen verkaufen Strohhüte, Männer waschen ihre Rikschahs. Hier ist das Licht hart, hier zeichnen sich die Linien in dürren Strichen, hier würde man eher Pracht als Grazie finden. Die schwüle Weichheit, die Magie von Indonesien oder von Malaysia sucht man umsonst.

Lang und bewegt ist die Geschichte Chiangmais. Die Stadt wurde Ende des 13. Jahrhunderts von König Meng Rai, einem Thai-Lao-Fürsten, gegründet, von Anfang an als Hauptstadt des Nordreichs, das als Lan Na Thai, Hunderttausend-Reisfelder-Königreich, bekannt ist. Die Lage war gut gewählt, aufgrund einer wunderlichen Begebenheit, als man gleichzeitig am selben Ort zwei weiße Sambarhirsche und eine weiße Maus mit fünf Jungen fand. Es war nahe dem Ping, einem Fluß, der als wichtige Verbindung zwischen Nord und Süd diente, eingebettet in fruchtbare Täler. Die Siedlung nannte man Navapuri, in Sanskrit »die neue Stadt«, ein Name, dessen Übersetzung in Thai Chiangmai ist. Zweihundert Jahre nach ihrer Gründung erlebte die Stadt die höchste Blüte ihrer Kultur, und viele ihrer schönsten Bauwerke stammen aus diesem goldenen Zeitalter. Im Jahre 1436 entdeckte man zufällig unter einem Gipsanstrich den smaragdenen Buddha, der heute in Bangkok verehrt wird. Bevor er ans Ziel gelangte, wanderte er zuerst nach Lampang, dann zurück nach Chiangmai, von da nach Luang Prabang und schließlich nach Laos. Im 18. Jahrhundert wurde der smaragdene Buddha, der übrigens aus Jaspis besteht, von Thailand wieder erworben und nach Bangkok gebracht.

Als 1556 die burmesischen Eroberer das Land überrollten, ging die große Zeit des Königreichs von Chiangmai zu Ende und sein Herrscher wurde zum bloßen Vasallen degradiert. Erst im letzten Viertel des 18. Jahrhunderts sollte die Nordprovinz unter siamesische Herrschaft zurückkommen, nachdem es König Taksin gelungen war, die letzten burmesischen Widerstandsnester zu vernichten. Als das Verwaltungssystem um 1895 radikal überholt wurde, behielt Chiangmai den Status einer Hauptstadt des »Nord-Kreises«, wurde aber nach dessen Abschaffung 1938 zu einem der sieben Sitze der Provinzregierung, sicherlich ein frustrierendes Erlebnis. Heute Umschlagplatz für Agrarprodukte und vor allem für eine sehr milde Tabaksorte, spezialisiert sich Chiangmai auch in der Souvenir- und Kunstgewerbe-Industrie, ferner in der Baumwoll- und Seidenweberei, in der Herstellung von Teakholzschnitzereien, von Silberschmuck, Lackarbeiten, Celadon-Fayencen und bemalten Sonnenschirmen, deren Papier aus der Rinde von Maulbeerbäumen gewonnen wird. Man kann der Produktion beiwohnen und das Erzeugnis an Ort und Stelle kaufen; es handelt sich sicher um eine ebenso moralische wie wirtschaftliche Beschäftigung für den Hersteller, für den Zuschauer aber ist sie nicht sehr spannend.

Spannend ist dagegen das russische Roulette einer Taxifahrt, man weiß nie, ob und wo man ankommen wird. Der Fahrer hat mich zwar diesmal ans Ziel gebracht, dem Nationalmuseum nämlich, ganz abseits der Stadt, am Rand der Landstraße, die ein Stück des Asian Highway zwischen Istanbul und Singapur bildet. Das Museum ist ausnahmsweise leider geschlossen, mein Taxi ist fort, nur Lastwagen flitzen in Wolken von Staub an mir vorüber. Es ist eine schlimme Wegstunde entlang der Chaussee. Mit der Entdeckung von Wat Jed Yod hatte ich jedoch nicht gerechnet. Plötzlich erheben sich die sieben Backsteinpagoden rosa zwischen den Bäumen. Kein Mensch weit und breit, nur Singvögel. Die Mauern sind krümelig, die Gesichter der himmlischen Wesen weggewischt, die Steinblumen verblüht, aber wilde Pflanzen sprießen zwischen den Torpfeilern. Alles ist edel und feierlich. Edel und feierlich war auch der Befehl des Königs Tiloka, als er vor 500 Jahren den Bau zur Feier von 2000 Jahren buddhistischer Ära veranlaßt hat. Heute noch ruht die Asche des frommen Herrschers in der großen Stupa dieses Tempels, der als treue Nachbildung des indischen Maha Bodhi Gaya, dort, wo Buddha seine Erleuchtung erfuhr, errichtet worden ist. Die lokale Regierung plant die Anlage eines historischen Gartens um den Wat mit einer Freilichtbühne, wo das Chiangmai Dramatic Arts College kulturelle Veranstaltungen darbieten soll.

Manchmal, am Ende eines Tages, fährt man sich müde mit der Hand übers Gesicht, als ob man etwas wegwischen, die Blendung von soviel Gold und Spiegelflitter vor den Augen auslöschen möchte, als ob man den Blick freimachen wollte, ganz leer und rein, für den aprikosefarbenen Himmel über den dunklen Bergen, für den Flug der Fledermäuse, für die gestirnte Nacht von Chiangmai.

Hans Scherer

Von der sanften Verrücktheit die man Fernweh nennt

Von Bangkok nach Singapur

Durch die Vororte von Bangkok fährt der Zug auffallend langsam. Man könnte glauben, der Lokomotivführer wolle die Reisenden behutsam auf die Aussicht aufmerksam machen, rechts und links. Dabei haben wir den goldglitzernden Bezirk der Tempel und Paläste längst hinter uns gelassen. Jetzt fahren wir durch die Slums in Schlamm und Morast. In Thailand sieht man die Menschen so oft durch lehmige Tümpel waten, daß es den Anschein hat, als lebten sie im Wasser, amphibische Geschöpfe. Zwischen katastrophaler Überschwemmung und gewöhnlichem Sumpf vermögen wir Menschen aus Trockenländern nur schwer zu unterscheiden. Die armseligen Bretterhütten auf Stelzen. Der heiße Dunst von giftig-süßem Moder strömt durch die Zugfenster und wird durch den quietschend hin- und herschwenkenden Ventilator gleichmäßig verteilt. Die nackten Kinder, die schreiend, lachend, Wasser spritzend ein kilometerlanges Spalier bilden für den kriechenden Zug, das tägliche Ereignis, das einzige wahrscheinlich. Was wollen wir eigentlich hier? Was haben wir hier verloren? Auf manchen Reisen muß man Farbe bekennen.

Erholungsreisende haben es leicht, Geschäftsreisende, Studienreisende, überhaupt alle, die wissen, warum sie unterwegs sind. Über Ziel und Sinn ihrer Reise brauchen sie sich keine Gedanken zu machen. Wir dagegen, zwei Wochen auf dem Landweg von Bangkok nach Singapur, hatten unsere Zweifel. Natürlich ließen sich auf der Route schnell ein paar Buddha-

und Hindu-Heiligtümer benennen, für die, wie es in der Reiseführersprache heißt, sich die Reise lohnt. Wir könnten mit Recht von unberührten Stränden schwärmen, von phantastischen Landschaften, vom einfachen Leben auf dem Lande. Mit ins Spiel bringen wir eine vage Abenteuerlust, in zivilisierten Grenzen natürlich, einen übermütigen Vorwitz, der uns vorwärts treibt, die Neugierde auf die Wirklichkeit, auf die Welt, so wie sie ist. Doch sind wir Fremde geblieben im exotischen Alltag, Besucher von weither. Je näher wir die Wirklichkeit suchten, um so ferner ist sie uns entrückt. Wollten wir auf neuen Wegen dem sogenannten Tourismus entkommen, so bemerkten wir spätestens auf dem Bahnhof von Bangkok mit Herzklopfen und Unbehagen, auch unser Unternehmen war nur ein Teil jener sanften Verrücktheit, die man Fernweh nennt.

Von den Geschichtenerzählern einer solchen Reise darf man sich nicht blenden lassen. Nicht vorzeitig mit der Zunge schnalzen bei Namen wie Malakka, Kuala Lumpur! Der alte Chinese mit dem knittrigen Gesicht, der im Speisewagen neben mir saß, sah mich fragend an. Aber ich konnte ihm nicht erklären, warum ich mich aus dem herrlich klimatisierten Frankfurt freiwillig in diese dumpfe Backofenglut begeben hatte. So lachten wir denn beide fröhlich und kamen uns sympathisch vor.

Mein alter Chinese war ein Meister im Tütenknallen. Denn das Plastiksäckchen mit dem nassen Tuch, das dem Gast in Fernost in jedem halbwegs renommierten Restaurant vor dem Essen gebracht wird, so auch im Speisewagen der thailändischen Staatsbahn, öffnet man mit einem kurzen Faustschlag auf die Luftblase. Das gehört sich so. Die Geschichte, daß das Knallen alle bösen Geister samt Hepatitis und Cholera vertreibt, braucht natürlich keiner zu glauben.

In den Schlafwagen 2. Klasse sind die Liegen nicht quer, sondern in Längsrichtung angeordnet, also rechts und links vom Mittelgang sind jeweils zwei Liegen übereinander angebracht, eine unter dem Fenster, eine über dem Fenster, zum Gang hin durch einen Vorhang abgetrennt. Wer über fernöstliche Lebensweise ein wenig Bescheid weiß, etwa schon einmal auf japanischen Fußbodenmatten geschlafen hat, erkennt in dem Schlafwagen sofort asiatische Hausgewohnheiten wieder.

Tatsächlich entsprechen die Liegen, die dem Europäer vielleicht zu kurz, zu flach und zu hart erscheinen, exakt den häuslichen Schlafmatten.

Die Schlafwagen 1. Klasse sind nach europäischem Vorbild in Querabteile für jeweils zwei breite Liegen übereinander unterteilt. Zu jedem Abteil gehört ein Waschbecken mit Spiegel. Die Toilette besteht aus einem Plumpsklo mit Wasserpumpe. Alles altmodisch solide. Das Waschabteil zum Beispiel in der Mitte des Wagens mit seinen ausgelaugten Holzrosten und dem wippenden Wasserbottich erinnert an eine mittelalterliche Badestube. Für Asiaten steht selbstverständlich die unvermeidliche Schöpfschüssel zum Übergießen bereit, für Europäer sogar eine tröpfelnde Dusche. Ein schmales graues Handtuch gehört zum Schlafwagen-Service. Die Betten bezieht der Schaffner, wenn man sich hinlegen will, mit einem weißen Laken.

Wenn der Zug hält, und der Zug hält oft, dringen von draußen die Geräusche der tropischen Nacht in das Schlafabteil. Das seltsam sirenenartige Pfeifen des Gibbons, das Quaken der Frösche, das tausendfache Gesummse und Gezirpe. An den Fenstern Palmen im Mondlicht wie Scherenschnitte. Dann fährt der Zug mit einem harten Ruck wieder an, daß die Schläfer auf ihrem Lager zusammenzucken. Später atmen und schnarchen sie wieder friedlich im rhythmischen Geruckel der Fahrt: wie man im Schlaf Raum gewinnt und Entfernungen überwindet. Am frühen Morgen sind wir in Thung Song, im Zentrum des thailändischen Südens, unsere erste Station. Von hier aus setzen wir die Reise im Bus fort.

Erinnerungen an Thung Song: der breite stinkende Abwaserkanal vor den Häusern. Um in die Geschäfte zu kommen, muß man über schwankende Bohlen balancieren. Das Frühstück besteht aus Schmalzgebackenem. Eine dicke Frau rollt die kleinen Teigkuchen in der Hand, bevor sie sie in das brutzelnde Fett wirft, eine salzige Version rheinischer »Muzen«. Wir befinden uns außerhalb des Brotkreises. Kein Tempel, kein Tropenwald machen uns deutlicher, daß wir in der Fremde sind. Das zweite Frühstück, Früchte, die wir unterwegs bei einem Bauern kaufen, purpurne Mangosteen, saftige Pomelos, ein Bündel weichstacheliger Rambutan, Papayas und Limonen, dabei bleiben wir auf der Reise, jeden Morgen.

Der Bauernhof gleicht einem botanischen Garten, wo der Pfeffer wächst. Drumherum grünschwarzer Dschungel, undurchdringlich, gleichgültig, nur die Gibbons pfeifen aufgeregt, als käme die Funkstreife von allen Seiten. Der Bauer stellt uns seine Familie vor, er ist 66, die Frau 68, die Tochter 40 Jahre alt. Wir sitzen zusammen auf dem Bretterboden, machen artige Verbeugungen gegeneinander. An der Wand hängen Kalenderbilder von den Mitgliedern der königlichen Familie. Fünf, sechs Katzen beschnuppern vorsichtig die Fremden und suchen sich den aus, von dem sie gestreichelt werden wollen. Die Katzen von Siam sind von aggressiver Zärtlichkeit.

Nakorn Sri Thammarat ist die Stadt mit der schiefen Stupa. Ein böser Riese soll den Turm im Zorn auf die Harmonie des Bauwerks verunstaltet haben. Das immerhin mutet vertraut an, daß die Legenden in der Welt, soweit man auch reist, austauschbar sind. Sonst sind uns die Götter und Geister Asiens, die Religionen und Philosophien durcheinandergeraten. Von dem strengen Reliquienturm Wat Maha That bei Nakorn Sri Thammarat bis zu den hinduistischen Batu Caves bei Kuala Lumpur ist ein weiter Weg, von der Stille zum Lärm, vom Inneren zum Äußeren. Im Schlangentempel auf Penang winden sich von Weihrauch betäubte Giftschlangen um die Altäre. In der Perak-Höhle von Ipoh, einem buddhistischen Heiligtum, habe ich für das dreimalige Schlagen des großen Tempelgongs drei malaysische Dollar gezahlt – für Glück und langes Leben.

In den Höhlen von Suwan Ku (nicht weit von Phang Gha) mit den schönsten Buddha-Statuen, die wir auf der Reise gesehen haben, feilschen die hergelaufenen Fremden mit dem alten Mönch um den Preis einiger Devotionalien. »Sitting Buddha« in Bronze für 50 Baht (etwa fünf Mark), »Happy Buddha« in Ton für 100 Bath, »Walking Buddha« in Speckstein für 10 Baht, dazu Weihrauchstäbchen, Lotusblüten und Blattgold. Der Mönch, der selbst nicht Englisch spricht, läßt sich unsere Gebote von einem zehnjährigen Knaben übersetzen. Wir schmeißen alle Figürchen durcheinander und versuchen, durch Großeinkauf einen Mengenrabatt herauszuschlagen. Aber der Junge hängt an seinen Festpreisen und paßt auf wie ein Luchs. Der Mönch lächelt milde, der Junge besteht auf seinen Preisen, er hat mit uns ein gutes Geschäft gemacht. Der »Walking Buddha« wurde zum Sinnbild unserer Reise.

Das Herumvagabundieren von Ort zu Ort ist längst selbst zum Sinn unserer Reise geworden. Die Sehenswürdigkeiten am Wege sind nur Stationen. Einer der Höhepunkte: die Fahrt in dem überdachten schmalen Boot durch die Mangrovenkanäle in der Bucht von Phang Gha bei strömendem Tropenregen. Die bizarre Inselwelt im Andamanischen Meer übersteigt unsere Vorstellung von Wirklichkeit. Bereits in dem James-Bond-Film »Der Mann mit dem goldenen Colt«, der vor Jahren hier gedreht wurde, erscheinen die Inseln wie bemalte Attrappen von übertriebener Schönheit, so grell, so aufgedonnert. Aber die Wirklichkeit übertrifft die Filmbilder bei weitem. Die tiefgrünen, fast schwarzbewaldeten Hügel im azurnen Meer, umgeben von leuchtend weißem Sand, durchbrochen von dramatischen Wasserfällen, Höhlen, Schluchten, das sind Inseln, die einem keiner glaubt. Und dennoch, man sollte sich eine Fahrt wie die unserige nicht allzu romantisch vorstellen.

Die Landreise von Bangkok nach Singapur, insgesamt etwa 3500 Kilometer, einige Umwege mit eingerechnet, ist nach den gegebenen Umständen weder beschwerlich noch gefährlich, wohl nicht einmal besonders abenteuerlich. Für uns jedoch bestand der Reiz dieser Strecke gerade in ihrer banalen Alltäglichkeit, so daß wir die touristischen Attraktionen am Rande fast gönnerhaft noch eben »mitgenommen« haben; denn die Idee unserer Reise haben wir ernst genommen bis zum Schluß. Der Wechsel beispielsweise vom sogenannten »Einfachhotel« in Phang Gha, einer pittoresken Karawanserei im thailändischen Dschungel, zu den Luxushotels von Phuket und Penang trifft den Reisenden so elementar, daß er zuerst einmal schlukken muß und sich die Augen reibt. Jahrhunderte liegen dazwischen, Distanzen, die nur der versteht, der sie durchmessen hat. »Very touristicated« nannten wir darauf naserümpfend die Konglomerationen des Fremdenverkehrs, genossen zwar den Komfort der blütenweißen Bettwäsche und des destillierten Zahnputzwassers, waren jedoch froh, daß wir uns am nächsten Tag wieder auf Fahrt begeben konnten.

Wir sind tagelang im Bus gefahren, an manchen Tagen bis tief in die Nacht hinein – die längste Etappe von Penang über

Butterworth, Taiping und Ipoh auf die Fraser Hills im Hochland von Malaysia. Bilder ziehen vorüber. Die endlosen Gummiplantagen rechts und links der Straße in Malaysia. Dann und wann sieht man, wie ein Mann oder eine Frau mit einem kleinen Eimer durch die schnurgeraden Baumreihen wandert, um die Bäume zu »melken«. Die knallbunten Märkte in der schwülen Hitze: geröstete Kakerlaken und grüne Fliegen als Aphrodisiakum. Die Frauen vor dem Gefängnis von Taiping starren unbewegt auf die vergitterten Fenster, ob sich dahinter die Gesichter ihrer Männer zeigen. Für die Jugendlichen von Malaysia, die man sich ohne japanische Motorräder nicht mehr vorstellen kann, sind die Astronautensturzhelme zu einer neuen Landestracht geworden. Nur Bilder sehen wir an der Oberfläche, der Blick dahinter ist uns versperrt geblieben. Das ist die negative Bilanz unserer Reise.

Natürlich haben wir auch das Museum von Kuala Lumpur besichtigt. Natürlich haben wir auch die Kirchen, Tempel und Moscheen von Malakka besucht. Aber das fröhliche Lachen der Menschen, die an der chinesischen Beerdigungsprozession in Singapur teilnahmen, ihr Flötenspiel, Rasseln und Trommelschlagen haben wir nicht verstanden. Obwohl es darauf wahrscheinlich angekommen wäre.

Dieter Vogt

Der letzte Tiger starb beim Billard

Das neue Singapur

Singapur heißt Löwenstadt. Der Name beruht auf einem Irrtum wie der Name Grönland oder Westindien. Es gab nie Löwen auf Malakka. Es gab nur einmal einen Augenzeugen, lang ist's her, im Mittelalter, der wollte einem Löwen begegnet sein. Es war der Prinz Sang Nila Utama. Der Löwe, so heißt es, erhob sein gewaltiges Haupt aus dem Meer und jagte dem Prinzen einen gehörigen Schrecken ein. Klarer Fall: Der echte Prinz ist auf einen falschen Löwen hereingefallen. Der Löwe mag unter Wasser nach Schottland entkommen sein, wo er noch heute zur Sauregurkenzeit sein Unwesen treibt. Der Prinz aber, der noch nie so angebrüllt worden war, rannte verstört in seine Stadt Temasek und gab ihr einen neuen Namen. Singa Pura.

Singapur: welch schöne Vokabel des Fernwehs! (Das Fernweh ist wie das Heimweh eine pathologische Gemütsbewegung, aber mit entgegengesetzter Richtung. Dem Heimweh genügt ein glanzloses Ziel, es kann Oberkunzendorf sein, das Fernweh entzündet sich an klangvollen Namen: Colombo, Casablanca, Maracaibo, Sansibar, Singapur.) Also Südostasien – das fängt schon in Frankfurt an. Die Stewardessen sind mandeläugig. Der Blick aus ihren Mandelaugen gibt jedem Passagier die Gewißheit, daß sie nur seinetwegen hier gelandet sind. Asiatisches Lächeln ist ein Naturereignis. Es muß uns Mitteleuropäer zutiefst verwirren, da wir doch unsere gewöhnlich mißmutigen Gesichter nur ausnahmsweise zu einem Lächeln verziehen, zum Beispiel, wenn wir fotografiert werden.

Unterhalb ihres Lächelns tragen die Stewardessen ein malaiisches Gewand, den Sarong, der die Beine vollständig verbirgt, aber gelegentlich auch vollständig entblößt. Als sie die Handhabung der Schwimmweste vorführen, sehen alle Passagiere aufmerksam hin, aber keiner sieht die Schwimmweste. Ja, Fliegen ist immer noch recht aufregend. Vierzehn Stunden später sinkt der Jumbo auf das Südchinesische Meer hinab und gleitet in einen dunstigen, feuchtheißen Abend hinein. Da liegt das kleine Wirtschaftswunderland des Ostens.

Singapur ist eine Insel, die gerade den Bodensee ausfüllen würde. Die Insel hat sich vor zwanzig Jahren als Republik selbständig gemacht. Die Republik besteht aus ihrer gleichnamigen Hauptstadt – viel mehr ist da nicht. Kaum sind wir gelandet, als der Himmel sich dramatisch verfinstert. Man gibt zur Begrüßung eines der hier üblichen Tropengewitter. Die Wolken schütten sich aus, die Straßen dampfen unter dem Regen, aus allen Ecken schießen Sturzbäche hervor, das Taxi scheint stadteinwärts mehr zu schwimmen als zu fahren. Der Mann am Steuer ist Chinese und schweigt zu dem alltäglichen Weltuntergang. Hinter Wasserschleiern nehmen wir das unscharfe Bild einer modernen Großstadt wahr, Wohnsilos draußen, Wolkenkratzer drinnen, Baustellen überall. Singapur, die Stadt mit dem zauberhaften Namen?

Man reist immer wieder mit falschen Erwartungen, weil man zuviel Literatur und zuwenig Wirtschaftsnachrichten gelesen hat. Man erwartet ein tropisches Eiland mit kolonialem Charme, also sehr britisch, mit schwitzenden chinesischen Kulis und nicht minder feuchten Mangrovensümpfen, man glaubt ja noch an Kipling – und dann steht man zwischen glatten Hochhausfassaden der neuesten Bauart und möchte fragen: Bin ich hier richtig? Ganz richtig. Die Mangrovensümpfe sind trockengelegt. Die himmelhoch getürmte Stadt hat europäischen, wenn nicht amerikanischen Zuschnitt. Sie wird seit zwanzig Jahren abgerissen und seit zwanzig Jahren wieder aufgebaut. Bagger räumen die Vergangenheit ab. Kräne ragen weit in die Zukunft. Singapur leistet sich den Luxus, seinen westlichen Besuchern fast alles vorzuenthalten, was diese unter fernöstlicher Exotik verstehen und so gern in malerische Diapositive verwandeln: armselige Hütten, verfallende Häuser, Unrat auf Straßen und Märkten, kurzum die Kehrseite der eigenen Welt. Ein enttäuschter englischer Journalist schrieb über Singapur: »Völlig verwestlicht, ungemein steril und todlangweilig.«

Völlig verwestlicht? Der Zufall will es, daß wir gleich am Abend unserer Ankunft etwas von der östlichen Seele erfahren, die hinter den westlichen Fassaden wohnt. Nach dem Gewitter liegt die Stadt wie frisch gewaschen im Licht des Vollmonds. Ein Kenner des Kalenders sagt uns im Hotelaufzug: In dieser Vollmondnacht ist Thaipussam, das sollten Sie sich ansehen! Müde von der Reise, die über ein Viertel des Erdkreises ging, aber durch den Wechsel von Zeit und Ort so aufgedreht, daß an Schlafen sowieso nicht zu denken ist, fahren wir zum Tempel Chettiars. Der steht am Rande eines Parks, hell erleuchtet, umlagert von indischen Familien. Inder sind eine Minderheit in Singapur, nicht mehr als sieben Prozent der Bevölkerung, aber heute ist Thaipussam, das hinduistische Bußfest – die Nacht, in der sich alles um Indiens Götter dreht. Aus Lautsprechern tönt blecherne Musik. Aus der Dunkelheit des Parks tritt eine endlose Prozession hervor und schiebt sich in den Lichtkreis des Tempels, junge Männer, halb nackt, und sie tanzen wie in Trance.

Die Prozession scheint in schreiender Fröhlichkeit dahinzuziehen. Wir treten dichter heran und erkennen erst jetzt, daß die jungen Burschen einen schweren Gang tun. Sie tragen Kavadis auf den Schultern, Miniaturtempel aus Drahtgeflecht, über und über mit Pfauenfedern geschmückt. Und gespickt mit Pfeilen! Die Pfeile sind nach innen gerichtet, auf den Körper des Bußgängers, sie ritzen seine Haut, ja, sie dringen ihm tief ins Fleisch. Als ob das noch nicht genug sei, sind auch Lippen und Wangen von langen Nägeln durchbohrt. Nirgendwo zeigt sich ein Blutstropfen.

Schaudernd, aber nicht ohne klinische Neugier stehen wir am Rand der Szene, die uns makaber und rätselhaft erscheint: wie ein Masochistenkarneval. Wenn die Bußgänger den überfüllten Tempel betreten, steigert sich ihr Tanz zur Raserei. Das Publikum feuert sie noch an. Nachher schleppen sie sich die Tempeltreppe hinab, von ihrer Bürde befreit, ganz ausgepumpt, auf Beinen, die sie kaum noch tragen. Thaipussam ist der Dank für eine unverhoffte Heilung oder Schicksalswendung, die der Mensch nicht versteht. Von Touristen wird das gelegentlich mit einer folkloristischen Veranstaltung verwechselt. Thaipussam ist ungeheuer fotogen.

Singapur steril? In der Tat, man braucht kein Impfzeugnis mehr, die Seuchen sind besiegt, die Slums verschwinden, und die Ratten haben im Jahr der Ratte keine Zukunft mehr in Singapur. Die Stadt ist peinlich sauber, wie schmutzig ist Frankfurt dagegen! Selbstverständlich zählt die Sauberkeit auch in Singapur nicht zu den menschlichen Grundbedürfnissen. Sie wird mit drakonischen Strafen erzwungen. Wer eine Zigarettenkippe auf die Straße wirft, eine leere Bierdose fallenläßt oder einen Kaugummi in die Öffentlichkeit klebt und dabei erwischt wird, zahlt achtzig Mark Bußgeld, schlimmstenfalls noch mehr. Singapur ist die Stadt mit dem Sauberkeitstick.

Daß den lässigen Engländern die unbritische, beinahe preußisch reglementierte Tropenstadt nicht gefällt, ist nicht verwunderlich. Sie hat nur wenig mit dem alten Singapur gemeinsam, das einst im Namen Ihrer Majestät auf der Weltkarte etabliert wurde. Im Januar 1819 legte ein Handelsagent der britischen East India Company in Singapur an, Thomas Stamford Raffles, Sohn eines Kapitäns, ein dynamischer Unternehmertyp, damals Ende Dreißig. Die Löwenstadt des indonesischen Prinzen war zu einem Fischerdorf heruntergekommen, kaum mehr als hundert Hütten. Raffles besah sich die geographische Lage und handelte die Insel dem Sultan von Johore ab. Ein Butterbrot für einen Welthandelsplatz. Am Singapore River, einem lächerlich kleinen Rinnsal von drei Kilometer Länge, einem Witz von einem Fluß, aber mit ausladender, großmächtiger Mündung, entstand eine britische Niederlassung, die bald die niederländische Vorherrschaft in Hinterindien brach. Raffles ist der Begründer des Welthafens Singapur. Dampfschiff und Suezkanal haben seine Bunkerstation groß gemacht. Die eingewanderten chinesischen Kulis, die im britischen Empire dienerten, sind heute die Herren der Stadt. In Singapur leben zwei Millionen Chinesen. Ihre Mehrheit, ihr Fleiß, ihr Optimismus sind das Geheimnis der Größe des kleinen Singapur. Wirtschaftlich gesehen haben in Asien nur die Japaner den Singapurern noch etwas voraus.

Einen Restposten kolonialen Charmes verwaltet das Raffles Hotel an der Beach Road, eine snobistische Herberge, die bis zum heutigen Tage in der Bar, in der Lounge und im Marmorspeisesaal keine Klimaanlage installiert hat. Im Raffles kann der Europäer noch wie in alten Zeiten vor Hitze zerfließen. Unter den Decken rotieren Ventilatoren so langsam wie in Vorkriegsfilmen. Im Raffles haben Englands Südseeromantiker gewohnt, Kipling auf Zimmer 76, Conrad 77, Maugham 78. Von Somerset Maugham stammt der klassische Werbespot: »Das Raffles ist der Inbegriff aller Fabeln des Ostens.« Unter dem Billardtisch des Hotels soll 1902 ein gereizt fauchender Tiger entdeckt und von einem geistesgegenwärtigen Gentleman sogleich erschossen worden sein, es war der letzte Tiger, der sich aus dem zurückweichenden Dschungel in die Stadt verlaufen hat.

Das Raffles Hotel ist 1887 von den drei Brüdern Sarkies eröffnet worden, die später Bankrott machten, das weiß getünchte Haus wird bald hundert Jahre alt. Es ist nicht das erste Haus am Platze. Die neuen Hotels mit ihrer abenteuerlich modernen Architektur beherrschen die City, das »Mandarin« etwa, eine Mischung aus gotischer Kathedrale und Flughafentower, oder das »Dynastie«, ein vieleckiges Hochhaus mit Pagodendach. Singapurs neues Zentrum ist die Orchard Road, an der keine Obstbäume mehr stehen, eine dollarschwere Einkaufsstraße mit den feinsten Seiden Chinas, den raffiniertesten Computern Japans und den rundesten Perlen der Welt. Im alten Raffles Hotel wohnt man nur noch aus sentimentalen oder literarischen Gründen oder vielleicht, weil man Engländer ist. Doch gehört es zu den Ritualen auch der nichtenglischen Literaturfreunde, sich in eine Fahrradrikscha zu setzen und auf einen Gin Sling ins Raffles fahren zu lassen. Man sitzt im Palmenhof über seinem Strohhalm. Der Gin Sling ist ein Cocktail, der sich weniger durch Schmackhaftigkeit als Berühmtheit auszeichnet, erfunden im Jahre 1915 von Ngiam Tong Boon, dem weiland amtierenden Mixer hinter der nicht weniger berühmten Long Bar mit ihrer Fünfzehn-Meter-Theke.

Die Bagger, die Singapur um und um graben, haben das Raffles Hotel verschont, obwohl es auch auf der Abbruchliste stand – ein erster Hauch von Denkmalschutz? Bisher war das ein Fremdwort in Singapur. Auch Town Hall und Cricket Club sollen erhalten bleiben. Doch China Town muß dran glauben, Straße um Straße. Wo die kleinen, mit Wäsche verhangenen Shop houses standen, unten Laden, oben Wohnung, da stehen jetzt riesige Shop houses: oben Hunderte von Wohnungen und Hunderte von Marktständen unten im Souterrain. Auch die flachen Sterbehäuser der Sago Street sind verschwunden. Singapur baut Betonburgen: zur Enttäuschung der Touristen, zur Freude der Bewohner, die nie zuvor so sauber, trocken und komfortabel untergebracht waren.

Singapur todlangweilig? Das ist natürlich eine Übertreibung, die darauf schließen läßt, daß der unzufriedene Engländer keine Lasterhöhlen ausfindig machen konnte. Auf Opiumhandel steht in Singapur die Todesstrafe, schon mit fünfzehn Gramm in der Tasche hat man sein Leben verwirkt. Die einst nur flüsternd empfohlene und schon deshalb weltbekannte Bugis Street, in der man spätabends jenen schönen Frauen begegnete, die in Wirklichkeit Männer waren, ist nicht abgerissen, aber sittlich begradigt worden: Fehlanzeige. Ausführlich ließe sich von der Lust des Essens reden. Singapur hat zahllose schlaraffenländische Lokale mit chinesischen, malaiischen und indischen Spezialitäten, dazu die internationale Küche. Die staatlich verordnete Sauberkeit reicht bis in die Kochtöpfe, so daß auch der empfindlichste Europäer in den Garküchen der Straße, den Food stalls, essen gehen kann. Da hat er zum guten Essen noch die schwüle Luft der Tropen, die man ihm in den Hotels und Restaurants hartnäckig vorenthält – Singapur ist vollklimatisiert, man holt sich eher eine Erkältung als einen Tropenkoller.

Singapurs Sehenswürdigkeiten zählen zum kleinen Einmaleins des Reisevergnügens. In der Flußmündung liegt die immer noch nicht gesunkene Armada der Sampans. Reiseführer empfehlen den Besuch des Buddhatempels der Tausend Lichter und des Hindutempels Sri Mariamman oder wenigstens eine Visite in der Krokodilfarm. Im Botanischen Garten, der zu den schönsten der Welt zählt, ist 1877 der erste Gummibaum gepflanzt worden; das historische Ereignis markiert den Niedergang der brasilianischen Gummistadt Manaus und den Einstieg der malaiischen Halbinsel ins große Gummigeschäft. Kurios ist der Tiger Balm Garden, den die Brüder Aw, Erfinder einer Universalheilsalbe, in den dreißiger Jahren angelegt haben: ein konfuzianisches Disneyland aus Gips, Beton und Pappmaché in Bonbonfarben. Da macht man doch besser einen Spaziergang durch China Town oder was davon blieb.

Drei Millionen Reisende kommen jedes Jahr in die verheißungsvolle Stadt an der Südspitze Malakkas, die meisten im Flugzeug, nur noch 150 000 auf den Spuren Joseph Conrads, zu Schiff. Die Statistik verrät nicht, wer in Geschäften, wer zum Vergnügen unterwegs ist, es läßt sich nicht trennen, weil so viele eins mit dem anderen verbinden. Nach drei, vier Tagen sind sie mit Singapur fertig, soviel weiß die Statistik. Der Insel Singapur sind noch fünfzig kleine Inselchen vorgelagert, viele unbewohnt, weil ohne Wasser. Von der höchsten Erhebung der Stadt, dem Mount Faber, geht eine Seilbahn auf die nächstgelegene Insel Sentosa hinüber. Auch Sentosa ist eher ein Ausflugsziel als ein Ferienparadies: mit Golfplatz, Einschienenbahn, Wachsfigurenkabinett und Waffenmuseum. Hier warteten die Engländer 1942 auf die japanische Flotte, aber die kam nicht, statt dessen kam, von hinten, die japanische Infanterie. Der Strand von Sentosa geht auf einen der größten Häfen der Welt.

Wer tropischen Müßiggang sucht, findet in Singapur keinen Platz und wird denn auch von der örtlichen Tourismusbehörde folgerichtig zu den Stränden und Inseln des Nachbarlandes Malaysia überwiesen. Singapur ist kein Reiseziel, nur ein bevorzugtes Etappenziel auf dem Weg von und nach Australien oder Japan. Die Insel hat einen bedeutenden Ruf als Umschlagplatz für Gelder und Waren, sie wird gelegentlich der größte Supermarkt Südostasiens genannt und streitet sich mit Hongkong um diesen Superlativ.

»Sie wollten, daß ich ein gebildeter Mann würde, einem Engländer ähnlich: dem Abbild der Vollkommenheit! Ich könnte weinen wie Nehru, wenn ich bedenke, daß ich Englisch besser spreche als meine Muttersprache.« Der das gesagt hat, ist Lee Kuan Yew, der Ministerpräsident des Landes, Chinese, Jurist und übrigens ein Leser Goethes und Jüngers. Lee ist der Schöpfer des neuen Singapur, in dem rassische Schranken so konsequent eingerissen werden wie alte Mauern. Seine People's Action Party ist seit Jahrzehnten an der Macht, die Opposition findet praktisch nicht statt. Lee regiert die schöne neue Welt mit einer rüden Mischung aus Sozialismus und Kapitalismus. Er hat die Bettler, aber nicht die Millionäre abgeschafft. Er meint auch zu wissen, was den Durchschnittsbürger glücklich macht: eine Frau, zwei Kinder, drei Zimmer, vier Räder. Mit Billigprodukten gibt sich die Wirtschaft des Landes kaum noch ab. Computertechnik ist Schulfach. Eine resolute Familienpolitik bewahrt das beengte Eiland vor Überbevölkerung. Die ehemalige britische Kolonie ist 1965 aus der malaiischen Föderation herausgelöst worden und seitdem ohne Hinterland. So hat Singapur einfach die ganze Welt zu seinem Hinterland gemacht.

Gabrielle Wittkop-Ménardeau

Tränen aus silbernen Augen

Im Norden Sumatras

Den ganzen Tag haben sich schwere, graue Wolken über den Himmel gewälzt. Die anachronistischen, baumhohen Farnkräuter, die importierten Pinien und Kiefern auf beiden Seiten der Straße, bekränzen sich mit Nebelstreifen; in Serpentinen geht es abwärts. An einer Kurve hinter einem Felsen schimmert, unwirklich in einer Apotheose aus Blau und Gold, der Toba-See auf. Seine Wasser furchen sich im Wogengang. In ihrer gewaltigen Weite sind Stürme ihnen nicht fremd. Mehr als 900 Meter hoch gelegen, ist der See einer der höchsten der Erde und doppelt so groß wie der Genfer See.

Das Bukit-Barisan-Massiv erstreckt sich bis zum Batak-Timor-Gebirge, dessen Mittelteil sich zum vulkanischen Becken des Toba senkt; es ist das geographische Zentrum der Batak-Kultur. In mehrere ethnische Gruppen aufgeteilt, die wieder in Clans oder marga zerfallen, haben die Batak ganz Nordsumatra besiedelt, und die von ihnen gegründete Stadt Medan ist eine der reichsten und blühendsten Indonesiens. Die Batak, zu den Proto-Malaien gehörig, zählen zur Zeit fast fünf Millionen. Untersetzt, athletisch und von kleiner Gestalt, sind sie trotz ihrer muskulösen Erscheinung von einer geschmeidigen und ausdrucksvollen Gestik, der man übrigens im ganzen Sunda-Archipel begegnet.

Die Motorschiffe im regelmäßigen Liniendienst fahren meist von Parapat ab, einem kleinen Ort auf einer Halbinsel, doch obwohl der See sich rasch zu einem touristischen Anziehungspunkt entwickelt, ist er die Woche über noch wenig belebt. Das größte Hotel – es gibt überhaupt nur drei – hat eine niederländische, patriarchalische Note bewahrt; seine Bungalows liegen in Gärten, die terrassenförmig zum Ufer abfallen; der große Speisesaal, obgleich von der Batak-Architektur inspiriert, ist wie im Haus eines Amsterdamer Reeders mit glänzendem Holz getäfelt. Nach sate am Spieß und einem schönen gado-gado, einem in Kokosmilch mit Piment und Pfeffer geschmorten Gemüse, dessen Würze einen Toten auferwecken könnte, stellt der Boy riesige Ananas auf den Tisch, die so saftig und zart sind, daß sie auf der Zunge schmelzen. Beim Verlassen des Speisesaals greift jeder Hotelgast zum großen, schwarzen Regenschirm, der zum Inventar seines Zimmers gehört. Die Küchen, die von Geschirrgeklapper dröhnen, werfen Lichtvierecke auf die Palmen und Bananenstauden. Der nächtliche Garten mit seinen vielen Treppen und Windungen hat etwas Phantastisches. Glänzend vor Regennässe hopsen dicke Kröten in den Alleen. Statuen, häßlich im Tageslicht, doch seltsam im Dunkel – ein altes Weib, das zu lauschen scheint, eine fremdartige Sirene, verdächtige Kinder –, bevölkern die Bosketts, in denen das Flirren der Blätter den schwachen Laternenschein zittern läßt. Zudem belebt eine schon ziemlich trunkene chinesische Familie den Garten mit anarchischem Treiben. Es sind Kaufleute aus Medan mit ihren Frauen. Das verspricht eine turbulente Nacht zu werden, da chinesische Damen angetrunken in schrillen Diskant verfallen.

Der große, schwarze Regenschirm findet seinen Platz neben dem Staubwedel aus Hühnerfedern, der gleichfalls zu jedem Zimmer gehört. Doch die Kerze, die man unweigerlich vor einigen Jahren noch in jedem indonesischen Badezimmer vorfand, ist verschwunden, ein Zeichen dafür, daß die Elektrizitätsversorgung sich gebessert hat. Doch die auf eintönige Weise sirrenden Neonröhren bringen den Reisenden an den Rand eines Tobsuchtsanfalls.

Die ganze Nacht über hat es geregnet, aber von der chinesischen Familie hat man nichts gehört. Es ist prächtiges Wetter, und zum Frühstück erscheinen in dieser besten aller Welten auch die Ananas wieder. Ein kleines Motorschiff heißt ganz einfach »Indonesia«; es ist ein richtiges Schiff mit Gartenstühlen und sogar einem Anker, während das Boot, das vor sechs Jahren dieselbe Überfahrt machte, einen dicken, an ein Tau gebundenen Stein als Anker benutzte und mittels einer Stange anlegte. Man schiffte sich auf einer halsbrecherischen, aus Brettern gebastelten Leiter ein und setzte sich mit gekreuzten Beinen auf die Decksplanken. Ein junger Matrose sang – natürlich auf batak – »Tochter Zion freue dich . . .« Doch da er sich dabei vor Lachen auf die Schenkel schlug, mußte man annehmen, daß er dies unwiderstehlich komisch fand. Das Geschenk eines Schweizer Franken hatte ihn restlos glücklich gemacht; er wollte ihn, wie er sagte, durchbohren und sich um den Hals hängen. Die Zeiten haben sich geändert, doch die Ufer sind noch dieselben; so wenig exotisch wie möglich, doch mit ihren überhängenden Felsen höchst eindrucksvoll. Hie und da wundert der Blick sich über kleine Methodistenkapellen. Zuweilen erinnern die Ufer an Gestade griechischer Inseln; dann wieder muß man an Skandinavien denken. Man weiß nicht mehr, wo man ist, weil der See so befremdlich europäisch wirkt. Das Wasser ist von vibrierendem, metallischem Blau. Ab und zu stecken biegsame Äste mit Angelleinen darin, die heftig zu zukken beginnen, wenn ein Fisch angebissen hat. Sukarnos ehemalige Villa, heute Gästehaus der Regierung, steht auf einer Landzunge, halb versteckt zwischen Koniferenbosketts; doch die meiste Zeit sind die Ufer kahl und rauh wie die Mauern einer Zitadelle.

Die Seelandschaft ist reich an Mausoleen, zweistöckigen Häuschen, in denen der Verstorbene zunächst im unteren Stock beigesetzt wird. Wenn er zum Skelett geworden ist, wird er nach oben gebracht. Diese merkwürdigen Grabbauten im Batak-Stil sind christliche Begräbnisstätten; 40 Prozent der Batak haben die Taufe empfangen, ohne dabei doch auf ihren animistischen Glauben ganz zu verzichten, genauso wie ihre zum Islam bekehrten Stammesgenossen, die den Väterglauben auch nicht abgelegt haben.

In Simanindo auf der Insel Samosir hat man einen kleinen Landungssteg gebaut. Im übrigen ist es noch immer der gleiche flache Strand mit seinen schwarzen Büffeln, auf denen zerlumpte Kinder reiten. Noch immer trocknen Arek-Palmen auf dem Boden, ehe man sie spaltet, um die Dächer damit zu dekken, wenn auch bereits Wellblech mehr und mehr die Pflanzenfaser verdrängt. Da die Platten alle nicht galvanisiert waren, färbt der Rost sie stellenweise mit einem trockenen Rosa. Gehörnt und gekrümmt stoßen die Dächer der Batakhäuser wie ein Schiffsbug vor, und ihre Spitzen scheinen sich wie Korallen zu verzweigen. Der riesige Giebel ist mit bunten Skulpturen geschmückt in den drei symbolischen Farben: Weiß bedeutet die Götter, Schwarz die Dämonen und Orangerot die Menschen. Das ganze Dorf Simanindo steht unter Denkmalschutz trotz Wellblechdächern, und das Königshaus ist zum Museum geworden, in dem Kultgegenstände der Batak gezeigt werden. Selbstverständlich hat der Ort seine heiligen Banyans, Symbole des Lebensbaums, bewahrt, und der Erdwall zum Schutz gegen die Angriffe der Nachbardörfer steht auch noch. Früher war es zu ständigen Streitigkeiten zwischen benachbarten Dörfern gekommen. Der einzige Eingang im Wall ist ein Tor, das nicht breiter ist als für einen Büffel nötig, und gerade hoch genug, daß eine Frau, die einen Korb auf dem Kopf trägt, hindurchgehen kann. Meistens verteilen sich die marga oder Clans auf sechs oder sieben huta, Dörfer aus etwa einem Dutzend Häusern, die in zwei Reihen längs einem viereckigen Platz liegen: auf der einen Seite die Wohnhäuser, auf der anderen die Sopo, Scheunen, in denen der Reis gedroschen und gelagert wird. Das Baumaterial ist Pekkiholz, das Holz eines Nadelbaums; es wird ohne Nägel mit einem Zapfensystem verdübelt. Auf kleinen Stelzen gebaut, bieten die Häuser ein ebenerdiges Gehege für das Kleinvieh, für Hühner, Schweine und Hunde, allesamt zum Verzehr bestimmt. Noch vor kaum sechzig Jahren verzehrten die Batak noch ganz anderes, ein Gesprächsthema, das keinerlei Geniertheit hervorruft. »Ja, ja, so war das ... Hier ist der Steintisch, wo man das Opfer auf den Rücken legte, meistens einen Kriegsgefangenen.« Der junge Batak mimt die Szene und schmückt sie mit beeindruckender Lautmalerei aus. »Alle umstanden den Hinrichtungsort, der Henker zerschnitt den Patienten in kleine Stückchen und goß Zitronensaft auf ihn. Je lauter er schrie, desto mehr lachten die Leute. Und dann trug man ihn auf einen anderen Tisch.« Er steht auf und geht zu dem anderen Steintisch hinüber: »Hier mußte er sich hinknien und nach vorn beugen, so etwa, dann schnitt man ihm den Kopf ab. Das in einer rituellen Schale aufgefangene Blut war für den König, der sich die Wangen damit färbte.« Der Rest ...? Der Rest ist Schweigen.

In Tuk Tuk hat man ein Hotel gebaut, einen Komplex kleiner Bungalows, eine Architekturform, die mit der Landschaft im Einklang steht. Das Gastzimmer ähnelt einer Kantine: Cola-Plakate an den Wänden, Vitrinen mit Schokoladepackungen, geblümte Papierservietten. Die Speisen sind chinesisch, doch statt den Gast seinem bescheidenen Eßvergnügen zu überlassen, hält der Wirt es für nötig, ihm eine folkloristische Darbietung zum Nachtisch zu servieren. Der Gast, auf nichts Böses gefaßt, sieht vier Batak in Nationaltracht plötzlich in den Saal springen. Noch unter dem Eindruck der Demonstrationen auf Steintischen erblaßt er, sein Blut gefriert, und ein Stück Papaya bleibt ihm im Hals stecken. Die Batak aber wollen bloß singen. Leider singen sie Kroncong, eine fürchterliche Musik made in Chicago aus neapolitanischen und vor allem portugiesischen Bestandteilen. Sich nach dem Muster internationaler Unterhaltungssänger windend, produzieren zwei Batak eine geradezu frevelhafte »Rosita« und andere Albernheiten, durch zwei andere mit Gitarren begleitet. Fragwürdigkeit des Tourismus.

Es könnte ganz anders sein: man brauchte nur originale Batak-Musik zu spielen. Diese alte Musik kennt nur fünf Töne, doch sie ist flott und sehr rhythmisch. Zwei Arten von Orchestern gibt es dafür, das gondang bolon, bestehend aus Trommeln und einer Klarinette aus Hartholz, und das gondang hasapi, dessen viel sanfterer Klang von zwei kleinen Mandolinen mit zwei Saiten, einer winzigen Bambusklarinette, einer Flöte und einem kleinen Xylophon erzeugt wird. Viele in ganz Indonesien bekannte Volkslieder leiten sich übrigens von alten Batak-Melodien her. Sie stellen zusammen mit den Legenden die wirklichen archaischen Zeugnisse dar, da die Handwerker, von denen die bildenden Künste gepflegt werden, sich meistens darauf beschränken, die alten Motive zu reproduzieren. Da die Feuchtigkeit zudem ziemlich rasch das Holz angreift und den Stein mit parasitärem Moos überzieht, das den Zerfall beschleunigt, ist das älteste der Königsgräber der Dynastie Sidabutar in Tomok nicht älter als 380 Jahre. Es soll allerdings auch eine prähistorische Nekropole existieren, die leider jedoch schwer aufzufinden ist.

Tomok ist nicht wiederzuerkennen. Wo vor sechs Jahren ein paar alte Frauen Schals anboten, die sie mit eigener Hand gewebt hatten, ist zwischen dem Landungssteg und den Königsgräbern eine Budenstadt entstanden. Man kann sich zwischen den Auslagen kaum einen Weg bahnen. Es werden schlecht ausgestopfte Mangusten und Wildkatzen, maschinell hergestelltes Pseudo-Batik, Statuen aus Serienfabrikation, Bücher aus Baumrinde und Kalender aus Bambus feilgeboten. Alles »fabrikneu«. Über einen steilen Hang und eine Böschung, an der die Wurzeln der Banyanbäume eine Art Stufen bilden, gelangt man zur Grabterrasse. Die Sonne dringt niemals in diese Laubkathedrale ein, die vom Summen unzähliger Mücken schwirrt. Neben dem ältesten Grab, dem des Rajah Ompu Sori Buntu Sidabutar, liegt das Grab des Rajah Ompu Ni Udjum Barita Sidabutar, das hundert Jahre jünger ist. Die Eingeborenen nennen ihn einfach nur Rajah Nebatu, den Steinkönig. Geometrisch stilisiert, verwittert, mit strengem, verschlossenem Ausdruck, trägt der König zum Zeichen seiner hohen Würde die Haare zum Knoten eingebunden.

Der Sarkophag, der übrigens wie die anderen um ihn herum eigentlich ein Zenotaph ist, zeigt noch das Bild zweier weiterer Gestalten, vorn das Basrelief eines Mannes, der die Hand auf sein Geschlecht legt, Darstellung eines weisen Ministers aus dem Aceh, und hinten eine Frauenbüste, zur Erinnerung an die geheimnisvolle Konkubine des Königs, über die es mindestens drei Legenden gibt. Nach einer Version wäre sie von den Göttern mit Wahnsinn geschlagen und vom König zu Tode gebracht worden, weil sie seine Liebe verschmäht habe. Eine andere Version stellt den Herrscher als Opfer der Zauberkünste der Magierin dar, die er sogar habe heiraten wollen, die aber von der königlichen Sippe in den Dschungel gejagt worden sei. Zu spät, denn der König sei dennoch gestorben, schließt diese traurige love-story.

Doch große Verwirrung ergreift den Zuhörer, wenn er erfährt, daß der König bei seinem Tod neunzig Jahre alt war. Die Büste solle, so heißt es, die Konkubine besänftigen, um zu verhindern, daß sie die Manen des Königs verhexe, wenn es sich nicht nach einer anderen Auslegung einfach nur um eine Grabwächterin handelt, die darauf achten soll, daß nicht die Seele des Toten die Lebenden quälen kommt. Wie dem auch sei, der Steinkönig ist eines der merkwürdigsten Grabmonumente, die man sehen kann. Das des ersten christlichen Rajah von Tomok ist mit einem Kreuz aus Badezimmerkacheln geschmückt.

Hier ist es auch, wo man Sigale-gale tanzen sehen kann, natürlich nur, wenn es nicht regnet. Es gibt mehrere Sigale-gale-Mannequins, doch das eindrucksvollste befindet sich in Tomok. Ursprünglich handelte es sich um das Abbild eines legendären Helden, eines glänzenden Prinzen, der ein Rhinozeros bestieg und in einer Schlacht fiel. Später wurde das Mannequin bei der Hochzeitszeremonie mit dem Bräutigam assimiliert und gibt den Tänzern Rhythmus und Modell ihrer Tänze an. Die lebensgroße Marionette wird auf einen Sockel, eine Kiste, gestellt, in der sich die Seile und Bambusgriffe befinden, die mit seinen Gelenken verbunden sind. Dahinter sitzen drei Männer, die mit der Sigale-gale-Figur »tanzen«, indem sie sie mit Hilfe der Seile beleben und Hände und sogar Füße agieren lassen.

Die große, mit dem Batak-Festkostüm bekleidete Puppe – dunkelblaues Kleid, roter, silberdurchwirkter Turban – durchläuft zunächst ein Zittern. In dem Gesicht aus dunklem Holz glitzert Silber, die wütenden Augen rollen, während zum schrillen Klang des Xylophons und der Flöte Sigale-gale auf der Stelle tanzt, die Arme hebt, Hände mit langen bedrohlichen Krallen nach vorn wirft. Es fehlt nicht viel, und er stürzt sich, plötzlich selbständig geworden und wahrhaftig nicht geheuer, auf die Zuschauer. Noch ist er Gefangener seines mechanischen Knarrens, des Klapperns seiner hölzernen Glieder, noch ist er auf dem Sockel verwurzelt. Er schwankt wie ein Baum im Sturmwind, dreht sich plötzlich um sich selbst, wirft sich nach rückwärts, läßt sich plötzlich zusammensinken zu einem bizarren, hockenden Tanz, dann springt er jählings auf, hebt die Arme zum Himmel, und das Büschel seiner Krallen scheint die Krone der Palmen zu wiederholen, die den Bretterschuppen überragen, in dem man Sigale-gale gewöhnlich verwahrt. Man sagt, er könne auch weinen, Tränen entströmten seinen silbernen Augen. Doch man braucht nur seinen Blick zu kreuzen, um daran zu zweifeln; das Wahrscheinlichste, was er vermag, ist noch, durch die Träume der Schläfer zu geistern. Auf ihre Art ist auch Samosir, die Bastion der Toba-Batak, eine magische Insel . . .

Lingga, ein Dorf der Karo-Batak, liegt im Nordwesten am See und macht trotz der mit Büffelschäden geschmückten Dächer und der langen Mulden zum Dreschen des Reises einen armen und verkommenen Eindruck, vor allem nach dem Besuch des Museum-Weilers Simalunggan. Der Regen hat aus dem Boden eine Kloake gemacht, in der schwarze Schweine wühlen.

Hinter den von Sonne durchglühten Reisfeldern, den Teepflanzungen, wo Frauen unter ihren großen Hüten beim Ernten sind, bietet die Kautschukplantage die Kühle ihres Schattens. Die Rinde an jedem Baum wird zweimal täglich spiralförmig eingeritzt; am Ende der Spirale ist eine kleine Schale am Stamm befestigt, die sich innerhalb von drei Stunden mit einem Saft füllt, der zu 60 Prozent aus Wasser und zu 40 Prozent aus Latex besteht. Durch Verdampfen des Wassers wird der Latex ausgesondert. Auf der anderen Straßenseite imitieren Kinder im Spiel den gamelan, indem sie auf Metalleimer klopfen. Ihre Eltern sind javanische Arbeiter; während der Transmigrations-Programme, die die Regierung schon vor zwanzig Jahren aufgestellt hat, sind sie nach Sumatra zum Arbeiten gekommen. Sie wohnen in Baracken bei der Plantage.

Zu Füßen seiner beiden Vulkane, Gunung Sibayak und Gunung Sinabung, die man kleine Wolken in den blauen Himmel paffen sieht, liegt Brastagi. Mit seinem länglichen, überdeckten Marktplatz und seiner Ladenreihe scheint es sich kaum verändert zu haben. Doch das Postbüro verkauft heute Briefmarken, die man nicht mehr wie früher mit einem scheußlichen Leim bestreichen muß, der sich in einer Blechbüchse zersetzte. Man sieht auch mehr Autos und viel weniger Andong, kleine Pferdewagen mit vier Plätzen, auf denen die Passagiere unter einem Sonnenschirm Rücken an Rücken sitzen. Berühmt für seine Blumen und seine Frühgemüse bietet Brastagi in seinen Restaurants zum Dessert meist einen Korb mit Obst. Und welches Obst! Ananas, die köstlichen Zwergbananen und die Mandarinen sind von einer Menge exotischer Früchte gerahmt. Da gibt es die marquisha, die wie eine Kartoffel aussieht und ein jadefarbenes Gelee von paradiesischem Geschmack enthält. Da gibt es den salak, den man mit einem amüsanten Miniatur-Panzertier verwechseln könnte. Dann ist da der purpurne rambutan, der hinter der äußere Schale mit weichen Stacheln, die wie die Blüten einer Traube zusammenstehen, eine Art Lichie mit einem Kern enthält; die Jackfruit, die hier nanka heißt; die Mangusten, die Papayas, die Goyaven, und sofern man seinen Knoblauchgeschmack mag, der Durian, den zu essen in den öffentlichen Verkehrsmitteln und Hotelzimmern untersagt ist.

Der Obstkorb leert sich, die Finger sind klebrig, auf dem Teller häufen sich die Schalen. Die Zeit vergeht, ohne daß man es merkt. Man ist erstaunt, plötzlich die Wolken sich ins Orange verfärben zu sehen. Schon? Wieder ein Tag, das heißt ein Tag weniger. Über dem ehemalig holländischen Golf-Club zieht ein großer Vogel einsam im Himmel seine Kreise.

Gabrielle Wittkop-Ménardeau

Weiße und Schwarze Magie

Impressionen aus Nias

Nach Nias fliege er nur, um Geschäfte abzuwickeln, und dann nichts wie fort, nichts wie fort! sagt mein Nachbar, ein korpulenter Chinese, bevor eine neue Turbulenz die Unterhaltung zum Stocken bringt. Das sei kein schöner Flug, sagt er noch, nein, gar nicht schön. Richtig, die Maschine ist alt, eiskalt und so eng, daß man wie auf Kinderstühlen sitzt; deswegen fällt mein Nachbar ständig auf mich, furchtbar, sagt er jedesmal.

Nias, das zum erstenmal im 9. Jahrhundert in der Reisebeschreibung eines persischen Kaufmanns erwähnt wird als Niang, Land der Kopfjäger, liegt ungefähr 125 Kilometer von der Westküste Sumatras entfernt. Ab und zu bringt ein Kreuzfahrtschiff seine Touristenfracht; man schaut sich das Dorf Bawamataluc an, kehrt schnell an Bord zurück, man hat Nias absolviert, abgehakt, und nichts wie fort! Dabei ist die Insel wirklich eine Reise wert. Wer aber kommen und wohnen will, darf sich nicht verwöhnt zeigen.

Hat man Glück, kann man von Sibolga aus Platz auf einem der Frachter finden, die Salz oder Zement nach Teluk Dalam befördern. Da es mir aber nicht gelang, mußte ich mich an ein Reisebüro in Medan wenden, der häßlichsten Stadt Asiens. Nach einer Stunde wilden Handelns in einer zwischen Teerlager und Reparaturwerkstatt gelegenen Höhle einigten wir uns über einen Flug nach Gunung Sitoli in Nord-Nias und von dort eine Passage an Bord einer Barkasse nach Teluk Dalam. Allerdings werde später auch ein amerikanischer Professor an der Expedition teilnehmen. Meinetwegen. Und ein Begleiter sollte mitkommen, sonst ginge es nicht. Im Nu war er da, ein junger Batak, eifrig und etwas kaninchenhaft, er hieß Mr. Sinaga.

Zwischen dem kleinen Flughafen von Binaka und Gunung Sitoli sind es knapp 20 Kilometer: Palmen, Farnkräuter, Bananenstauden und Süßkartoffelgärten. Die Straße ist sehr belebt, Lastwagen, Fahrräder, becak (pedicabs), bemo, kleine Vehikel mit drei oder vier Rädern, und die Mini-Busse, made in Japan, die man in ganz Indonesien als Colt kennt und Kol ausspricht.

Eine komplette Typologie der Südsee ist in dem Cafe versammelt, Batak, Sundanese, Araber, Chinese, vor allem Bugis und Makassar, viele zahnlos, manche einäugig, alle zerlumpt, tätowiert, rauhe Kerle, die sich bei ohrenzerreißender Transistormusik unterhalten, als ob nichts wäre, Karten spielen, etwas verkaufen oder aushandeln. Ein Malaie – er ähnelt Gründgens –, ganz schwarz gekleidet und sehr malerisch, hat ein ganzes Sortiment von billigen Ringen aus Mondstein ausgebreitet; er redet auf eine Art verschlafenen Monsters ein, das seinen Silberblick zwischen halbgeschlossenen Lidern auf meiner Armbanduhr festgesaugt hat. Mein Zimmer liegt just über dem Café. Es hat eine sehr schöne Aussicht auf den Hafen von Gunung Sitoli. Drei Betten, drei Türen, die nicht schließen, ein Stuhl, ein kleiner Spiegel an der Wand. Und es liegt dem Pissoir schräg gegenüber. Hier bleiben wir nicht, Mr. Sinaga, denn hier zieht es fürchterlich. Mr. Sinaga, der mich aus Respekt, nicht aus Vertraulichkeit »Mamma« nennt, denkt angestrengt nach. Ja, just außerhalb der Stadt gibt es eine nette wisma, eine Gaststätte, die in Frage käme. Wir verfrachten uns in zwei becak und handeln entschlossen, als mein Fahrer wegen des Extragewichtes der Langnase eines Extrapreis fordert. Alle Langnasen haben Extragewicht.

Von handgroßen, dunklen Schmetterlingen beflogen, inmitten von Bougainvilleas und Hibiskussträuchern, besteht Wisma Soliga aus einem geräumigen Bungalow; alles primitiv, aber sauber, und im überdachten Hof, der als Küche dient, bereitet der Gastwirt eigenhändig eine schmackhafte Kost. Hier werde ich auch »Mamma« genannt. Was bleibt anderes übrig, wenn über die Kinderzahl befragt, als in den Mythos zu flüchten und eine enorme Familie von fünf Kindern und vier Enkeln augenblicklich aus dem Nichts zu zaubern?

Nord-Nias kann man kaum anders als per Motorrad oder zu Fuß bereisen, und der Professor, ein Hirnchirurg aus San Franzisko, kommt gerade an, um zu erfahren, daß wir die Exkursion als Beifahrer auf zwei Hondas machen müssen. Wir sausen auf buckligen Wegen unter Regengüssen über Schlaglöcher, so tief wie Badewannen, inmitten von Fontänen gelben Schlammwassers. – Geht es gut, Mamma? – Vorzüglich, mein Sohn. – Der Fahrtwind berauscht wie Wein. Palmwälder erheben sich bläulich aus dampfenden Schluchten, Dschungel-Hänge stürzen gen Himmel, Bambushaine orgeln dröhnend an uns vorbei. Manchmal ist der Weg von dicken Steinen versperrt oder überquert einen Sturzbach auf einem Baumstamm, dann steigt man ab. Die letzte Strecke zum Dorf Siwahili muß man sowieso zu Fuß nehmen, über den Jalan tikus, den Mäuseweg, eine schlammige, steile Schneise zwischen Latex und Jackfrucht-Bäumen, Tapiokafeldern, wildem Spinat, Waldflecken, wo im ewigen Zwielicht der Uhu ruft, grünen und gelben Böschungen, verrückten Blumen.

In Nord-Nias sind die traditionellen Häuser oval, auch das Haus des alten Jebua, des Dorfchefs von Siwahili. Vor 75 Jahren hat es sein Vater erbaut; es hat sieben Räume und gibt elf Personen Schutz. Die Pfähle, auf denen es ruht, sind aus Manawa, einem Holz, das als unvergänglich gilt; das Dach aus Nipa-Palmen. Es muß alle vier Jahre erneuert werden; jetzt ist es so schadhaft, daß die Mäuse manchmal Dreck herabfallen lassen. Der alte Jebua spricht nur Nias, eine Sprache, die sich grundsätzlich von den auf Sumatra heimischen Sprachen unterscheidet. Doch einige Anthropologen vermuten Beziehungen zwischen Nias und der Naga-Kultur von Assam. Heute zählt die Bevölkerung von Nias ungefähr eine halbe Million Menschen, aber ihr Ursprung ist noch nicht mit Sicherheit nachgewiesen. Ihre Vorfahren seien zwischen 3000 und 500 vor Christi Geburt aus dem Hochland von Burma gekommen, sagt man. Sie selbst aber erzählen es anders: Die beiden Ureltern seien aus dem Himmel über China gekommen und hätten sich in Süd-Nias – dort, wo heute Gomo liegt – niedergelassen. Wer weiß? Die Vielfalt der kulturellen Ausdrucksformen und die Unterschiede von Dorf zu Dorf lassen sich weder wirtschaftlich noch geographisch erklären, und selbst wenn man annimmt, daß die Ahnen aus mehreren Gebieten von Nias stammten, bleibt die Frage nach dem Ursprung nicht ganz gelöst. Die Holländer, denen es gelungen war, 1669 hier Fuß zu fassen, wußten diese Vielfalt im eigenen Interesse auszunützen, indem sie die Dörfer gegeneinander ausspielten, um die Insel besser beherrschen zu können.

Mit seinen elliptischen Bauten, deren Dächer der Hutform der Bauern entsprechen, und seiner zentralen, steilen Steinstraße ist das Dschungeldorf Tumori kaum bekannt, obwohl es für Nord-Nias typisch ist. Überall hört man das freundliche Jahuwo, das in der Nias-Sprache »Sei kräftig« bedeuten soll und abwechselnd als Gruß, als Dank und sogar als Liebeserklärung gebraucht wird. Wäsche trocknet auf den Hecken der winzigen Blumengärten, auf den Bambusgittern, die die junge Saat gegen Schweine schützen, deren Ställe hinter dem Haus stehen. Hie und da erheben sich die Kreuze der Familiengräber, größere Gräber für die Männer als für die Frauen; die Geschlechtshierarchie gilt über den Tod hinaus. Nach Informationen evangelischer Missionare sollen heute fünfzig Prozent der Bevölkerung von Nias zum Christentum bekehrt sein. Leider bewirkte, vor allem im Norden, dieser Wechsel eine fast vollständige Zerstörung der alten animistischen Kultur. Allerdings ist auch heute noch der Dukun, der Medizinmann, die wichtigste Dorfpersönlichkeit. Er praktiziert eine Art Heilkunst, die man als Weiße Magie bezeichnen kann. Gelegentlich bedient er sich freilich auch der schwarzen, wenn es darum geht, die Kundschaft zufriedenzustellen. Beispiel: Stiehlt jemand magisch besprochenes Obst, wird er davon furchtbar krank, während dasselbe Obst, rechtmäßig erworben, keine Beschwerden verursacht. Der Dukun weiß auch, welche Tage gut, welche schlecht sind, er kann das optimale Datum für eine Hochzeit errechnen.

Wenn es zur Hochzeit kommen soll, so heiratet nicht jeder, der gerade will. Je nach Dorfgemeinschaft beträgt heute der Brautpreis mehrere hunderttausend Rupien, Gold, Schweine, Einrichtungsgegenstände ... Das ist zwar schlimm, gehört aber zur Tradition, zum Adat, und die jungen Männer sehen es ein. Nur wenige wandern aus, noch weniger treten in öffentliche Dienste. Die Nias sind zaghafte Seeleute, benützen ungern das

Schiff und fischen hauptsächlich in Binnenwassern. Sie sind im Norden wie im Süden ein Volk von Landwirten. Sofern sie nicht Mohammedaner sind, züchten sie Schweine. Wenn es gutgeht, ißt man Reis, sonst Tapioka, und sollte auch Tapioka knapp sein, bleiben immer genug Pisang, Bananen. Davon gibt es unzählige Sorten, rote, gelbe, grüne, manche so klein wie Kinderfinger, andere über 80 Zentimeter lang. Nias ist außerdem reich an Kokospalmen.

Die Bauernjungen verstehen es vortrefflich, sich von Palmkrone zu Palmkrone zu schwingen. Aus der Kokosnußschale kann man Gefäße, Löffel und Schmuck anfertigen. Die Fasern werden zu Seilen und Matten verarbeitet, die Palmblätter zum Decken der Dächer. Das Fruchtfleisch liefert Fett, Kopra und ist ein geschätztes Nahrungsmittel. Dazu kommen die Milch, die Endknospen, die man als Gemüse bereitet, und das Holz. Ist das alles? O, nein. Der Saft gibt Palmzucker und gegoren sogar Palmwein. Und manchmal – einmal auf hunderttausend – liegt in der Kokosnuß ein Stein, wegen seiner Rarität sehr kostbar. Er sieht aus wie ein Pinienkern, mehr nicht, doch die Juweliere aus Singapur sind bereit, über 1200 Singapur-Dollar dafür zu zahlen.

Der kleine Gecko, der überall in Südostasien Wände und Decken nach Insekten absucht, hat sich selbst den Namen cecak gegeben. Cecak, cecak, sagt er. Hat man selbst gesprochen, gilt sein Ruf als eine Wahrheitsbestätigung: cecak, eine wahre Geschichte. Daß aber cecak als Adjektiv etwas wie gefleckt, gesprenkelt, scheckig bedeutet, könnte über das Wesen der Wahrheit zu denken geben.

Nun leben in Wisma Soliga sehr viele cecak und mischen sich unentwegt ins Gespräch, wenn wir auf der Veranda sitzen. Der Seemann, der uns morgen nach Teluk Dalam bringen soll, macht Schwierigkeiten, sagt uns Mr. Sinaga; Benzin sei noch teurer geworden. Der cecak schweigt. Das Schiff hat zwar nur noch drei Tonnen, vorsorglich aber zwei Motore, denn die Strömungen sind sehr gefährlich und verursachen häufig Schiffsbrüche; eine Wahrheit, bestätigt der cecak. Am nächsten Tag scheint die Sache noch nicht bereinigt. Der Professor und ich warten zwei Stunden in einem Schuppen, wo man uns samt

Gepäck einfach inmitten von seemännischem Gerümpel deponiert hat. Da sich aber nichts methodisch zu entwickeln scheint, erfolgt unsere Einschiffung ganz unerwartet. Die Fahrt entlang der Ostküste von Nias ist phantastisch. Zuerst flach, hebt das Ufer sich in abgestuften Kulissen, die Wälder gliedern sich zwischen große Nebelbänke unter einem Himmel, der Turner inspiriert haben würde. Wir verlassen das Goldbad nur, um in einen blauen Dampf voller Riesen und Gottheiten einzutauchen.

Teluk Dalam by night. Einige Hunderte der 3000 Einwohner sitzen entlang der Hauptstraße, um Atem zu schöpfen. Nur die Mitte der Chaussee ist geteert, aber die Stadt hat ein Kino und ein Lese- und Kulturzentrum, eine Art Volkshochschule. Neben Kantor Bantu, der weißen Baracke des Zollamtes, hat die Regierung eine Touristenherberge gebaut, das Jumboree Hotel, mit Schlafsälen, deren Betten sichtlich aus einem alten Krankenhaus stammen. Letzten Sommer haben 25 Touristen hier übernachtet, und das sei schon viel. Essen kann man hier nicht, sondern um die Straßenecke, in dem chinesischen Kramladen. Mit seinen Kerzenbündeln und Strohbesen, die von der Decke baumeln, dem Hund, der sich kratzt, den Kindern, die am Nebentisch zwischen Nudelpaketen und dem Bild Präsident Suhartos ihre Schularbeiten machen, hat dieser Laden an sich nichts Besonderes, außer seinen Zwiebelkrapfen und einer vortrefflichen Gemüsesuppe.

Es ist weiter nichts, es sind nur die Bremsen, die eben kaputt sind, sagt Mr. Sinaga, als der alte Holzbus streikt. Wagen kaputt, motor rosak, Motorrad kaputt, auch motor rosak, es ist halt so. Am Ende dieses Tages – und mit schlafwandlerischer Sicherheit hat der Professor ihn just als seinen Geburtstag gewählt – werden wir siebenmal der Tatsache eines motor rosak gegenübergestanden haben. Es ist 10 Uhr früh, und noch ahnen wir nichts. Nach einer Weile nimmt uns ein freundlicher Lastwagenfahrer nach Bawamataluo mit, der ältesten Siedlung, deren Namen »Sonnenhügel« bedeutet. Hier findet man eine megalithische Kultur und einen Menschenschlag, der nichts mit Nord-Nias gemeinsam zu haben scheint. Auch die sozialen Strukturen sind ganz andere; bei traditionellen Feierlichkeiten tritt das alte Kastensystem noch deutlich in Erscheinung, mit einem Adel, einem Bürgertum und der größten Gruppe, die sich den anderen beiden unterordnen muß. Bis tief ins 19. Jahrhundert hinein basierte diese Gesellschaft auf Sklaverei, und die lokalen Häuptlinge waren nur allzu froh, wenn sie den Sklavenhändlern aus Sumatra gegen Gold Kriegsgefangene oder sogar unliebsame Untertanen verschachern konnten.

Wehrhaft, durch Gebirge und eine Hürde von 480 Treppenstufen geschützt, gliedert sich Bawamataluo um zwei perpendikulare große Straßen, deren Steinfliesen noch heute unbekannten Ursprungs sind. Vor 250 Jahren wurde das ehemalige Königshaus erbaut, ganz ohne Nägel, ein Turm von beinahe 20 Meter Höhe, dessen unendlich kompliziertes Gerüst seine Balken im Dunkel des Dachstuhls kreuzt, da, wo die kühle Luft um die Loge des Königs eine Glocke bildet. Unten ist der Boden in verschiedene Ebenen abgestuft, um der Hierarchie Rechnung zu tragen. Eine riesige Trommel hängt waagrecht. Die Kiefernknochen der geopferten Schweine zieren das Gesims über Wandschnitzereien, die das Herrscherpaar und die Ankunft der Portugiesen darstellen. Es ist mehr eine Schale, eine rituale Muschel als eine Behausung, ein vertrackter Holzaltar, wo im Zwielicht Totems lauern. Nebenan das Haus des Kepala Kampung, des Dorfchefs, entspricht demselben Schema, ist aber kleiner und bescheidener. Mr. Wau – eben der Kepala Kampung – trägt eine schicke Sonnenbrille und ein geblümtes Hemd, sitzt unter Devotionalien zwischen Transistor und Schreibmaschine vor einem Haufen touristischer Prospekte. Die Rechnung geht nicht auf, sagt er streng zu Mr. Sinaga, die Leute in Medan haben viel Touristen versprochen, aber wo sind sie? Es ist kein Geschäft, wirklich nicht! Am Katzentisch verzehren der Professor und ich aus Plastiktellern ein karges Mahl. Doch allein sind wir trotzdem nicht: Die Händlerschar, die im Auftrag von Mr. Wau Souvenirs verkaufen soll, grapscht nach unserer Schulter, zupft uns mit unbeschreiblicher Energie am Ärmel, wirft uns Halsbänder, Kämme, Schnitzereien und Waffen, alles frisch produziert, auf den Schoß. Außer den Passagieren des Kreuzfahrtenschiffs und einigen Touristen aus Sumatra kommen nicht viele Besucher, die Souvenir-Industrie jedoch ist schon im Gang, und zwar noch vor dem Vorhandensein der nötigen Infrastrukturen.

Zur Zeit der niederländischen Kolonialherrschaft gab es einige gute Straßen, aber nach Indonesiens Unabhängigkeit wurde die Instandhaltung völlig vernachlässigt, und heute bleiben die Verbindungen zu anderen Bezirken, außer nach Teluk Dalam, Bawamataluo und dem Gebiet von Gunung Sitoli im Norden, die zur Not per Lastwagen oder Landrover zu erreichen sind, äußerst problematisch. Als der frühere stellvertretende Präsident, Sultan Hamengko Buwono, im April 1973 Nias offiziell dem Fremdenverkehr öffnete, hieß der Slogan: Macht Nias zum Bali Sumatras. Es war zu hoch gegriffen.

Der Feind ist besiegt, sein Dorf niedergebrannt, singen die im Kreis springenden Tulo-tulo-Tänzer. Sie tragen die traditionelle Kleidung der Krieger, Ornamente aus Federn, Wollquasten, Wildschweinhauer und Krokodilzähne, manchmal auch das glatte, schwarze Halsband der Kopfjäger. Ihr Tanz gehorcht den Rhythmen eines Gesanges, der auf dem Tritonus der Bambussummer aufbaut. Doch das Ganze bleibt ohne Faszination; die Tänzer scheinen nur eine Rolle zu spielen, und zwar nicht einmal allzugut.

Authentischer ist der Steinsprung. Mit einem gewaltigen Satz springt ein junger Mann von einer Stufe aus über eine zwei Meter hohe Steinpyramide. Einstmals galt, was heute bloßer Ertüchtigungssport bleibt, als eine martialische Übung: Die Krieger machten den Sprung über die Umpfählung des feindlichen Dorfes, mit einer Fackel in der einen, dem Schwert in der anderen Hand. Dieser Fahombe genannte Sport wird nur von unverheirateten Männern praktiziert und ist nicht ohne Gefahr: verfehlt der Springer seinen Satz, bricht er sich die Beine gegen die Pyramide und fällt auf die Anlaufstufe zurück, wo er sich die Wirbelsäule zerschlägt.

Im Dorf Hilisimetano führt niemand Attraktionen vor. Die Leute grüßen freundlich und gehen ihrer Beschäftigung weiter nach. Reis wird geworfelt, Sisal getrocknet, Palmblätter gespalten, Suppe gekocht. Es riecht nach Holzrauch und Stallungen. Kinder treiben Scharen von käfergrünen Enten vor sich her. Mit einem Speer bewaffnet und von seinem kleinen Hund begleitet, macht sich eben ein Mann zur Wildschweinjagd auf den Weg. Zerzauste, langbeinige Hühner picken herum zwischen megalithischen Bildnissen, unheimlichen Bildnissen, deren

Symbole in Abyssen von Vergessenheit versunken sind, gesichtslose Könige, breitbeinig auf ihren Thronen sitzend, Getreidespeicher, schlangenverzierte Tafeln, auf denen man Tote ausstellt, steinerne Schiffe mit einer Geistermannschaft.

Unser Schiff – immer dieselbe Drei-Tonnen-Barke – hat nichts Geisterhaftes, und trotz sehr starken Seegangs bringt es uns brav nach Gunung Sitoli zurück. Wir legen an, wenn die rostigen Blechdächer eine purpurne Farbe annehmen, wenn die Positionslichter der Frachter kalt im Phosphorschein des Abends blinken. Die angestrahlte Moschee erblaßt im Glanz des Elektrizitätswerkes, sonst sind die Straßen nur vom Licht der Kerosinlampen beleuchtet. Sie schwimmen grün und rosa durch die Limonadenflaschen des Pasar Malam, des Nachtmarktes. Die Luft riecht nach ranzigem Bratöl, nach Gewürzen, nach dem aromatischen Rauch des Mosquito Coils. Morgen schon wird Nias in die Erinnerungen gleiten.

Hans Scherer

Das Orakel von Malakka

Malaysia von innen

Die Dschungelnacht ist laut. Dieses unablässige Kreischen, Pfeifen, Zischen, Wispern verursacht einen elementaren Höllenlärm. Unten am Fluß schlagen die Wellen hart gegen den Stein. Vielleicht schleicht der Tiger um unser Haus. Das Gepolter in der Nacht war aber nichts als ein heruntergefallener Stiefel, den ein vorsichtiger Europäer nach Regeln aus frühen Dschungelbüchern zwischen Stuhl und Bett mit dem Einschlupf nach unten aufgehängt hatte, damit weder Schlangen noch Skorpione hineinkriechen sollten. Unter dem Moskitonetz liegt man mit Herzklopfen und lauscht, schläft, wacht wieder auf von schrecklichem Kratzen und Schmatzen an der Tür – es war nur das hinkende Schwein, das sich die Wirtsleute halten zum Verzehr allen Abfalls. In diesen Tagen zum Feiern des neuen chinesischen Jahres wird man es wohl geschlachtet haben. In der Lodge des Taman-Nagara-Nationalparks im Innern der malaysischen Halbinsel steht man gewöhnlich früh auf, trinkt Tee auf der Veranda, während die dunstige Sonne aufgeht über opalen bleierner Dämmerung. Eine Idylle ist der Dschungel nicht.

Nur wenige Meter hinter dem Haus erhebt sich, abweisend, verschlossen, die hohe dunkelgrüne, fast schwarze Wand eines ewigen Urwalds. Wissenschaftler schätzen sein Alter auf hundert bis hundertdreißig Millionen Jahre. Da die malaysische Halbinsel von jeder Eiszeit verschont blieb, gilt Taman-Nagara als der älteste Primär-Urwald der Welt. Mit Staunen und Ehrfurcht betritt der Mensch diese heiß dampfende Höhle. Wir klettern über abgestorbene Baumriesen. Wir versuchen, dichtes, baumhohes Farngesträuch zu durchdringen, um zu einem »Spazierweg« zu kommen, den ein Schild ankündigt, als handele es sich um eine Ausflugsgegend im Sauerland. Aber der Weg ist längst wieder von Lianen überwuchert. Der Nachtregen tropft noch von den Blättern. Tief innen, im Bauch des Waldes, ist es auf einmal still, wie Taubheit in den Ohren. Die Üppigkeit dieser leise saugenden, begehrlichen Vegetation hat etwas Erschreckendes. Hier regiert rücksichtsloser Darwinismus. Für Menschen hat der Urwald kein Gefühl. In der dauernden Wiederholung von Leben, Sterben und Vergehen atmet der Urwald mit dem Gleichmut der Unendlichkeit. Da der Weg sowieso nicht mehr weiterführt, beginnen wir den Rückzug, entdecken jetzt erst, daß die Blutegel sich schon über uns hergemacht haben. Sie sind ohn' Ansehung der Person in die Stiefel und unter die Hemden gekrochen. So schnell ist das Blut nicht zu stillen. Das Ungemach hält sich in Grenzen. Aber man fragt sich: Was wollen wir eigentlich hier, was haben wir hier verloren?

Wir haben versucht, Malaysia von innen zu erleben, das Land, die Menschen und wie sie leben. So schroff die politischen, kulturellen, religiösen, ethnischen und zivilisatorischen Gegensätze in dem Vielvölkerstaat aufeinanderprallen, so reich und vielgestaltig bietet Malaysia dem Besucher Asien aus täglich wechselnden Perspektiven. Kein Traum, kein Paradies, wie es in den offiziellen Prospekten und in den Katalogen der Reiseveranstalter heißt, Malaysia ist eher eine Herausforderung der Wirklichkeit. Wer sich als Besucher darauf einläßt, wird in den Kulissen eines exotischen Alltags Menschen treffen, deren Probleme und Sorgen er plötzlich versteht, eine fremde Welt wird sich ihm öffnen, in der er sich am Ende vielleicht selber wiederfindet. Denn wohin sonst soll eine Reise führen.

Der neue Premierminister des Landes, Mahathir Mohamad, gedenkt straffer, nationalistischer zu regieren als sein liberaler Vorgänger, Datuk Hussein Onn. Zum Commonwealth und zu Australien hält er sich auf Distanz. Dem Land geht es nicht schlecht. Kautschuk, Palmöl, Zinn, wertvolle Hölzer, der Export floriert. Tourismus, nur eine von vielen Devisenquellen, scheint hier weniger überfrachtet mit falschen und übertriebenen Erwartungen als in anderen Ländern der Dritten Welt. Das macht sich in einem unverkrampften Verhältnis zu den fremden Besuchern bemerkbar. Das Hauptproblem des Staates ist nach wie vor die ungleiche Vermögensverteilung zwischen den einzelnen Bevölkerungsgruppen: zwischen Malayen, Chinesen und Indern auf der einen Seite und ausländischen Unternehmen auf der anderen.

So ist es das erklärte Ziel der Regierung, daß bis 1990 ein Drittel des Gesamtbesitzes in den Händen der malaiischen Bevölkerungsmehrheit, der »Bumiputra«, Söhne der Erde, sein soll. Bisher beträgt ihr Vermögensanteil allenfalls 13 Prozent, der Rest wird von Chinesen, Indern und Ausländern verwaltet. Die Regierung will das Kunststück fertigbringen, die Bumiputra zu fördern, ohne die Chinesen und Inder zu diskriminieren. Dabei geben die Chinesen mit ihrem Bevölkerungsanteil von nur 35 Prozent und die Inder mit ihren 11 Prozent in Wirtschaft und Kultur eindeutig den Ton an. Premier Mahathir entstammt selbst einer malaiisch-chinesischen Mischfamilie. Trotzdem ist es bei all diesen Problemen nicht zu übersehen, daß die innere Rivalität auch das eigentliche Kapital des Landes ist. Immerhin besitzt Malaysia nach Japan und den Stadtstaaten Hongkong und Singapur den höchsten Lebensstandard im Fernen Osten. Zwischen der prosperierenden Goldgräberstimmung von Kuala Lumpur mit seinen Wolkenkratzern und Luxushotels und der Steinzeitkultur der Ureinwohner Orang Asli am oberen Flußlauf des Tembeling, über dessen gefährlich schäumende Stromschnellen wir mit dem Langboot nach Taman Nagara gefahren waren, irgendwo dazwischen muß man Malaysia suchen.

Die Strände der Ostküste werden von der Regierung seit Jahren als touristische Attraktion herausgestellt. Dennoch konzentriert sich der Tourismus, vor allem von Europa aus, auf fast absurde Weise auf die Insel Penang und findet hier fast unter Ausschluß der Öffentlichkeit statt. Der vielgepriesene weiße Sandstrand von Penang nämlich, Batu Ferringhi, ist zwar ausgedehnt, aber auch begrenzt: fünf, sechs, sieben Großhotels amerikanischen Stils haben sich den Platz inzwischen aufgeteilt. Das kleine Fischerdorf von einst hat seine Identität verloren. Gegen 1350 Hotelzimmer und deren Bewohner, bei ganzjähriger Saison, war Widerstand von Anfang an hoffnungslos. Restaurants und Souvenirshops bestimmen heute das Bild. Etwa 600 weitere Zimmer sind in der Planung.

Gegenüber den Planungen von vor drei Jahren nimmt sich die Entwicklung bis heute fast bescheiden aus. Damals mußte man ernsthaft befürchten, in Batu Ferringhi würden sich alle Bausünden von Famagusta auf Zypern noch einmal wiederholen, der Strand würde einfach zugebaut. Davon ist man Gott sei Dank abgekommen. Entweder haben die Hotelunternehmen die Lust und ihr Vertrauen in das stetige Wachstum verloren, oder die Regierung hat ihre Planungsfehler eingesehen. Batu Ferringhi ist auch in seiner jetzigen Besetzung bereits ein in sich geschlossener Touristenbezirk, der über alle Einrichtungen, Tugenden und Laster solcher Plätze verfügt – man braucht dafür nicht erst nach Malaysia zu fahren. Über Penang oder Malaysia erfährt man in Batu Ferringhi nichts. Die meisten Touristen, die eine Woche gebucht haben, begnügen sich mit einer Inselrundfahrt und einer Tempeltour aus dem Ausflugsprogramm und verbringen die übrige Zeit am Strand und in den Hotels. Darüber verpassen sie das Leben. Bis zur Hauptstadt der Insel, Georgetown mit über fünfhunderttausend Einwohnern, sind es von Batu Ferringhi aus zwanzig Kilometer.

Die abgewetzten Sessel in der Bar des uralten »Eastern and Oriental Hotel«, kurz »E and O« genannt, erzählen mehr über die Geschichte der berüchtigten Pirateninsel als die Sonnenschirme an den Swimming-pools. Die Holzstiegen im »E and O« krächzen und werden nicht mehr lange halten, der Stuck an den Wänden ist faul geworden und blättert ab. Was für Draufgänger und Abenteurer haben hier gewohnt, hierher verschlagen von allen vier Winden, vielleicht das große Geschäft im Sinn, den großen Deal. Wieviel Enttäuschungen sind hier versoffen worden. Und wieviel Hoffnungen wurden hier gefeiert. Die Seeterrasse vom »E and O« mit Blick hinüber auf die fruchtbare Ebene des Festlandes bei Butterworth ist der schönste Platz von Georgetown.

Der Duft von Weihrauch und Sandelholz in den Tempel- und Geschäftsstraßen von Georgetown berauscht die Sinne. Man läßt sich willig treiben in der Menge. Die filigranen Steinmetzarbeiten an den Säulen und Altären des Klan-Hauses der reichen und mächtigen chinesischen Khoo-Kongsi-Familie sollen an Pracht den kaiserlichen Palast von Peking übertreffen. Alle Bäckereien von Georgetown scheinen mit der Herstellung von ein bis zwei Meter hohen Hochzeitstorten beschäftigt zu sein. Obendrauf auf dem pastellfarbenen Zuckerwerk stehen als Krönung die Figürchen eines Hochzeitspaares, das verdächtig europäische Züge trägt. Direkt neben dem Konditorenzentrum liegt die Handschuhfabrik: hunderttausend weiße Handschuhe waren gerade zum Trocknen aufgehängt. Wir haben in Malaysia niemand getroffen, der weiße Handschuhe trägt. Im Museum von Penang ist neben chinesischen Möbeln und Porzellan eine Bronzebüste von Kaiser Wilhelm II. zu sehen und das 51er Modell von Rolls-Royce, das die Ausmaße eines kleinen Lasters hat. Über seine Herkunft schweigt der Museumsführer.

Die Seilbahnfahrt auf den 796 Meter hohen Penang Hill vollzieht sich bedächtig in zwei Etappen. Wie man andächtig aufsteigt zum Sitz der Unsterblichen. Tatsächlich erinnert der atemberaubende Blick weit über die Straße von Malakka an Capri: So sehen die Götter die Welt. Rund um die Insel sind Dörfer, Wälder und Pflanzungen wie in Etagen geordnet. Im tropischen Schwemmland unten Bananen, darüber Reisfelder mit armhohen Halmen, an den Hängen Kautschukwälder, Teehaine – Ernst Jünger erkannte in ihnen das Muster mathematischer Barockgärten –, Orchideenfelder, Nelken, Zimt und Pfefferbäume, Mango und Rambutan, stachelig rote Früchte, die einen betäubenden Duft verbreiten und deren gallertartiges Fruchtfleisch wie Lychee schmeckt. Ganz Penang ist ein botanischer Garten. Die einstige Prince-of-Wales-Insel der britischen Kolonialherren wurde später in »Pulau Pinang«, Insel der Betelnußpalmen, umgetauft.

Weit draußen vor der Stadt, fast schon in Nähe des Flughafens, liegt der berühmte Schlangentempel. In dem dämmrigen Raum aus Gold und blauem Lack kann man zuerst überhaupt keine Schlangen entdecken. Man fühlt sich genarrt. Erst wenn man dem Rankenwerk des Altars mit den Augen folgt, sieht man plötzlich ein gelbgrün geschupptes Geringel, starr, doch mit nach vorne gerecktem dreieckigem Kopf, wirkt die grüne Natter wie ein extravagantes Beiwerk der Verzierung. Sofort fallen einem weitere Schlangen auf, mehr und mehr, überall, auf den Opfertischen, über dem Altar und darunter und dahinter, in den Blumenzweigen und über den Figuren. Der narkotische Duft des Weihrauchs soll die giftigen Tiere tagsüber schläfrig und harmlos machen. Nachts erwachen sie und ernähren sich von rohen Eiern, die Gläubige als Opfer bringen. Der Tempel wurde zwar erst 1850 erbaut, doch die Verehrung von Schlangen, die der Erde heilig sind, ist so alt wie unsere Geschichte. Der Tempelwärter machte uns auf eine Schlange aufmerksam, um die herum sich eine junge Schlange geringelt hatte, ein Muttertier mit ihrem Jungen, eine Woche alt. Die junge Schlange, weicher und greller im Grün als alle anderen, wirkte bedrohlicher als die alten. Angeschlossen ist dem Tempel ein Serpentarium, in dem die Schlagen gezüchtet werden. Im Tempel selbst verhalten sich die Besucher still, wachsam, witternd – andächtig oder furchtsam. Man verläßt den Tempel wie von einem Alb befreit.

Das kulinarische Angebot von Georgetown übertrifft alle Vorstellungen. Malaysische Spezialitäten, die Fleischspieße Satay zum Beispiel, die man in feurige Saucen tunkt, und Currys in allen Schärfegraden, orientieren sich eigentümlicherweise an indischer Küche. China aber ist mit seinen Delikatessen aus allen Provinzen vertreten und präsentiert sie entsprechend auffallend und lautstark. Schüchternheit ist keine Eigenschaft dieser Nation. Das Wissen über die diffizilen Unterschiede zwischen kantonesischer Küche und Hokkjen-Küche offenbart erst den Kenner. Kulinarische Abenteurer werden andächtig und stumm, wenn man Georgetown sagt. Eine Terrine Schildkrötensuppe ist noch das Einfachste, was man hier essen kann. Kein Vergleich zu der salzigen Brühe aus mitteleuropäischen Konservendosen. Die frisch gekochte Schildkrötensuppe ist mild und kräftig, leicht eingedickt, die Fleischstücke darin in großen Portionen erinnern an feinsten Tafelspitz. Üblicherweise scheint man pro Terrine eine halbe Schildkröte zu rechnen. Fünf Mark etwa kostet die Herrlichkeit. Das vegetarische Restaurant »Ee-Hoe-Chai«, chinesisch, doch vor allem von Indern besucht, rühmte als Spezialität des Hauses seine Rind- und Huhn-Imitationen aus Gemüse. Die Zutaten der Gerichte erscheinen äußerlich und innerlich so radikal verändert, daß sie jede Zunge irritieren. An den Wänden hängen kostbare chinesische Aquarelle, daneben ein kanadisches Großfoto, dessen Witz darin besteht, daß unten rechts, eingeschnitten in den Wasserfall, eine Digitaluhr blinkt. Sonst sind die meisten chinesischen Restaurants, vor allem die lukullischen Tempel, äußerlich von dem spröden Charme einer unaufgeräumten Werkshalle. Aber man gewöhnt sich rasch daran.

Bei »Ee-Hoe-Chai« trafen wir auch das Schweizer Hippie-Pärchen, das mit uns den Erwerb eines billigen Flugtickets nach Neuseeland feierte. Die beiden waren schon vier Monate unterwegs. Nach Neuseeland wollten sie jetzt zur Apfelernte, um endlich einmal Geld zu verdienen.

Zur Feierabendzeit, aber auch sonst, ist der Verkehr auf den Straßen mörderisch. Die nach Hunderten zu zählenden Scharen von behelmten Motorradfahrern – der Motorradhelm mag wie eine moderne malaysische Landestracht erscheinen – stürzen sich tollkühn in das Gebrodel. Linksverkehr. Aber eine Unsitte ist es, vor allem grundsätzlich auf der Straßenmitte zu fahren, stur, so lange, bis einer nachgibt. Fahren bedeutet eine permanente Mutprobe. Wer sie als Fremder in Malaysia bestehen will, weicht besser allen entgegenkommenden und ohne Vorwarnung überholenden Fahrzeugen weit nach links aus. Die Motorradfahrer sind allerdings ständig auf allen Seiten, vorne und hinten. Die Straßen sind in gutem Zustand. Die Beschilderung ist vorbildlich. Zum Mietwagenfahren kann allerdings nur Autofahrern geraten werden, die sich in vielen Stürmen der Dritten Welt bewährt haben.

Die Fähren zwischen Georgetown und Butterworth auf dem Festland verkehren rund um die Uhr. Wir legten ab am frühen Morgen. Drüben beeindruckt die Landschaft durch steten Wechsel. Palmenwälder, Busch, Moor, Heide, dann wieder Mangrovensümpfe und Wälder. Taiping, Ipoh, Tapah, bei Kerling nahmen wir die Abzweigung nach Fraser's Hill. Zwei Stunden Serpentinen, die Welt dreht sich, wir fuhren durch bis Raub. Am nächsten Tag nach Kuala Lipis, der Residenz des königlichen Prinzen von Pahang – sein Palast steht über dem Fluß und ist rosarot. Hier ist man schon mitten im Dschungel, wo alle Straßen enden.

Von Kuala Lumpur fuhren wir direkt nach Malakka. Wer

würde sich nicht in diese Stadt verlieben. Portugiesen, Holländer, Briten, gewiß haben alle, die die einst reiche Handelsstadt im Lauf der Geschichte beherrschten, Ruinen, Kirchen, koloniale Überlieferung hinterlassen. Im Kern aber ist Malakka von asiatischem Zauber; die europäischen Beigaben erhöhen nur seinen Glanz. Portugiesische Giebel und holländische Klinker ordnen sich harmonisch in ein historisches Gesamtbild ein.

Das bunte Getriebe auf dem Malakkafluß erinnert an venezianische Kupferstiche. An der Tempelstraße stehen buddhistische, konfuzianische, hinduistische Tempel und islamische Moscheen nebeneinander: Die Stadt ist konsequent auf das Höhere gerichtet. Neben den Tempeln die Werkstätten der Steinmetze und Sargmacher, am interessantesten sind die Werkstätten für chinesische Totenhäuser aus Papier: das Haus oder die Wohnung des Toten in peniblen Nachbildungen von hoher Kunstfertigkeit. Werkstatt neben Werkstatt, der Tod ist in Malakka allgegenwärtig und zeigt sich hier in heiterer Lebendigkeit. Die Antiquitätengeschäfte von Malakka sind Schatzkammern, allerdings die teuersten in ganz Asien, selbst der gerissenste »Händler« erreicht höchstens einen Preisnachlaß von zehn bis fünfzehn Prozent, in Singapur oder Bangkok etwa sind fünfzig Prozent keine Seltenheit. Aber in Malakka muß irgendwer einmal die Preise gründlich verdorben haben. Dabei ist die Zahl der Touristen klein, nur eilige Durchreisende im allgemeinen.

In Wirklichkeit ist das stille wie wuselige Städtchen eine ganze Reise wert. Im Beach-Motel, wo man in Chalets mit gedrechselten Balustraden wohnt und wo zur Einrichtung jedes Zimmers ein alter Sekretär gehört, schlägt man im Garten am Swimming-pool auf einen schweren Gong, wenn man Bedienung wünscht. Die vielen Katzen, auf jeder Balustrade mindestens eine, heben dann träge den Kopf, gähnen und schlafen weiter auf ihrem Schattenplatz. Im Cheng-Hoon-Teng-Tempel, dem ältesten chinesischen Tempel in Malaysia, haben wir das Orakel befragt, die Lackdose mit den Stäbchen geschüttelt. Das Orakel hat auch geantwortet, wie uns der alte Priester erklärte. Aber wir haben den Spruch nicht verstanden.

Gabrielle Wittkop-Ménardeau

Gedanken über einen durchsichtigen Schmetterling

Eine Reise durch Sarawak

Sarawak, ein Staat der Malaysischen Föderation – immerhin so groß wie England und fein bürokratisch in sieben Divisionen eingeteilt –, liegt an der Nordküste von Borneo. Hauptstadt ist Kuching, ein gleichzeitig emsiger und behäbiger Handelsort, wo Orchideen auf zerbröckelnden Balkonen gedeihen.

Vom Aquarium abgesehen, fehlt es arg an der Gußeisenpracht des 19. Jahrhunderts: keine Bahnhöfe leider, diese Kathedralen der Sehnsucht. Wer nicht fliegen will, muß per Bus reisen, und gibt es keinen Bus, weil keine Straßen vorhanden sind, so gibt es immer einen Fluß, einen Strom, einen Bach, irgend etwas Schiffbares. Der Flußverkehr bleibt in Sarawak vorrangig.

Jeder gute Reisende schafft sich immer das Land, in dem er reist, sagt Kazantzakis. Aber wer ist schon ein guter Reisender, außer vielleicht die Zimmer-globe-travellers? Sie verhalten sich immer richtig. Reisen heißt wählen, jede Wahl trägt auch das Ferment des Irrtums in sich, und wer sich irrt, versäumt etwas, womöglich das Wesentliche. Was tun? Mit dem Bus nach Sibu fahren, über Simanggang – ja, ganz recht, dort hat Maugham zuerst gewohnt. Eine Fahrt durch Gummi- und Pfefferplantagen und durch Dörfer? Oder nicht lieber das Schiff nehmen, bis zum Südchinesischen Meer Sungai Sarawak hinabfahren und dann mehr oder weniger die Küste entlang, danach in Sungai Rejang hinein – die Karte zeigt eine bizarre, reiche, mehrfach gewundene Mündung – bis Serikei und dann von dort nach Sibu über Binatang? Es ist just die Route des Sri-Chinsan Express-Boat, das täglich um acht Uhr im Osthafen von Kuching abfährt. Ich entschließe mich für das Schiff.

Törk, törk, törk ... rülpst das Express-Boat, törk, törk, törk ... Ein Kind ißt, ein Soldat liest Comics, halb verdeckt von großen Körben schnattern zwei chinesische Basen, seelenruhig wechselt ein Dayak-Mädchen die Bluse und bleibt ein paar Minuten ganz oben ohne. Der Soldat schaut sie zerstreut an und vertieft sich wieder in seine Comics. Eine Großmutter versucht, die gelbe Henne in den Karton zurückzudrücken. Ein Baby wird herumgereicht wie ein Paket. Ein Päckchen mit Fressalien wird geöffnet. Eier geschält, fein säuberlich, denn ein Abfalleimer steht unter jeder Bank. Und woher die Dame komme, die üblichen Fragen, was sie tue und vor allem, warum, warum ist sie ganz allein? Hier denkt und fühlt man kollektiv. Auf Deck ist es ruhiger als unten, doch zwischen Kisten und Säcken gibt es keinen Platz zum Sitzen, und die Reise ist lang. Sungai Sarawak ist heute nicht hellbraun, sondern gelb, zwischen Mangrovenwäldern, Sandbänken, wo Wurzeln gestorbener Bäume im Schlamm stecken, hie und da Siedlungen in Palmenbüschen, Gerüste, Faktoreien. Die Wasser des Flusses sind schon stark von Abwässern belastet, von den organischen Rückständen der Kanalisation, der Palmölverarbeitung und der Gummifabriken, deren Gestank von weit herüberweht. Wenn die Feuchtigkeit aus dem Latex herausgepreßt worden ist, beschleunigt man nämlich die Fermentierung mit Chemikalien, die analog dem menschlichen Urin zusammengesetzt sind.

Nach und nach weitet sich der Strom; majestätisch Gunung Santubong, ganz aus blauem Papier geschnitten. So mag ihn damals James Brooke, der erste Radscha, gesehen haben. Mehr als hundert Jahre später wurden erste systematische Ausgrabungen im Delta unternommen. Halb versunken im Schlamm eines Mangrovensumpfes entdeckten die Archäologen eigentümlich gemeißelte Felsbrocken, adlerköpfige Menschen, königliche Gestalten, gekrönt mit Federn des Nashornvogels, wie der Mann von Batu Gambar, der – seit dreitausend Jahren, sagt man – in den unendlich tiefen Himmel des grauen Felsens fliegt und fliegt und fliegt.

Und dann das Meer, so glatt, so grün wie Jade – ja, genau wie Jade. Diese Ruhe, diese Farbe sind unheimlich; an Künstlichkeit, an List denkt man.

Mit seinen 560 Kilometern ist Sungai Rejang der längste Fluß Sarawaks, Hauptverkehrsader und Handelsstraße, der Weg zwischen Meer und Binnenland, der große Treck der Holzflöße. Holz ist, neben Pfeffer und Kupfer, ein wichtiges Exportgut. Mit dem Staat Sabah und mit der Republik Indonesien gehört Sarawak auf dem Weltmarkt zu den drei größten Holzproduzenten in der Südsee. Der Wald ist reich an Drachenbäumen, Mahagoni, Rosenholz, gelbem Meranti, rotem Meranti, weißem Bindang, Mengris und Belian. Allzusehr hat man schon Raubbau damit getrieben, und von nichts mehr zurückgehalten, haben sich Schlickdeposite in den Flüssen angesammelt, wo sie eine langsame Versandung verursachen.

In Serikei muß man auf ein kleineres Schiff umsteigen, eine Art Super-Sampang, wie sie Seite an Seite das Wasser bedecken und durch ein prekäres, für Asien sehr typisches Plankensystem miteinander verbunden sind.

Sibu, die größte Stadt nach Kuching, ist auch der Hafen, über den der Hauptteil des Handels von Sarawak abgewickelt wird. Der ganze Ort riecht nach Pfeffer, ein guter Geruch. Von hier aus werden 50 Prozent der gesamten Weltproduktion verladen und exportiert. Eine Handelsdelegation des Pepper Marketing Board unter der Schirmherrschaft des Landwirtschaftsministers, der Handelskammer und der Ernährungsindustrie ist im Frühjahr 1980 nach Südkarolina gereist, um der Convention of American Spice Trade beizuwohnen. Sarawak versprach sich davon engere Kontakte mit der amerikanischen Technik und Wissenschaft und mit dem Management der Ernährungsindustrie; sie sind wohl auch zustande gekommen. Sibu schickt auch Sago, Holz, Vogelnester, Latex und Kupfer in die Welt, jedoch keinen Reis, denn Sarawak hat selbst davon niemals genug für den Eigenbedarf produziert. Sibu ist eine Foochew-Siedlung des 19. Jahrhunderts, wenn auch eine kleine Agglomeration schon vorher hier bestanden hat, und noch heute ist es eine typisch südchinesische Handelsstadt.

Mit den beschirmten Pedicabs-Fahrern, mit dem verträumten ländlichen Weg, der sich Exchange Road nennt, und wo

Enten schnattern, mit den vertrackten Zementtreppen, die Holz zu imitieren versuchen (warum bloß?), mit Palmwedeln, die unerwartet auf Balkonen herausragen, und Fischern, die am Rejang ihre Netze einholen, hat Sibu viel Charme. Man muß bei den Werften herumstreunen, dort ballt sich das Leben, dort gibt es die Fritierbuden, einen ganz neuen und sehr grellen Tempel, ein Wellblechtheater, wo man Stücke aufführt, die die fremde »Langnase« nicht versteht, Hofintrigen mit Kaiser, Konkubinen, Ehrendamen und Dienern.

Abends sind die Straßen schön; von unzähligen Fledermäusen überflattert, vom Klang der Gongs und der Gesänge erfüllt. Mit der Dämmerung wird der Rejang violett, und alles zeichnet sich dunkel vor dem malvengrauen Himmel ab.

In Sibu gibt es Straßen, die nach uraltem System eine Reihe von zehn oder zwölf Geschäften nach dem Gewerbe gruppieren. Hier bietet man zum Beispiel nur Koffer und Hemden an, dort folgen sieben oder acht Drogerien-Parfümerien mit annähernd dem gleichen Sortiment. Fisch wird in den Hallen verkauft, Gemüse und Obst auf dem Markt von Channel Road. Gewürzhandlungen aber sind überall auf die Stadt verteilt.

Das Rathaus ist moderner Bauart. Auf seinen Mauern hängen didaktische Plakate, Erziehung zur Sauberkeit. Sechs primitiv gezeichnete Bilder stellen alle Sünden wider die Hygiene dar, deren ein Schmuddelkoch sich schuldig machen kann: der Kerl raucht, spuckt, kratzt sich am Kopf, hustet über die Platten, kostet die Saucen mit einem Finger, trocknet die Tatzen an der grauen Schürze ab. Und so ist es wohl auch in Wirklichkeit, zum Beispiel in Mr. Tan's Restaurant, no spitting an der Wand. Der Saal gleicht einem Zwischending von Polizeirevier und Warteraum einer Polyklinik. Viel menschlicher, ganz vom schwarzen Samt des Rußes überzogen, ist die Küche, wo Pin-up-Girls nur von orangefarbenem Fett bekleidet sind. Mit schlotternden Pyjamahosen angetan, eine Kippe im Mundwinkel, kocht Mr. Tan wundersame Dinge auf wundersame Weise zwischen Gebirgen von Kohl. Hühner picken Kohlabfälle heraus, und Katzen zerkauen Hühnerabfälle.

Kinderarbeit ist untersagt, doch da das Restaurant ein Familienbetrieb ist, laufen unzählige Knirpse hin und her. Kinder so hoch wie der Tisch tragen Teekannen aus blindem Aluminium, Kinder so hoch wie ein Hocker bringen Platten, Kinder so hoch wie ein Fuß schleppen Obst, Kinder so hoch wie ein Daumen bringen Löffel und Papierservietten, dans un tumulte au silence pareil. Natürlich sind die chop sticks aus Plastik und gebißfarben. Aber ich liebe diese barocke, diese pantagruelische Welt, ich lasse mich treiben. Mama China nimmt mich auf und verschluckt mich, aber sie nährt mich auch, mal wunderbar, mal erbärmlich, je nach Laune und Möglichkeiten. Was sagte Rajah Charles? – What the eye doesn't see, the heart doesn't grieve over. – Krank bin ich zum Beispiel niemals geworden. Vielleicht ist Hygiene keineswegs die edle Tochter des Fortschritts und der Wissenschaft, wie man uns eingetrichtert hat, sondern die schielende Bastardin des Puritanismus und der Angst. In solchen Freßhöhlen bei Krabben und Morcheln in reichen schwarzen Saucen fühlt man, daß Asien von der Art der Koralle ist: unaufhörlich in der eigenen Regeneration begriffen, ständig aus sich selbst heraus wachsend. Doch mit Empfehlungen anderer Reisenden will ich mich ausdrücklich zurückhalten.

Miri, die Ölstadt, gedeiht seit 1910 unter der gelben Muschelflagge von Shell und erreichte 1929 den Höhepunkt der Produktion. Miri gleicht einer besseren Goldgräbersiedlung und hat etwas Provisorisches behalten. Viel läßt sich darüber nicht sagen: eine unendliche Jetée ins Meer hinaus, wie von Magritte geträumt; ein Tempel, dessen Terrasse den Fluß überragt und dessen Außenwände einem Bilderbuch gleichen. Das wäre wohl alles, und natürlich die Raffinerien, von Stacheldraht umzäunt – protected area – mit beredsamen Schildern, auf denen eine schwarze Silhouette auf eine andere schwarze Silhouette schießt; sicher getroffen purzelt die zweite nach vorn, fällt kopfüber wie ein Karnickel. In Miri gibt es auch einen Baum – kru genannt. Er gleicht einem großen silbrigen Affen, dessen Pelz die Blätter sind, die direkt auf dem Stamm wachsen, ein schöner und seltsamer Baum, ein Produkt der Feuchtigkeit. Die Feuchtigkeit kann alles: sie zeichnet Arabesken und bizarre Gesichter auf die Mauern, sie lockt Pflanzen aus jedem Steinritz, sie läßt Pilze aus den Fensterläden entstehen, ständig versucht sie eine andere Welt als die Menschenwelt zu erschaffen.

Ich will die Höhlen von Niah besichtigen, diese Kalksteinlabyrinthe, in denen die Archäologen vom Sarawak-Museum den ältesten Vertreter des Homo sapiens in Südostasien entdeckt haben. Der Carbon-14-Datierungsprozeß hat ein Alter von mehr als 39 000 Jahren erwiesen. Niah, ein einmaliger, ein erhabener Ort. Aber die Taxis fahren beileibe nicht überall hin, wohin man will. Sie tragen den Namen ihrer Zielorte sichtbar vermerkt und dazu den Hinweis auf »vier Fahrgäste«, was keineswegs die maximale, sondern eine obligatorische Minimalladung anzeigt. Wenn sich nun nicht drei andere Passagiere nach Batu Niah finden lassen? Dann eben nicht. Es gibt zwar auch einen Bus, aber die Fahrt soll endlos sein; und außerdem ist der Abfahrtsplatz nicht zu entdecken. Endlich kommen ein Malaie und zwei Chinesen, die zum Dorf Batu Niah wollen. So kann es also losgehen.

Zuerst natürlich das Ausfragen, doch da die Fremde den Fahrtgenossen zu wortkarg scheint, ergehen sie sich lieber in einem langen, formlosen Gespräch, da hab' ich gesagt, da hat er gesagt, ja aber, hab' ich gesagt. Das Taxi ist sehr eng, ziemlich kaputt. Nach einem Teich, dessen Seerosen aus Blech geschnitten zu sein scheinen, schlängelt die Landstraße sich zwischen ockerfarbenen Steinbrüchen, endlosen Ölpalmenplantagen, Dschungelflecken, alles von gelbem Staub überzogen, dahin. Der Staub hüllt auch uns in Wolken. Die Karosserie ständig von Steinen bombardiert, Hitze, kein Ende, da hat er gesagt, und da hab' ich gesagt . . . über furchtbare Schlaglöcher, über Bretterbrücken, auch durch grandiose Schluchten mit blauen Hängefelsen im Hintergrund, zerrissen, zerklüftet und wie auf Tuschbildern so schön.

Batu Niah endlich, doch nach Pangkalan Lobang kann man nur mit dem Boot gelangen. Am Ende des länglichen Platzes gibt es eine rauch- und stimmenerfüllte Teestube, wo man auch Kopi-O, den hiesigen Kaffee, sehr ölig, sehr tintig, trinken kann. Dort findet sich sofort ein Bootsmann, ein alter Schelm, der zu lachen nicht aufhören will, nachdem er viel zuviel Geld gefordert und erhalten hat. Famos, famos! lacht er unentwegt, famos, famos!

Bis zum Landeplatz von Pangkalan fährt man auf dem dunkelgrünen Sungai Niah zwischen Illip Trees, wilden Palmen,

Mangroven, undurchdringlichen Dschungelwänden. Das Sarawak-Museum hat auf der Station ein Team von Wissenschaftlern, Chris und Mike, zwei junge kanadische Zoologen, die dort drei Jahre verbringen.

Mit den lackierten Holzdielen läßt die Station an ein Schiff denken. Die Elektrizität ist home made, dank einem kleinen Generator. Das Wasser der enormen Niederschläge wird in einer Zisterne gesammelt; man kann duschen und sogar das Plumpsklo spülen. Man hat alles, was man braucht. Nur die Nachtruhe wird gestört von all den Tieren, die rufen, piepsen, quaken. Wer schreit immerfort nia! nia! nia!, wer macht krrr-krrr-krrr in regelmäßigen Abständen?

Von Suali, dem sympathischen malaiischen Gehilfen assistiert, haben Chris und Mike eine Gesellschaft von Skorpionen, Hundertfüßlern und Spinnen zum Trocknen auf Styropor gesteckt, von denen jeder Biß als semiletal gilt, was freilich die Frage aufwirft, wie man ein ganzes Leben also halbtot verbringen mag. Von allen diesen fahl, matt und dumpf gefärbten Höhlenbewohnern bekommt die Veranda das gelehrte und welke Aussehen eines barocken Raritätenkabinetts. Die Höhlen sind reich an Echsen, Schlangen und auch Parasiten, wie zum Beispiel den Räudemilben, die besonders auf Nacktfledermäusen leben, einer der zwölf Arten von unzähligen Fledermausarten, die zusammen mit drei Arten von Schwalben – etwa vier Millionen Individuen – die Kalksteingrotten bewohnen.

Chris und Mike verbringen täglich den größten Teil ihrer Zeit in den Höhlen. Der Weg zu dem Westeingang der Großen Höhle ist beschwerlich. Er besteht aus einer Folge von losen, wackligen Brettern, die, einfach auf Böcke gelegt, über fast fünf Kilometer durch den Urwald führen, nach dem alten Muster des batang, wie die Malaien ihre endlosen Stege aus Baumstämmen nennen. Der Wald ist stellenweise sumpfig, manchmal sogar überflutet; unterhalb des plank walk verschwindet der Boden in undurchdringlicher Vegetation, in Gebüsch, jungen Bäumen, Wasserpflanzen und Farnen. Die Mücken sind wie toll, aber auch die Schmetterlinge, handgroße, unglaubliche Wesen, manche sogar durchsichtig. Ein trocknes Batt, tot, gelb, öffnet sich und wird zum lebendigen Fächer, zum vibrierenden, von Saphirpuder schillernden Falter aus der Familie der Kalimna. Hier ist alles authentisch, auch die List des Schwächeren, hier ist die Welt in Ordnung. Befruchtung und Tod, Verwesung und Keimen, Ernährung und Ausscheidung, Kampf und Begattung, Fruchttragen und Tod. Ewig, ewig. Wie viele Generationen, seit der Niah-Mensch sein letztes Röcheln ausstieß? Wie viele Male der Zyklus von Licht und Finsternis?

Die schlüpfrigen Bretter gliedern sich in schrägen Ebenen, fungieren sogar als Leiter, zickzacken zwischen Felsbrocken bis zur ersten Kammer der Bienenwaben-Formation von Niah, einem Teil des Subis-Gebirges. Feuchtigkeit und Erosion haben einen gigantischen, vertrackten Palast aus dem Berg herausgemeißelt, haben ihn in allen Schattierungen von Grün eingefärbt, ihm das Aussehen der Jadeskulptur eines wahnsinnigen Bildhauers gegeben. Die Schwalben machen solchen Lärm, daß man sein eigenes Wort nicht versteht. Man muß aufpassen, wohin man tritt auf dem gleichzeitig glatten und holprigen Boden voller Buckel und Dellen, glitschig, wie mit einem fetten Samt überzogen. Hie und da hat das Wasser im weichen Stein Schächte ausgehöhlt, manche mehrere hundert Fuß tief. Links vom Eingang zur Großen Höhle ein Mini-Friedhof hinter Hühnerdraht, nur Holztäfelchen mit Namen, wie in einem Seemanns-Gottesacker, Zenotaphe für alle Besucher, Wissenschaftler, Schwalbennestsammler und Guanosucher, die in der Niah-Höhle den Tod gefunden haben.

Die Große Höhle ist als historisches Monument geschützt; es bedeutet, daß die Schwalbennestausbeute unter der Kontrolle des Museums steht, um die Arterhaltung zu sichern. Was die Guanosammler betrifft, so überläßt man ihnen nur Bereiche, wo ihre Tätigkeit die archäologischen Ausgrabungen nicht stört.

Schon unter der T'ang-Dynastie haben chinesische Händler Glasperlen und Porzellanvasen gegen Schwalbennester, die für die Suppe bestimmt waren, getauscht, und heute kaufen Firmen aus Hongkong und Taipeh die von Januar bis Juni in den Gewölben von Niah gesammelten sarang-sarang auf. Aneinander gebundene Bambusstangen bilden ein tiang, einen Mast manchmal von über 30 Metern Höhe, eine helle Linie, die sich in der Dunkelheit des Felsens verliert; ein Sammler klettert winzig mit dem flackernden Fusellicht hinauf, das bald zu einem fernen Stern wird. Kein Schutz, keine Versicherung, nichts. Schwalbennester. Unten in der fettigen Kloake der Tierexkremente sammeln Männer das Guano, von dem es zwei Sorten gibt: trockenes Guano wird auf der Bodenfläche zusammengekehrt, während nasses Guano ausgegraben wird. Das Interesse für Guano ist hier relativ jungen Datums und hat keine Tradition. In der Kleingärtnerei und der Pfefferkultur sehr geschätzt, leidet es keineswegs unter der Konkurrenz von Kunstdünger. Für die Menschen, die hier in diesem stinkenden und glitschigen Vorzimmer der Hölle Färbung und Geruch ihrer Umgebung angenommen haben, gibt es immer Arbeit. Viele von ihnen sind Bumiputra, Angehörige von in Niah ansässigen Familien. Andere kommen von weither und haben ihr Quartier in einer Art Scheune aufgeschlagen, unserem Lager gerade gegenüber, am anderen Ufer des Flusses. Die Zigaretten- und Limonaden-Verkäuferin, der die Wohnscheune gehört und in deren Schuld sie immer sind, kocht für sie, kocht nach Bedarf auch für uns.

Am Eingang der Großen Höhle steht ein kleiner Holzaltar, wo in langen Locken Späne hängen; auf ihm einige Münzen, verschimmelte Zigaretten, Bier, manchmal Blumen, Opfergaben für die Höhlengeister, die mächtigen, uralten, die schon über die Geschicke des paläolithischen Menschen vor 40 000 Jahren walteten. Trotz flacher Schädelwölbung war er intelligent und erfinderisch, machte Steinäxte, machte große Rattanfächer, um die Schwalben, die seine Nahrung bildeten, zu fangen. Bloß und bedroht wie ein wildes Tier, hat er dennoch alles vorbereitet für die, die nach ihm kamen und die ihrerseits Spuren in der Niah-Höhle hinterließen, Töpfe und Wandmalereien, Schmuck, Bronzespiegel, schiffsförmige Särge. Denn hier sind jahrtausendelang prähistorische Siedlungen aufeinandergefolgt.

Suali spült seinen keris im Bach und schneidet Gurken für unseren tiffin. Wir lassen uns auf einer nicht gerade vertrauenerweckenden, aber vielleicht sicheren Stelle nieder, an der man halbwegs den Boden sieht; Blutegel sind uns sowieso schon bekannt. Tee, Reis, Bohnen und Gurken. Eine Ananas wird zerteilt. Die Riesenzikaden machen einen tollen Krach. Papageien kreischen. Und um uns solch eine Schönheit, solch eine Schönheit. Wir sprechen von Kenyalang, dem Nashornvogel, dem heiligen Tier der Ibans und Wappentier des Sarawak. Zwar hört man manchmal seinen Trompetenstoß und seinen schweren, lauten Flug, doch gesehen wird er selten. Die Chinesen schätzten dazumal seinen bizarren Schnabel, um Ornamente daraus zu schnitzen. Noch heute spielen seine schwarzweißen Schwanzfedern eine wichtige Rolle im Festschmuck der Ibans. Der lebhaft bemalte chandi oder Zeremonienmast hat die Form eines Kenyalang, und es gibt ein Fest des Nashornvogels, Gawai Kenyalang, an dem das heilige Tier den Vogelgott Sengalang Burong, Allschöpfer und auch Kriegsgott, symbolisiert.

Abends auf der Veranda in Pangkalan Lobang. Die Bäume fangen die letzten goldenen Strahlen auf. Es ist die sehr kurze Zeit, in der die Tiere des Tages sich schon zurückgezogen haben und die Nachttiere noch nicht erwacht sind. Eine plötzliche Stille, ein paradiesischer Hauch. Schon vorbei. In Pangkalan Lobang hat man Muße nachzudenken, Bilanz zu ziehen. Bilder tauchen auf, Gesichter. Ein bewundernswertes Land, das nicht nach Bewunderung hascht.

Gabrielle Wittkop-Ménardeau

Allahs kleiner Ölgarten

Brunei

Dies ist Brunei. Ein freundlicher Ministaat in Nordborneo mit autonomer Regierung unter britischem Protektorat. Ein wenig Landwirtschaft, die wohlgehüteten Ölraffinerien von Seria, drei, vier kleine Städte und eine ebenso kleine Hauptstadt, dazu hundert Meilen weiße Sandstrände entlang dem Südchinesischen Meer. Alles wohl auf knapp 2,225 Quadratmeilen verteilt. Lieber klein und reich als groß und elend, könnte das Motto lauten; doch auf dem Nationalwappen stellt es sich nobler dar: zwei betende Hände und ein Halbmond, eine Sprache, ein Gott, eine Nation. Oft liest man auch »Friede und Wohlstand«, ein gutes Programm, für dessen Erfüllung hier niemand irgendwelche Steuern zahlen muß. Man ist wohlhabend, fromm, friedfertig, weise zwischen islamischer Tradition und fortschrittlichen Zielen pendelnd. Man ist gemäßigt.

In seiner jetzigen Form ist der Staat sehr jung. Doch Brunei ist sehr alt und hat seinen Namen in spanischer Aussprache der ganzen Insel Borneo gegeben. In Sanskrit bedeutet Brunei »von der See geformt«. Schon im Jahre 600 vor unserer Zeitrechnung berichteten chinesische Seeleute von einem malaiischen Reich zwischen Java und China, Puni oder Poli genannt. Ein Piratennest, sagten sie, und da sie in der Piraterie selbst nicht gerade unerfahren waren, muß man ihrem Urteil wohl vertrauen. Berüchtigt wurde Brunei durch seine Seeräuber im 16. Jahrhundert, und berühmt wurde es durch die Qualität seiner Messingkanonen. Es hatte sie nötig, denn durch die Rolle

Bruneis bei der Propagierung des Islam beunruhigt, haben die auf den Philippinen ansässigen Spanier das Sultanat angegriffen, ohne Erfolg allerdings. Seinerseits hatte Brunei den Jugendsünden noch nicht abgeschworen, seine Schiffe machten die ganze Sulu-See und ein gut Teil des Südchinesischen Meeres unsicher, in Konkurrenz mit den Dayak-Piraten vom Sarawak, der damals übrigens zu Brunei gehörte.

Als 1839 der britische Abenteurer James Brooke, zukünftiger Rajah vom Sarawak, in Brunei ankam, lag es mit dem dortigen Hof ziemlich im argen. Der kulturelle und moralische Impuls, den im 15. Jahrhundert der große Sultan Bolkiah gegeben hatte, war längst vergessen. Auf dem Thron saß ein geistesschwacher Mann, dessen verkrüppelte Hand – ein zusätzlicher Daumen – und sein Quasischwachsinn ihn daran hinderten, den offiziellen Titel Yang Di Pertuan – der herrschende Herr – zu tragen. In seiner Familie ging es natürlich so turbulent zu, wie es in allen asiatischen Fürstenhäusern üblich war, was sich in heimtückischen Tassen Kaffee, unbekömmlichen Süppchen, suspekten Süßigkeiten und dergleichen äußerte. Ab und zu verlor man auch die Geduld. Fand man die Wirkung solcher Speisen und Tränkchen allzu langsam, massakrierte man sich mit Passion.

James Brooke insbesondere und Großbritannien im allgemeinen schafften da eine gewisse Ordnung. Dazu kamen als maßgebendes Stabilisierungselement wirtschaftliche Faktoren. Mit Öl und Erdgas, die etwa 95 Prozent des Exportes ausmachen, wurde Brunei plötzlich superreich, und einmal reich geworden, wurde das Land auch tugendhaft. Heute ist Brunei zivilisiert und ehrlich. Mit seinen Hochhäusern und Verkehrsproblemen ist Bandar Seri Begawan eine moderne Stadt. Es wird viel gebaut – immer teuer und gut, manchmal sogar schön. Überall Gerüste, das Donnern der Preßlufthämmer, Zementtonnen – und dazwischen flache Wiesen mit Bougainvillea-Sträuchern und Spielplätze, die auf der Stadtkarte als Recreation Ground angegeben sind. In Bandar Seri Begawan fehlt es leider ein wenig an Bäumen – heute wenigstens noch. Allein die Arkaden der Basarstraßen geben Schatten.

Wie überall in Südostasien riecht es nach Durian – und Durian selbst riecht nach Knoblauch –, nach überreifen Mangofrüchten, nach getrocknetem Fisch. Der Spirituosenhändler fächelt sich Luft zu unter den Flaschenreihen, die im Halbdunkel das Licht der Straße auffangen. Man ist zwar religiös, aber nicht bigott, und über Alkoholkonsum kann jeder nach eigenem Gewissen entscheiden: Mögen Christen und Taoisten trinken, was ihnen zusagt; mögen manche Eltern westliche Kleidung für ihre Kinder wählen, andere kleiden sie lieber auf traditionelle Weise als kleine Moslems, aber Buben und Mädchen spielen zusammen, und alle Welt ist fröhlich. Bandar Seri Begawan will jedoch nicht alles dem Modernismus opfern und strebt wohlweislich danach, sein eigenes Gesicht zu bewahren. Ein ganzes Viertel, das Kampong Ayer, gilt als das größte Pfahldorf der Welt, in dem mehr als 25 000 Menschen leben. Wo sich zwei Flüsse treffen, Sungai Brunei und Sungai Kedayan, liegt dieses Stück Alt-Brunei. Ein unentwirrbares Netz von leichten Holzstegen verbindet alle Teile eines Riesenkonglomerats von Holzhäuschen, typisch für die malaysische Bauweise und oft in lustigen Zahnpastafarben gestrichen. Alle sind elektrifiziert und haben fließendes Wasser. Überall trocknet saubere Wäsche; hie und da blühen Pflanzen in alten Kanistern. Man darf allerdings nicht nach unten schauen, wo Abwässer in den Fluß plätschern, wo der Unrat zuweilen im Schlamm steckenbleibt.

Für eine River-Tour macht man den Preis mit dem Patron einer der zahlreichen Motorbarkassen am besten vorher aus; sie warten am Ende des Sungai Kianggeh, eines weiteren Flüßchens, auf Kundschaft. Man darf dabei nicht vergessen, die Dauer der Exkursion auszumachen, sonst kann es eine Enttäuschung geben. Und wo soll man sich dann beschweren? Ebendas ist schwierig, denn alles ist hier im Werden. Und natürlich vergeht einem jede süß-saure Beschwerdelust, wenn man erfährt, daß Klagen beim Economic Development Board vorzubringen sind, nicht mehr und nicht weniger als bei einem Ministerium. Es bleibt zu hoffen, daß es recht bald ein richtiges, zentral gelegenes Tourist Board geben wird, mit bunten Prospekten, hübschen Auskunftsdamen und einer Theke, wo man die Ellbogen aufstützen kann, während man die Beschwerde vorträgt. Freilich gibt es in Bandar Seri Begawan mehr Anlaß zur Zufriedenheit als zur Beschwerde. Die Leute dort geben sich viel Mühe, und man trifft überall auf Freundlichkeit, die ihrerseits gar nicht bemüht wirkt. Es ist die – trotz der erwähnten Jugendsünden – uralte Freundlichkeit des malaiischen Menschenschlages.

Brunei kann sich übrigens auf Öl allein nicht verlassen. Die jetzigen Vorkommen reichen noch für etwa zwanzig Jahre bei der derzeitigen Fördermenge. Vielleicht werden neue Öllager entdeckt, vielleicht auch nicht. Und dann? Dann wird man nicht unvorbereitet sein. Man war klug genug, Prosperität auch auf anderen Gebieten zu entwickeln. Die Chance der Ölkonjunktur wird ausgenützt, die Gelder werden nicht nur für Prachtbauten ausgegeben. Man will vor allem eine tüchtige Landwirtschaft entwickeln mit modernen Anbaumethoden, denn heute ist Brunei noch gezwungen, 80 Prozent seiner Lebensmittel zu importieren. Das Fisheries Department plant außer dem normalen Fischfang Fischfarmen. Das jahrelange, an Raubbau grenzende Abholzen der Wälder ist neuerdings unter Regierungskontrolle und der Holzexport so weit eingeschränkt, daß es zu einem gesunden Forstwesen kommen kann. Und vor allem denkt man auch an eine Touristen-Industrie. Die ausgedehnten Sandstrände von Brunei sind leer. Manchmal rollt zur Verblüffung des Besuchers ein Lokalbus auf nassem Sand entlang dem Meer, rollt zwischen den dürren, verblichenen, von der Flut angespülten Ästen, zwischen großen Muscheln, alten Planken, rollt mit seiner Passagierfracht von Arbeitern, Hausfrauen, Kindern, mit Hühnern, Obstkörben und Gemüsesäcken zwischen Meer und Waldessaum, der am fernen Horizont das weiße Band des Strandes berührt. Wie wird es in zehn Jahren sein? Man hofft vor allem auf Touristen aus Neuseeland. Man ist dabei, das Projekt eines Hotels mit internationalem Standard zu verwirklichen. Das bedeutet, daß die lokale Hotelindustrie sich sputen muß, Schritt zu halten. Schlimme Mängel werden sicherlich als Vorteil empfunden werden, etwa der ewige Musical-Background im Restaurant, gegen den man nichts tun kann, solange die Gäste nicht einstimmig protestieren, was sie bestimmt nicht tun.

Es gibt merkwürdige Geräusche. Der Generator vibriert und schnurrt die ganze Nacht, und die Air-condition macht beim Einschalten jedesmal einen bizarren Klatschton wie beim Fallen eines nassen Lappens. Die englischen Technologen-Familien, die das Hotel jetzt bewohnen, nehmen es mit Gleichmut auf. Es ist nicht mehr die von Somerset Maugham geschilderte Gesellschaft, doch nicht weniger kurios. Übrigens tragen hier viele Briten die Uniform der Armee des Sultans. Alljährlich wird der Geburtstag der Queen gefeiert, und die Churchill Memorial Gallery illustriert eine große Seite britischer Geschichte. Es ist nicht nur ein modernes Diorama, sondern auch eine außergewöhnliche Sammlung von Dokumenten, Photographien und historischen Gegenständen: nichts von Naivität, vielmehr zielbewußte, gut geschulte Ausstellungstechnik nach den Regeln der zeitgenössischen Museumspraxis. Dennoch wirkt die Gallery gespenstisch, wenn vor dem Betrachter beim Durchschreiten der Säle in einer knappen Stunde Entwicklung, Werdegang und Tod einer Persönlichkeit wie der Churchills abrollen. Die Academy of Sandhurst scheint aus einem Bild von Magritte zu stammen, und das Militärlager in Nordindien könnte ebensogut in einer Mondlandschaft liegen. Auch an Jules Verne würde man denken, wären nicht die Kriegsphotographien. Ein Gesicht schält sich von der Kindheit bis zur letzten Maske heraus. Geschichte ist niemals fröhlich!

Unter dem Säulengang aber flirtet und lacht die jetzige, die ewige Jugend, und im Wasser des Bassins gleiten die Goldfische. Irgendwo flötet ein Mainabird, der schwarze, wie eine Elster diebische Vogel. Der prächtige Bau des Memorial beherbergt auch das Sultan Hassan al Bolkiah Aquarium und die Bibliothek. Sie ist gut besucht, und wenn die Stadt auch noch keine Universität besitzt, so sind doch die Colleges zahlreich. Der Schulbesuch ist gratis mit Ausnahme der privat geleiteten chinesischen Institute. Zahlreich sind auch die Stipendien für Studienaufenthalte im Ausland. Die Chinesen fühlen sich dabei zurückgesetzt; doch da sie das Geld dafür haben, schicken sie ihre Kinder, genau wie die Chinesen von Indonesien und von Malaysia, zum Studieren auf auswärtige Universitäten.

Obwohl nicht sehr ausgedehnt, ist Bandar Seri Begawan doch ziemlich weitläufig, und selbst der passionierte Fußgänger mag das manchmal als ein wenig langweilig empfinden. Man hat auch kaum an Sitzplätze im Freien gedacht – mit einigen Ausnahmen. Schattig und bunt ist der Markt mit seiner Fülle von Gemüsen, Obst, Gewürzen, Wurzeln und sogar Blumen. Da sieht man Gurken, die wie Schlangen gewunden sind, in Europa unbekannte Kohlarten und Salate, Yam und Ingwer, Ladyfingers, weiße Auberginen, Kürbisse aller Arten und Formen, Papayas, Ananas in achtlosem Haufen auf dem Boden, Pisang, kleine, süße Bananen, rote Bananen. Heute sind die Mangofrüchte teuer: ein Ringgit pro Stück, und trotz Ölreichtums zögern viele Leute, sie zu kaufen. Die Hökerinnen nehmen es nicht tragisch. Sie rauchen ganz gelassen mit in die Ferne gerichteten Blicken oder schwatzen miteinander, dürre Weibchen oder üppige Matronen, sogar eine Zwergin unter einem Schirm aus Ölpapier – Goya a l'asiatique. Fast alle haben schadhafte Zähne. Manche tragen Schleier, andere sind barhäuptig oder haben eine Art Turban um die Haare geschlagen. Eine alte Chinesin trägt noch das traditionelle gedruckte Mundtuch, um die Spuren des Betels wegzuwischen. Außer ein paar Süßigkeitsverkäufern gibt es fast keinen Mann auf dem Markt: Die Nahrungsgottheiten, die großen Mütter, bleiben unter sich, walten über die Früchte der Erde, besprengen sie ab und zu mit frischem Wasser gegen die Hitze – kein Wind bewegt die Leinendächer, eine unbarmherzige Sonne entflammt die goldene Kuppel der Moschee.

Die Sultan-Omar-Ali-Saifuddin-Moschee – nach dem 28. Sultan von Brunei benannt – hat fünf Millionen amerikanische Dollar gekostet, mit ihrem 44 Meter hohen Minarett, ihrer blauen Halle für die Waschungen, ihrem zu zwei Dritteln von einer künstlichen Lagune eingeschlossenen kleinen Garten. Ist sie schön? Sicher ist sie es für die Menschen, die sie lieben, die auf sie so stolz sind und sie zum Kennzeichen von Brunei erwählt haben. Sie zu errichten war nicht leicht; der Boden mußte erst befestigt werden. Aus Hongkong ließ man Granit kommen und Marmor aus Italien, während die Bronzen in England gegossen wurden. Da offiziell, kann die Moschee nicht intim sein, sie kann nicht die rührende Innerlichkeit der kleinen ländlichen Gotteshäuser haben. Darf man sie besuchen? Aber sicher! Treten Sie nur ein. Man ist gerade dabei, das Innere der Kuppel zu streichen, und die Teppiche sind zusammengerollt. Hinter der Kanzel öffnet sich die Loge des Sultans; sie wirkt niedrig und sehr hell, wie eine Schiffskabine.

Draußen vor der Moschee schläft hockend unter einem Schirm eines der zahlreichen, grün gekleideten jungen Mädchen, die in der Stadt als Parking attendant fungieren: grün, still, zusammengefaltet ist sie wie ein großes Blatt. Es gibt in Brunei sehr viele Autos, und bei dem minimalen Benzinpreis braucht man sich auch keinen Zwang aufzuerlegen. Trotz regen Verkehrs fühlt sich der Fußgänger nicht als Freiwild, denn die Leute in Brunei fahren wie Gentlemen. Doch eine Frage läßt den Besucher nicht los: Warum sieht man – bei solcher Temperatur – soviel Plüsch oder sogar Pelz-Garnituren in den Wagen? Hammelfelle, zotteliges Nylon, Lamahaarkissen, wärmespendende Requisiten?

Drückt die Hitze allzu schwer, sollte man das Brunei-Museum außerhalb der Stadt aufsuchen oder besser noch das Grab des Sultans Bolkiah, dieses legendären, doch authentischen Herrschers, der im 15. Jahrhundert die Macht Bruneis festigte. Der »singende Admiral«, wie das Volk ihn nennt, ruht im idyllischen Friedhof von Kota Batu nahe dem Fluß in einem hügeligen Park voll Frangipanbäumen und blühenden Sträuchern. Der Friedhof liegt unterhalb der Landstraße; man erreicht ihn über einen abschüssigen, kleinen Pfad. Zuerst ein Kiosk, wo ein Wärter schläft oder Suren des Korans rezitiert, freundlicher Hüter der Marmortafel, auf der in goldener Schrift Erklärungen und Daten vermerkt sind. Ein Gärtner mäht den Rasen. Außer dem Summen seiner Maschine und dem Gesang der Vögel herrscht Stille. Das Grab ist im Morgenlicht rosenfarben, schön und kaum verwittert. Der Vater des jetzigen Sultans hat einen Pavillon darüber errichten lassen, um es besser gegen die Witterungseinflüsse zu schützen. Rundum stehen die Steine der anderen königlichen Gräber, ein wenig windschief, gebeugt wie alte Menschen.

Wenn es auch nicht leicht ist, in Bandar Seri Begawan eine gute Buchhandlung zu finden, so trifft man doch überall auf die Macht der Massenmedien. Man kann kaum zehn Schritte gehen, ohne auf ein Radio- und Fernsehgeschäft zu stoßen. Seit dem Besuch der englischen Königin Elizabeth im Jahre 1972, der vom Fernsehen übertragen wurde, dauert der große Boom an, und dank eines ausgeklügelten Systems von Generatoren bleibt auch nicht die kleinste Holzhütte auf dem Land ohne einen Farbfernsehapparat. Die Fassade von Radio Talivishen Brunei an der Ecke der Jalan Stoney ist mit einem riesigen Mosaikbild geschmückt: Menschen bei den verschiedensten Arbeiten, triumphale Darstellung des Homo faber, direkte, sogar sehr direkte Anregung für diejenigen, denen es an Tätigkeitsdrang mangelt. Bis jetzt sendete Radio TV Brunei hauptsächlich Dramen und Unterhaltung. Das soll sich im Rahmen des Erziehungsprogramms ändern; die Produktion von Dokumentarfilmen wird angekurbelt. Schon nehmen Assistant producers an Seminaren des Asia-Pacific Institute for Broadcasting Development in Kuala Lumpur teil.

Ansonsten ist die Stadt schnell besichtigt: »Brunei is very small«, Brunei ist sehr klein, sagen die Leute, wie um sich zu entschuldigen, doch es klingt auch viel Stolz in dem Satz mit. Man muß nur zu hören verstehen. Vor dem Mahaligai Boat, der großen Steinbaracke auf der Lagune, bei festlichen Anlässen als Kanzel benützt, haben sich junge Mädchen auf einer Grasnarbe niedergelassen und schwatzen. Der Himmel ist grau und rosa wie ein Mäusebauch; über den Dächern des Kampong Ayer werden die Papierdrachen schnell eingeholt, denn fern hört man Donnergrollen. Es hat lange nicht geregnet. Wird es endlich ein Gewitter geben? Zeit, zum Hotel zurückzukehren. Plötzlich wird der Himmel dunkelgelb, und die Palmen fangen an, wild zu wedeln. Der Kontrollturm jenseits des Hotelgartens verschwindet im Dunkel. Den Tag über gleicht er einem großen Wasserinsekt. Jetzt flammt seine Lampe auf – ein einsamer Purpurstern in der Nacht.

Gabrielle Wittkop-Ménardeau

Häuser wie Segelschiffe

Im Süden von Sulawesi

Im Insulinde-Archipel, wo Inseln sich wie Tierfiguren abzeichnen, windet Sulawesi seine Polypen-Fangarme über das Meer. Ein solcher Umriß schließt jegliche historische Harmlosigkeit aus, fordert das Schicksal geradezu heraus.

Kalkweiß, allzu neu, aber sehr schön, reitet Sultan Allaudin, vierzehnter König von Gowa, vor der Festung, die die Vereenigde Oostindische Compagnie 1667 auf den Ruinen seiner Residenz von Somba Opu errichtet hat. Heute besteht Fort Rotterdam aus mürrischen Lagerhäusern, in denen das Stadtmuseum untergebracht ist, aus verfallenen Bastionen voller Feuchtigkeitsflecken und wilden Blumen. Unter dem Glacis haben Limonaden- und Marquishasaft-Verkäufer ihre Buden aufgeschlagen. Das Meer öffnet sich wie eine Muschel.

Makassar sagte man einst. Zweideutig erweckt der Name Reminiszenzen an Gewürzhandel, Portugiesenschlachten, Abenteuer, aber auch an das Bild von Fin-de-siecle-Schwerenötern, deren Haaröl sich auf Sessellehnen verewigte. Heute heißt Makassar Ujung Pandang, ist Hauptstadt von Süd-Celebes und, wechselnder Schicksale ungeachtet, immer noch eine der wichtigsten Handelspforten von Ost-Insulinde. Schon im 15. Jahrhundert waren die Bugis und die Makassar, die übrigens dieselbe Sprache und die dieselbe Kultur teilen, wegen ihrer Schiffsbaukunst berühmt. Der Portugiese Tome Pires widmet ein ganzes Kapitel der Suna Oriental, einer Form des Seeverkehrs, die sich seitdem kaum geändert hat. Im Paotare-Hafen sieht man noch dieselben Schiffstypen vor Anker liegen: pinisi, jaranka, dewakang, lambo, prahu und andere dunkle, elegante Seevögel, die mit unfaßbarer Geschwindigkeit ihren Kurs ändern können. Auf solchen Schiffen haben Makassar und Bugis die Gewässer des ganzen Archipels als Piraten, Sklavenhändler, Abenteurer unsicher gemacht. Sie waren die ersten Seeleute, die bis Australien fuhren. Es ist niemals ein nutzloses Bemühen, dem Wind zu folgen, der von rückwärts bläst; er ist ein guter Wind. Ich möchte lieber kentern und ertrinken, als zurückzufahren, singen noch heute die Seeleute. Manche von ihnen können die nebligen, untiefen Gewässer befahren, indem sie den Wind riechen, sagt man.

Am Pasar ikan, dem obligaten Fischmarkt, verenden Haie, Mondfische, Brassen und Seeteufel auf nassem Zement. Es gibt viele Arten – manche kaum größer als Streichhölzer –, deren Namen ich nicht kenne. Alles hier ist glatt, silbrig und rosa, mit dem jähen Scharlach von Blutlachen.

Die schönste Muschel darf man nicht auf dem Fischmarkt suchen, sondern im Seashell-Museum von Herrn Bundt, einem alten Ostpreußen, dessen Tochter mehr als 250 Muschelsorten gesammelt hat, während er selbst einen bemerkenswerten Orchideengarten anlegte. Seine Nichte, Miss Dolly, führte mich durch die Sammlungen. Im Seashell-Museum pfeift dünn das Neon, die Wasserfarbe der Wände wirft Blasen, aber die Zoologie ist reich, sie gefällt sich darin, üppigen Gleichnissen und vehementen Sinnbildern zu huldigen. Ein garstiger Name für eine schöne Muschel, sagt Miss Dolly, indem sie mir ein Exemplar Distortio anus zeigt. Aber, fügt sie hinzu, es sieht wirklich genauso aus. Worauf ich nicht weiß, was ich antworten kann.

Die Orchideen sind in großen, offenen Schuppen auf Tischen aufgereiht. Sie blühen hauptsächlich im März und September; sonst ist außer einer Blumen-Nursery und Einzelexemplaren nicht viel zu sehen. Nur den vegetalen Odem, den Geruch des sickernden Wassers, vergißt man nicht so schnell.

In Ujung Pandang hat Prinz Diponegoro, eine Hauptfigur des Widerstandes gegen die Kolonialherrschaft im 19. Jahrhundert, 27 Jahre im Kerker des Wehrturms verbracht, hier ist er gestorben, hier ruht er im Familiengrab inmitten der Stadt. Der Stammbaum auf der Mauer zeigt, daß keiner seiner Nachfahren nach Java zurückgekehrt ist; sie sind alle auf Sulawesi geblieben. Die Insel hat hart für ihre Freiheit gekämpft und die berüchtigten Westerling-Repressalien, die anfangs unseres Jahrhunderts 30 000 Leben gekostet haben, sind nicht vergessen. Man traut dem Fremden nicht, fühlt aber sehr wohl, welche wirtschaftlichen Vorteile ein Aufbau des Tourismus mit sich bringen könnte.

Trotz schlechter Straßen ist Rantepao, im Herzen der Torajalandes und 350 Kilometer von Unung Padang entfernt, per Jeep nicht schwer zu erreichen. Man fährt zuerst durch immense Wasserlandschaften, durch von runden, bizarren Gebirgen abgegrenzte Reisfelder, wo sich Bananenstauden widerspiegeln, durch kleine, um ihre Wellblechmoschee gruppierte Dörfer. Die ausgeklügelten Bambus-Fischreusen und die in Holzschuppen zum Dörren aufgehängten Karpfen, die in polychrom verzierten Scheunen gestapelte Reisgarben und die Herden fuchsfarbener Kühe dokumentieren, daß die Bevölkerung Süd-Sulawesis aus Fischern und Bauern besteht. Oft sogar richtet der Bauer sich einen kleinen Fischteich inmitten des Reisfeldes ein. Hinter Pare-Pare erklimmen die Serpentinen eine schwindelerregende Landschaft, winden sich entlang brauner Flüsse, die tief unten in Schluchten schäumen, an Bergkämmen hin, den in rollenden Dampfbänken blauenden, und zwischen hängenden, von Palmhainen gesäumten Weiden. Ein vollkommen komponiertes Bild, ein chromatisches Spiel zwischen den grünen Schattierungen der üppigen Vegetation, dem Rotviolett der Erde, den weißen Reihern, die in den Fluten des Sa'dan fischen. Den Sa'dan bis in die Hochebene hinauffahrend, kamen auch die Vorfahren der Toraja um 1500 v. Chr. Wie die Batak, die Nias oder die Dayak gehörten sie zum Stamm der Proto-Malayen, und waren von Indochina übers Meer gesegelt. Sie verstanden, Häuser zu bauen, die wie Schiffe aussehen, sie beherrschten auch Künste, die den Bugis und Makassar unbekannt sind. Heute zählen sie eine halbe Million Köpfe und bewohnen Kapubaten Tana Toraja, einen der 23 Distrikte Süd-Sulawesis.

In Pastellfarben gestrichen, klammern sich die Dörfer an den Felsen zwischen Pinien-, Bambus- und Kasarinen-Wäldern. Blumen quellen aus den Holzbalkonen; Ziegen, Hühner und das obligate Motorrad finden unter dem Pfahlbau Platz. Oft sieht man Kinder sich gegenseitig lausen, sonst machen die Menschen einen sauberen Eindruck; überall trifft man sie an Gebirgsbächen Wäsche oder sich selber waschen.

Plötzlich ändert sich das Licht, wenn man den formidablen Zuckerhut des Bambapuang überholt hat. Tumultuös und bleifarben läßt der Himmel an Bilder von Goya denken. Unter bleichem Zwielicht ist Tana Toraja wirklich wie ein Land der Toten, und Myriaden von Glühwürmchen erinnern etwa an irrende Seelen.

Rückhaltlos hat sich ein ganzes Volk einem Totenkultus verschrieben, der wie im alten Ägypten alle Lebensformen bestimmt. Selbst wenn offiziell nur 50 Prozent der Bevölkerung dem animistischen Glauben des Aluk To Dolo angehören, halten auch Christen und Moslems noch an dem alten Totenzeremoniell fest, einem äußerst umständlichen Zeremoniell, denn für die Toraja ist das irdische Dasein ein bloßer Übergang und das Jenseits allein von Bedeutung. So halten sie ihre manchmal über mehrere Wochen andauernden Totenfeste ab, bei denen zahlreiche Büffel geopfert werden. Die Anzahl der Büffelopfer richtet sich nach Vermögen und sozialem Stand des Verstorbenen und ist genau vorgeschrieben. Die am höchsten geschätzten Opfertiere sind die schwarz-weiß gefleckten Tedong bong, Büffel, die nur in dieser Gegend vorkommen. Die Bestattungsriten umfassen zwei verschiedene Zeremonien; die erste findet statt, wenn sich die ganze Verwandtschaft versammelt hat. Bis dahin wird der Leichnam in Tüchern aufbewahrt, doch neuerdings ist man dazu übergegangen, Formalin zu benützen. Die zweite Zeremonie – genauso blutig mit Hahnenkämpfen und Büffelgemetzel wie die erste – wird manchmal erst Jahre nach dem Todesfall abgehalten.

Die Angehörigen sitzen dabei in einem zweigeschossigen Bau, wo sich ebenfalls der rote oder schwarze, prahuförmige Sarg und eine den Toten darstellende Holzfigur befinden. Der Sarg wird zusammen mit Grabbeigaben in der Felsennische einer hohen Klippe beigesetzt; daneben wird auf einer Art Galerie die lebensgroße Holzeffigie – der Tau Tau – ausgestellt, deren Textilkleidung regelmäßig erneuert wird. Die Toraja leben so nur für den Tod und in einem immerwährenden

»Schlachtfest« – übrigens einer der widerwärtigsten Termini der deutschen Sprache. Als ich in Tondong ankam, waren zum Glück die Tiere schon getötet und zerlegt, aber der Boden des Dorfplatzes war blutgetränkt; Fliegen schwirrten, der Geruch war entsetzlich; Männer trugen triefende Gedärme vorbei, und aus Bambusröhren gossen Frauen Wasser für die Suppe in ein längliches Metallfaß – etwas wie einen Zementcontainer, der quer über dem Feuer hing.

In Lemo blicken die Tau Tau mit weißen Metallaugen geradeaus, 100 Meter hoch über den Reisfeldern. Das Grab, »das Haus ohne Rauch«, gilt als heilig. Da jede Familie ihre Grabstatt besitzt, können Eheleute nicht zusammen beigesetzt werden, es sei denn, daß sie schon zu Lebzeiten für ein neues Grab gesorgt haben. Eine Zeitlang gewöhnten sich christianisierte Toraja daran, ihre Toten in der Erde beizusetzen, aber inzwischen ist man wieder zu den alten Felsengräbern übergegangen, da sie Schutz gegen wilde Tiere und Diebe bieten. Totenkult hin und Pietät her, niemand kann auch übersehen, daß Kalkstein weniger einträglich als bebaubare Erde ist. Man muß halt leben und wäre es nur in Erwartung eines üppigen Jenseits.

Wie viele andere asiatische Völker kennen die Toraja ein Kastensystem. Nur Mitglieder der ersten Kaste, die Tokapua oder Grundbesitzer, die kaum acht Prozent der Bevölkerung ausmachen, haben Anrecht auf einen Tau-Tau. Die Figur entspricht dem Geschlecht des oder der Toten, braucht aber sonst keine Ähnlichkeit mit ihm oder ihr aufzuweisen. Jedenfalls verfehlt sie nicht die Wirkung: sie ist der Verstorbene, und zwar ein trotz Opfergaben unbefriedigter, listiger Toter, der von seiner Holzgalerie aus voller Neid die Lebenden beobachtet, ein grimmiger Grundbesitzer, der sich vom Revolutionsschock des Todes nicht erholt hat. Man möchte kein Tau Tau als exotisches Mitbringsel in einer Ecke des Wohnzimmers haben.

Die Nekropole von Londa steht unter Denkmalschutz und umfaßt eigentümliche Bestattungsgrotten. Am Eingang warten junge Burschen auf den Ankömmling, tragen hohe Petroleumlampen, um seinen Weg ins Reich der Finsternis zu beleuchten. Hermes Psychopompos in zehnfacher Verkörperung. Der Boden ist schlammig zwischen den Steinen; Wasser sickert vom Fels, tropft schwer und beharrlich. Überall Schädel. Überall

Särge, manche sehr schön mit großen Rosettenmotiven. Zwei von ihnen – eines Vaters und seines Sohnes – sind neuen Datums; die Mutter lebt noch im Nachbardarf, sagt man mir. Draußen schauen die Tau Tau auf die Welt der Lebenden, und die Nachmittagssonne glüht in ihren Metallaugen.

Ein Weißkopfmilan kreist über den Reisfeldern. Kinder reiten auf Büffeln. Eine Frau stampft Getreide. Am Eingang von Marante wird die bukolische Stimmung jäh von einer Gruppe des freiwilligen Frauendienstes gestört. Eins, zwei – eins, zwei ... Eine Ausbilderin gibt den Takt mit der Trillerpfeife. Die Frauen sind zwischen 15 und 30 Jahren, tragen billige europäische Kleidung, haben nichts von der Grazie, die man sonst oft in Indonesien sieht. Es sind breithüftige, plumpe Bauersfrauen, eine von ihnen hinkt sogar, und zwar im Takt, eins, zwei ... eins, zwei ... All das ist absurd, bar jeden Sinns.

Das traditionelle Dorf besteht aus zwei sich gegenüberliegenden Häuserreihen, deren Nord-Süd-Orientierung den ursprünglichen Migrationsweg symbolisiert. Die Wohnhäuser nach dem Süden, die Reisspeicher nach dem Norden bilden eine Einheit. Alle sind nach uraltem Muster aus Holz, Bambus und Rotang gebaut, ohne Nägel – wie Schiffe auch ohne Nägel sind. Jedoch so fest gefügt, daß ein Bau von einem Platz zu einem anderen getragen werden könnte, ohne auseinanderzufallen. Die Pfähle der Häuser sind viereckig, die der Reisscheunen rund; alle Dächer jedoch schwingen sich gleich Schiffsdecks und werfen ihren Bug fast senkrecht gen Himmel. Eine ganze Flotte, mit geometrischen, polychromen Zeichnungen verziert, ist zwischen Feldern und Nutzgärten verankert, bizarre, mit Büffelhörnern geschmückte Pontons, die selbst an Hörner erinnern. Eines oder auch mehrere Häuser des Dorfes, die sogenannten Tongkonan, sind größer und reicher als die anderen. Sie gehören wohlhabenden Bauern und bilden, seit Generationen von derselben Familie bewohnt, den Brennpunkt der sozialen und religiösen Aktivitäten. Der untere Teil der Reisscheune wird manchmal auch als zeremonieller Sitzplatz verwendet; der obere Teil jedoch bleibt immer dem Getreide vorbehalten. Jene Scheune kann bis zu 20 000 Kilo Reis aufnehmen, Sulawesi, wo die Reisernte zwischen Mai und August stattfindet und das ebenso die Trockenkultur – ladang – wie die Wasserkultur – sawah – kennt, gilt als die Reiskammer Indonesiens.

Vormittags sind fast alle Leute von Kete Kesu auf den Feldern oder auf dem Markt. Nur Alte, Kranke und Kinder hokken im Zwielicht der Häuser; die eckigen Schattenflecken der Dorfstraße sind nur von Hunden und langbeinigen Hühnern bevölkert. Die späten Nachmittagsstunden ändern alles. Man kommt, man geht, man redet, ja, man redet sogar viel. Ich lasse mich neben Frauen nieder, die Matten und Körbe flechten. Einige haben sich eine Mischung aus Reismehl, Wasser und Aromata auf das Gesicht aufgetragen, gegen Sonnenstich, Schönheitsmaske à la Toraja. – Ob man in Europa auch solche jamu kenne? Gegen Falten? Gegen Müdigkeit? Gegen Würmer?

Obwohl kaum fünf Prozent der Toraja noch in traditionellen Häusern wohnen, hat man schon Schau-Dörfer für die Touristen eingerichtet, die im Hochsommer das Land bereisen, zum Beispiel Siguntu mit seinem absurden Springbrunnen und seinen Blumenrabatten nach englischer Art. Die Landschaft aber ist unverfälscht, unverfälscht auch die Pastorale, die ein Mädchen, ganz versunken, der Bambusflöte entlockt.

Friedrich A. Wagner

Spanische Spuren

In Manila

Früh am Morgen, wenn die Millionenstadt Manila erwacht und die Kavalkaden der Autobusse die Filipinos zur Arbeit in Läden und Fabriken, Werkstätten und Büros bringen, ist die Reihe der Taxis vor dem internationalen Hotel im Makati-Viertel reichlich kurz. Genau gesagt: sie besteht nur aus zwei Wagen; es sind ziemlich altgediente Veteranen, denn die Lenker der schicken und fabrikfrischen Gefährte ziehen es vor, die Nachtschicht zu fahren, und die ist um diese frühe Zeit beendet.

Der Gast aus Europa winkt, der erste Veteran eilt herbei, gelenkt von einem Filipino mit kurzgeschnittenem Grauhaar, einem zerfurchten Faltengesicht und dem kühnen Kopf eines alten malaischen Häuptlings. Er hört sich stumm die Erklärung des ungewöhnlichen Fahrtziels an: Zu den Bauten und Erinnerungsstätten aus spanischer Zeit, bitte. Kunden mit solchem Wunsch scheint er noch nicht oft gehabt zu haben.

Behende zuckelt das klapprige Gefährt los, es ist quirlender Verkehr ringsum, der junge Tag vibriert vom erwachenden Leben der Millionenstadt. Die Luft ist lärmerfüllt und schon meerfeucht, wir fahren auf Seitenstraßen entlang der Manila-Bucht, die Sonne verhüllt sich hinter sanftem Dunst. Der alte Malaienhäuptling legt seine Stummheit ab, es zeigt sich, daß er die Stadt und die Schleichwege abseits des Morgenverkehrs kennt. Und er erklärt dem Gast aus Europa, in welcher Reihenfolge er am besten die spanischen Sehenswürdigkeiten besuchen kann.

Der Wunsch zu solcher Exkursion war gleich nach Ankunft

in Manila bei der Stadtrundfahrt aufgekommen, obwohl der erste Augenschein bereits lehrte, daß die Zeugnisse aus spanischer Epoche – freimütig sei es gesagt – nicht gerade mit denen des Mutterlandes in Toledo oder Salamanca in Wettstreit treten können. Ferne Kolonien haben andere Kräfte und Energien beansprucht als gerade künstlerische; das erweist sich auch in diesem fernöstlichen Reich der 7000 Inseln, der einzigen christlichen Republik im Fernen Osten.

Als der portugiesische Seefahrer Magellan im Jahre 1521 bei seiner Weltumseglung hier landete und damit die Inseln für den europäischen Westen entdeckte, war der Weg für die Eroberung und Christianisierung geöffnet. Madrid, der neue Mittelpunkt eines meerbeherrschenden Weltreiches, nahm die Eilande auf der anderen Seite der Weltkugel in Besitz, von denen noch heute dreitausend nicht benannt sind. Sie bekamen den Namen Philipps II., der im Escorial, diesem Klosterschloß von majestätischen Ausmaßen, residierte, ein Herrscher von imperialen Machtideen in einem siechen Körper, in dessen Reich »die Sonne nicht unterging«.

Seine Konquistadoren und Mönche, Gouverneure und Soldaten hinterließen auf den Philippinen die Spuren ihres weltlichen und geistlichen Einflusses. Sie bauten Forts und ummauerte Siedlungen, Klöster, Kirchen und Paläste für die Herrschenden, wie das Weltreiche so tun.

Nicht weit vom Pasig-Fluß, der Manila träge durchzieht, liegt in einem Parkgarten der Malacañang-Palast. Der alte Taxifahrer hatte ihn als erstes Ziel angesteuert. Früher war er Sitz spanischer Grundherren und Aristokraten, heute ist er die offizielle Residenz des Präsidenten der Republik. Das klapprige Taxi kommt nicht bis vor den Eingang, ein paar hundert Meter vorher ist die Zufahrtsstraße von einer Schranke gesperrt. Der korrekt uniformierte Wachsoldat kramt alle seine verfügbaren Brocken der fremden Sprache zusammen, um zu erklären, daß man zwar bis zum Eingang des Palastes zu Fuß gehen könne, aber den Fotoapparat nicht betätigen darf.

Der Präsident der Philippinischen Republik, die seit dem spanisch-amerikanischen Krieg von 1898/99 zu den Vereinigten Staaten gehörte und 1946 ihre Selbständigkeit erhielt, residiert also wohlbewacht, und der Tourist wird, wenn er die kaum belebte Straße an der Palastgartenmauer entlangschlendert und bis zum Eingangstor aus prächtigem Schmiedeeisen gelangt, daran erinnert, daß das Land streng regiert wird. Zu dem Regelkatalog gehören die Wörter Disziplin und Sauberkeit, neue Gesellschaft und Ordnung, Frieden und Reformen – es sind klangvolle Parolen; der Fremde macht sich seine eigenen Gedanken. Aber nirgendwo im Fernen Osten werden die Straßen so penibel saubergefegt, die Straßen der Wohlhabenden und die Straßen der Armen, wie auf den Philippinen. Die Nächte sind sicherer geworden.

Zwar steht das Tor zur Residenz an diesem Morgen in Manila offen, doch der Eingang ist verwehrt. Aber die Exkursion ist deswegen nicht beendet. Sie führt zum alten Stadtkern, der noch heute »Intramuros« heißt, in das Viertel innerhalb von Mauer und Wall aus spanischer Zeit. Auf dem Weg dorthin fährt der Malaienhäuptling mit dem Taxi zur Santo-Tomas-Universität. Sie liegt in einem parkartigen Gartengelände, und das niedrige, breitgelagerte Gebäude sieht mit seiner gegliederten Fassade aus wie ein Spätbarockbau in einer kastilischen Provinzstadt mit seinem großen Eingangsportal, mit Plastiken auf den Dachsimsen und einem Turm über der Mitte. Doch es stammt aus dem Anfang des Jahrhunderts. Die Hochschule selbst freilich geht auf das 17. Jahrhundert zurück, genau auf das Jahr 1611. So ergibt sich heute ein merkwürdiges Faktum. Diese Santo-Tomas-Universität auf den Philippinen, von spanischen Augustinermönchen gegründet, ist in unseren Tagen die älteste Universität unter amerikanischer Flagge, ein Schild am Eingang vermerkt diese kuriose Tatsache.

Es ist kurz vor Vorlesungsbeginn, in kleinen Gruppen schlendern die Studenten zu den Hörsälen, die jungen Mädchen tragen weiße Blusen und dunkle Röcke, das Haar, seidig und schwarzglänzend, fällt ihnen lang über die Schultern. Und die jungen Burschen in properer Kleidung sehen aus, als hätten sie nichts anderes im Sinn, als stolz auf das Privileg zu sein, an solch alter Universität studieren zu dürfen. Der Augenschein trügt, man weiß es, nicht immer ist er identisch mit der Wirklichkeit, und Rebellisches rührt sich in dieser so heiter daherschlendernden studentischen Jugend von Manila.

Der Morgenverkehr ist noch brodelnder geworden, als der alte Taxifahrer hineinfährt in den Stadtkern Intramuros, wo das Andenken des spanischen Konquistadors Miguel Lopez de Legazpi durch ein pompös-realistisches Monument geehrt wird. Er hat 1571 an dieser Stelle, wo eine malaiische Niederlassung lag, die Stadt Manila gegründet. Intramuros war im letzten Krieg heftig bombardiert worden, es halten sich niederdrückende Erinnerungen an jene Zeit. Legazpi, der Stadtgründer, übergab Augustinermönchen ein Grundstück, wo sie ein Kloster gründen konnten. Die Kirche San Agostin zeugt heute noch davon, sie hat in vier Jahrhunderten viele Kriegszerstörungen, Brände und Erdbeben erlebt, und sie hat, zwar schwer beschädigt, auch den letzten Weltkrieg überstanden.

Die älteste Steinkirche auf dem Inselreich im Pazifischen Ozean ist heute wieder ein Refugium der Stille in einer verwirrenden Stadt. Ihr Inneres ist mit einer italienischen Illusionsmalerei an den Decken geschmückt und mit Chorgestühl und einigen Altären aus spätbarocker Zeit ausgestattet. Tritt man in den Kreuzgang, glaubt man, in Spanien zu sein.

An einer Seite des Kreuzganges erregt ein barocker Altar die Aufmerksamkeit. Er ist St. Johannes von Sahagún geweiht. Erinnerungen tauchen auf: spätsommerliche Fahrt von Burgos durch das kastilische Land nach Léon, kurze Rast in Sahagún, rascher Blick auf die Reste eines alten Benediktinerklosters, das zu den bedeutendsten Spaniens gehörte, zwei, drei zerborstene Kirchen, verfallener Glanz, Melancholie von Größe, die vergangen ist. Dem Heiligen von Sahagún haben also die Missionare in Manila einen Altar errichtet, sie müssen damals »moderne« Kolonisatoren gewesen sein, denn der fromme Mann war erst 1690 zur Ehre der Altäre erhoben worden. Lange Jahre hat er in Burgos gelebt, und im Museum von San Agostin in Manila hängt ein barockes Gemälde von 1695 »Santo Christo de Burgos« – sie waren Spanier auch in der Ferne, diese Augustinermönche, und brachten ihre Heiligen und ihre Kunst um die halbe Welt in die philippinischen Kolonien.

Die Exkursion auf spanischen Spuren in Manila endet im Fort Santiago, und selbst an diesem kriegerischen Ort trifft sie nicht nur auf Weltliches. Die alte Festung der Stadtgründer trägt ihren Namen nach dem spanischen Nationalheiligen St. Jakob, zu dessen Grab in Compostella die europäischen Wallfahrer quer durch Europa jahrhundertelang pilgerten. Es muß eine wehrhafte Anlage gewesen sein, vieles zeugt davon, Mauern, Befestigungen, Wälle und Tore. Die Reste werden sorgfältig gepflegt, der Besucher schlendert im Inneren durch Grünanlagen und Blumenbeete.

Hier hatten sie ihren Sitz, die Kolonialherren, die Herrscher über die Inseln, die Machthaber über 7000 Eilande, erst die Spanier, dann die Amerikaner. Und die Kasematten, feucht und finster, wurden Gefängnisse für politische Gefangene. Der Nationalheld der Filipinos, der Arzt und Freiheitskämpfer José Rizal, schmachtete lange Zeit hier hinter Gefängnismauern, man hat eine Erinnerungsstätte an ihn eingerichtet. Außerhalb des Forts und außerhalb des Viertels Intramuros wurde er hingerichtet. An der Todesstelle dehnt sich heute ein weiter Park, der seinen Namen trägt, ein offenes Stadtzentrum, eine Zone des Flanierens, ein heiterer Treffpunkt für die Bürger von Manila, wo sie den Feierabend verbringen, die Sonntage und die Feste bei improvisierter Musik, bei Tanz und Picknick auf dem Rasen.

Gewiß hatte der alte Malaienhäuptling am Steuer seines Veteranentaxis recht, als er riet, nicht nur spanische Historie zu studieren, sondern auch gegenwärtiges Leben und die endlosen, wasserspiegelnden, grünen Flächen der Reisfelder aufzusuchen, in denen Wasserbüffel altertümliche Pflüge ziehen und Bauern mit großen Hüten die kostbare Pflanze pflegen, Bilder von archaischer Schönheit, wenn die Sonne hinter einer Palmengruppe flammend verglüht. Tags darauf gab es Gelegenheit dazu bei einer Fahrt zum Taal-Vulkan, einer Gebirgslandschaft von unvergleichlicher Ursprünglichkeit, wo ein See in einem Krater liegt, der sich wiederum in einem weiten See eines Kraters ausbreitet – ungewöhnliches Spiel der vulkanischen Natur. Man fährt dorthin durch Bauerndörfer, deren Leben vom Reisanbau bestimmt wird, von Saat und Ernte, vom Trocknen und Verladen der wichtigsten Landesfrucht. Hier sind die philippinischen Häuser, die Nippa-Häuser, die aus Bambus erbaut und mit Blättern der Palmen gedeckt sind, eingebettet in üppige, tropische Natur.

Unbedingt gehört zu einem Besuch in Manila der Ausflug zu den Stromschnellen und Wasserfällen des Pagsanjan-Flusses. Drei Stunden Fahrt mit dem Autobus, dann steigt man um auf flache, wacklige Einbäume, die erst in langer Reihe aneinandergekoppelt von einem Motorboot flußaufwärts gezogen werden. Dann paddeln, schieben und stoßen kräftige Bootsmänner die schwankenden Boote durch die Stromschnellen des Flusses zwischen Dschungelwäldern und Felswänden, die das reißende Wasser hochragend bedrängen. Es ist für den Europäer die andere Seite des Landes, seine ungezähmte Natur, eine Tropenlandschaft von exotischer Schönheit mit Silberbändern stürzender Wasserfälle.

Die Fahrt flußabwärts dann durch die schäumenden Stromschnellen des Pagsanjan ist ein begehrtes Touristenabenteuer. Aber noch stärker eigentlich beeindruckt der Abend im Hotel, eine improvisierte Fiesta Filipina. Da tanzen, singen und musizieren die jungen Burschen und Mädchen, bis sie auch die Fremden zum Tinikling-Tanz verführt haben, zum blitzschnellen Hüpfen zwischen langen Bambusstangen, die im Takt der Musik rhythmisch zusammengeschlagen werden und dazwischen gerade immer Raum geben für den Fuß der springenden Tänzer. Zwischendurch führen sie heimische Folklore vor, eine Mischung aus malaiischem Erbe und spanischem Figurenkanon aus höfischer Zeit. Es macht glücklich, ihnen zuzuschauen, und gewiß ist dies der kostbarste Schatz, den die Philippinen dem fremden Gast zu bieten haben: ihre Gastlichkeit, ihre Unbefangenheit und das Lächeln ihrer Menschen.

Karl Schmitz

Lächeln in siebenundachtzig Dialekten

Auf den philippinischen Inseln

Sind wir im Land des Lächelns? Ringsum die pure Liebenswürdigkeit. Keine martialischen Begleiterscheinungen bei der Paß- und Zollabfertigung. Strahlende Begrüßung am Flughafen von Manila. »Mabuhay!« Schwärme von Taxifahrern bieten ihre Dienste an. Strahlende Begrüßung im Hotel. »Mabuhay!« Die Klimaanlage rettet vor der tropischen Hitze. Dort, wo Asien lächelt, sei ihre Heimat, sagen die Filipinos von sich selber. Aber über derartige Vereinfachungen nachzugrübeln, danach steht einem nach achtzehn Stunden Flug zunächst nicht der Sinn, und man läßt sich, ramponiert durch Zeitverschiebung und Klimawechsel, die obligatorische Muschelkette widerstandslos überstreifen. Mabuhay, so lautet der philippinische Willkommensgruß, der uns ein sozusagen philippinisches Lächeln entlockt. Der kühle Drink und die reichlich seichten, südamerikanisch angehauchten Weisen einer Folkloregruppe stimmen milde.

Was die Vereinfachungen in Sachen Philippinen betrifft, so hatte auch der Historiker Toynbee seine Schwierigkeiten. Er meinte nämlich, die Philippinen seien ein Stück Lateinamerika, das irgendwie nach Asien gelangt sei. Ja, wenn das nur alles wäre. Schon ein flüchtiger Blick auf die Landkarte könnte den, der auf schnelle Vereinnahmung aus ist, entmutigen: Mehr als siebentausend Inseln zwischen Chinesischem Meer und Pazifischem Ozean. Viele davon sind ohne Namen und unbewohnt. (Vielleicht etwas für Aussteiger?) Touristen, deren Zeit begrenzt ist, haben beträchtliche Entfernungen zurückzulegen, nicht selten auch Strapazen zu bestehen, um einige Besonderheiten kennenzulernen. Von der hektischen Gegenwart kann man da unvermittelt in die Steinzeit gelangen, von den animistischen Reisbauern im gebirgigen Norden von Luzon zu leuchtenden Koralleninseln im Süden, aus der spanisch-katholischen in die muslimische Welt der Seezigeuner von Mindanao. Die philippinische Bevölkerung bildet ein verwirrendes Gemisch aus Negritischem, Indonesischem, Malaiischem, Chinesischem, Spanischem. Man spricht 87 Dialekte, von denen das Tagalog sozusagen als Nationalsprache gepflegt wird. Kann man bei solcher Vielfalt überhaupt von Nationalität reden? »Der Filipino«, so werden wir belehrt, »fühlt sich zuallererst seiner Sippe zugehörig, dann seiner Provinz. Die philippinische Nationalität ist etwas Abstraktes.« Dem Fremden wird jedenfalls empfohlen, keine allzu perfektionistischen Ansprüche zu stellen, sondern es mit der fröhlich-fatalistischen Lebensweisheit der Filipinos zu versuchen, des »Bahala na«, was soviel heißt wie: Überlass' es Gott oder dem Geschick, in unserem Falle also – der Reiseleitung, dem Taxifahrer oder wem auch immer. Ein Glück, daß fast jedermann die Liebenswürdigkeit selbst ist und Englisch kann.

Zu behaupten, Manila, die Hauptstadt der Philippinen auf der Insel Luzon, sei eine schöne Stadt, wäre wohl übertrieben. Im Zweiten Weltkrieg wurde sie nahezu ganz zerstört; aus der jahrhundertelangen Kolonialherrschaft der Spanier, die 1898 von den Amerikanern abgelöst wurden, sind nur spärliche Baureste übriggeblieben, die als unvermeidliche Attraktionen vorgezeigt werden. Um so mehr wird die Stadt beherrscht von gesichtslosen Betonklötzen großer Firmen, Banken und Hotels und, nicht zu vergessen, endlosen Slums. Manila zieht die Arbeitslosen an. Und die Arbeitslosigkeit wächst mit dem rapiden Bevölkerungszuwachs. Präsident Marcos, der ja seit 1972 als eine Art Diktator regiert – wenngleich mehr mit List als mit nackter Gewalt –, hat zwar die Kriminalität senken, nicht aber den sozialen Gegensatz zwischen einer kleinen reichen Oberschicht und der armen Masse mildern wollen.

Eine Autofahrt durch Manila ist ein Erlebnis für sich. Dem ordnungsgewohnten Mitteleuropäer wäre freilich nicht anzuraten, sich selbst ans Steuer zu setzen. Kaum ein Polizist, nur selten eine Ampel. Straßenbahnen gibt es nicht, sondern ein dröhnendes Chaos von Taxis, Jeepneys und Bussen, vereinzelt auch Tricycles, Motorräder mit Beiwagen. Der Verkehr regelt sich scheinbar selbst. »Man fährt mit Gefühl«, sagt der Taxifahrer, der mit einem beängstigend klapprigen Auto durch die Innenstadt kurvt. Am Spiegel hat er ein Herzjesubild und das »Gebet eines Driver's« angebracht: »Gib mir, o Lord, eine ruhige Hand und ein wachsames Auge.« Das hat er auch nötig, unser Driver, denn hier gibt es keine Regeln, sondern es zählt nur Geschicklichkeit und Reaktion. Niemand besteht jedoch auf seinem Vorrecht, und die kurzen trockenen Huptöne, die die von Dieselabgasen geschwängerte, schwüle Luft der Innenstadt von Manila erfüllen, sind nicht aggressiv gemeint, sondern ein recht unbekümmert benutztes Mittel der Verständigung.

Bis zur Einführung des Kriegsrechts war das freilich noch anders. Fast jeder Reiche hatte bis 1972 sozusagen seine Privatarmee. Man schoß sich die Vorfahrt auf den Straßen buchstäblich frei. Marcos ließ mehr als eine halbe Million Feuerwaffen konfiszieren. Erst seither wurde übrigens so etwas wie Tourismus auf den Philippinen möglich. Das halten die kleinen Leute wie unser Taxifahrer bei allen Vorbehalten gegenüber Vetternwirtschaft und Korruption dem Präsidenten immerhin zugute.

Marcos und seine in fast allen Medien des Landes täglich präsente »First Lady«, Imelda Marcos, haben ihr Land, das ja überwiegend katholisch ist, auch von den Auswüchsen einer kommerzialisierten Sexualität befreien wollen. Aber die blüht üppig weiter, mehr oder weniger im Verborgenen, wie man hört. Und so gut wie jeder Taxifahrer möchte einem seine diesbezüglichen Lotsendienste anbieten. Weshalb wohl zieht es so viele amerikanische und vor allem japanische Touristen auf die Philippinen? Die Massage in Manila, so wird einem in der deutschen Botschaft mit Kennermiene versichert, sei besser als die von Bangkok.

Für die Fahrt ins glitzernde Nachtleben von Manila, nach Ermita, winken wir uns einen Jeepney heran. Jeepneys sind eine philippinische, aufgetakelte Weiterentwicklung des amerikanischen Jeeps, mit Spiegel und Pferdchen auf dem Kühler, von oben bis unten bunt bemalt und bei Dunkelheit allseits beleuchtet wie eine Kirmesbude. Die Fahrer, die ihren Sitzraum nicht selten mit grellbunten Bildchen von Heiligen und Mädchen versehen haben, fahren ihre Gäste mit dem Getöse des Dieselmotors und nicht selten mit dröhnender Musik für wenige Pfennige von einem Stadtteil zum anderen. Etwa ein Dutzend Leute gehen in einen solchen Jeepney, dessen Passagierraum freilich nach der zierlichen Körpergröße der Filipinos bemessen ist.

Was die Pin-up-Girls und Pin-up-Heiligen betrifft, so muß man wissen, daß der von den Spaniern vor etwa vierhundert Jahren eingeführte und sinnenfroh ausstaffierte Katholizismus der Sexualität keineswegs Grenzen gesetzt hat. Ein Theologe der Universität Santo Thomas klagte denn auch: »Nicht die Explosion der Population, sondern der Kopulation« sei das »eigentliche Problem der Philippinen«. Das mag nun eine sehr katholische Sicht sein. Um aber bei der Population zu bleiben: Weit mehr als die Hälfte der philippinischen Bevölkerung ist unter zwanzig Jahre alt. Fünf Kinder zu haben, trotz des spärlichen Durchschnittseinkommens von etwa vier Mark pro Tag, ist durchaus normal. Denn Kinder sind nicht nur der Stolz des Mannes und die Erfüllung der Frau, sondern auch die einzige Altersversorgung, die den Philippinen bleibt.

Scharen von Kindern begegnen uns in den Anlagen und auf den Straßen. Ob in adretten Schuluniformen oder armselig gekleidet und von der Not getrieben, etwas zu verkaufen oder zu erbetteln – ganz hoffnungslos sind ihre Gesichter eigentlich nie, sondern eher neugierig und frohgemut. In den Hotels oder Go-Go-Schuppen und Diskotheken aber trifft man auf ganze Geschwader von Mädchen und jungen Frauen. Der Frauenüberschuß ist unübersehbar. Auf einen Filipino kommen nämlich vier bis fünf Filipinas. Es ist nicht verwunderlich, daß diese Mädchen nicht nur um die wenigen Arbeitsplätze in den Hotels oder Gaststätten kämpfen, sondern auch ins Nachtleben drängen und sich von mitteleuropäischen Heiratsmaklern in Dienst nehmen lassen.

Im hohen Norden der Hauptinsel Luzon, eine beschwerliche Tagesreise von Manila entfernt, die teils mit dem Flugzeug, teils mit dem Bus auf holperigen, steilen Straßen und Wegen bewältigt werden muß, bis man spätabends im einzigen Hotel des kleinen Ortes Banaue erschöpft und durchgerüttelt angelangt ist, erwartet einen das Gegenteil von Hektik und Glamour. Am Morgen bietet sich vom Fenster aus der grandiose Anblick der Reisterrassen von Banaue, die ihresgleichen auf der Welt nicht haben. Daß sie als das »achte Weltwunder« bezeichnet werden, erscheint nicht übertrieben. Seit mehr als zweitausend Jahren haben die hier heimischen Stämme die steilen Berghänge bis in Höhen von über 1500 Metern mit Lehmwällen gegliedert, um ihr Hauptnahrungsmittel, den Reis, anzupflanzen. Bis heute bearbeiten die Ifugaos und andere Stämme mit bloßen Händen diese Anlagen, die immer wieder durch Erdbeben, Stürme und Regen beschädigt werden. Während die Frauen ausschließlich die Feldarbeit besorgen, kümmern die Männer sich um die Instandhaltung der Terrassen sowie der kunstvollen Bewässerungssysteme. Der Besucher erlebt hier so etwas wie eine gigantische »land art«, die kein einzelner Kopf ersonnen hat, sondern die Millionen von Händen mit zäher Geduld geschaffen haben: Das Ergebnis ist sozusagen eine musikalisierte Landschaft, deren mit den unendlichen Schwingungen der Reisterrassen versehene Struktur leicht die Mühsal vergessen machen könnte.

Ein Erlebnis der Stille und völligen Abgeschiedenheit bietet sich beim Besuch eines solchen Ifugao-Dorfes weit draußen im Gebirge, unten auf der Talsohle, zu der man nur über einen schmalen steilen Pfad gelangt. Von Banaue aus hat man allerdings zuvor eine lange windungsreiche Anfahrt mit dem Jeep zurückzulegen.

Einen Jeep zu bekommen, ist hier draußen gar nicht so selbstverständlich. Der Tourismus steckt also noch, wie auch die geringe Bettenzahl des einzigen Hotels von Banaue zeigt, in improvisatorischen Anfängen. Immerhin bieten einige mit dem hier üblichen Lendenschurz bekleidete Männer des winzigen entlegenen Dorfes Coca-Cola, einfache Holzschnitzereien und bunte Webereien an. Auf Besucher ist man also eingestellt. Die Frauen sind freilich auch an diesem Sonntag fast alle auf den Reisfeldern.

Die wegen Ratten und sonstigem Ungeziefer auf Stelzen stehenden Häuschen aus Holz und Palmblättern mit nur einem

Wohnraum ohne Fenster, den man gleichsam über eine Hühnerleiter erreicht, dazu vielleicht ein Schwein und ein paar Hühner, das ist schon der wesentliche Besitz einer Familie. Die Gebeine der Verstorbenen liegen nicht selten unmittelbar unter dem Wohnraum in einer Art Zwischengeschoß. Man fühlt sich den Toten nahe und glaubt an Geister. Ringsum steigen die Hänge mit den Terrassen mächtig an und weiten sich zu einem grandiosen Amphitheater. In früheren Jahren waren die Stämme von Nordluzon Kopfjäger und lebten vielfach in Fehde miteinander. In abgelegenen Gegenden soll dies auch heute noch so sein. Unmittelbar bei Banaue posieren heutzutage aber schon einige verwitterte, Betel kauende Ifugaos mit Speer, Lendenschurz und kriegerischer Kopfbedeckung für die fotografierenden Touristen.

Ein anderer Stamm von Nordluzon, die Kalingas, wehrt sich indessen gegen Pläne der Regierung, Staudämme in ihrem Gebiet zu errichten und Industrie anzusiedeln. Die Kalingas fürchten die Rache der Toten und bekämpfen, unterstützt von der kommunistischen NPA (New Peoples Army), das Projekt. Unglücklicherweise wurde vor einiger Zeit ein prominenter Häuptling von einem Regierungssoldaten erschossen. Präsident Marcos zog daraufhin schleunigst die verantwortlichen Regierungstruppen zurück. So gefährlich nah sind sich hier Vorzeit und Gegenwart.

In Zamboanga ist alles anders. Diese Stadt liegt sozusagen am anderen Ende, drei Flugstunden von Manila entfernt, an einem Südwestzipfel der südlichsten Philippineninsel Mindanao. Man nennt Zamboanga »Stadt der Blumen«. Man könnte sie auch Stadt des Meeres nennen, denn sie ragt buchstäblich in den Ozean hinein. Ein Teil ihrer Bewohner sind Moslems, die jenseits eines Flüßchens draußen in einer Lagune in einer Siedlung primitiver Pfahlhäuser im Schatten einer Moschee leben. Wie Mückenschwärme folgen hier die Kinder den Touristen und betteln mit Charme um ein paar Centavos. Der Übergang zwischen Land und Wasser ist in Zamoanga fließend, viele Menschen hier leben ihr ganzes Leben auf dem Wasser: Die Seezigeuner, die mit ihren Booten vor der Terrasse des Hotels liegen und ihre Waren, Korallen, Muscheln und Bastmatten, anbieten und dabei immer billiger werden, je länger man handelt. Ihre Kinder, offenbar immun gegen jeden Schmutz, winken ebenso ausdauernd wie freundlich den Fremden zu, um sie zu erweichen, daß sie eine Geldmünze werfen, die sie dann, ob im Kleid oder in der Hose, tauchend aus dem Wasser holen.

Am Hafen geht es im wahrsten Sinne des Wortes südostasiatisch zu. Hier ist ein undurchschaubarer, chaotischer Markt, auf dem es keine Grenzen der Legalität gibt. Malaysia, Indonesien und Singapur liegen sozusagen vor der Tür. Und von dort kommen die Händler übers Meer, um hier zollfrei zu handeln. Daß hier außer Fischen, Früchten, Fleisch, Nahrungsmitteln, Gebrauchsgegenständen aller Art auch Rauschgift gehandelt wird, wenn auch nur unterderhand und verbotenerweise, versteht sich geradezu von selbst.

Die Insel Mindanao wird nicht wie die anderen philippinischen Inseln während der Regenzeiten von Wirbelstürmen heimgesucht, denn sie liegt außerhalb des Taifungürtels. Aber wenn auch rund ums Jahr solche paradiesischen Früchte wie Papayas, Mangos und Ananas gedeihen, ist die Idylle keineswegs perfekt. Denn die moslemische Minderheit der sogenannten »Moros« führt hier schon seit Jahren einen zähen Krieg um die Selbständigkeit gegenüber der katholischen Übermacht des philippinischen Staates. Aber davon merkt der Tourist, der sich von Zamboanga aus mit dem kleinen Auslegerboot zur winzigen unbewohnten Insel Santa Cruz hinüberbringen läßt, um sich dort auf dem fast unberührten, grobkörnigen Sandstrand zu entspannen, angeschwemmte Muschelschalen und Korallen zu sammeln, zu baden und zu sonnen, nichts. Sein Frieden ist ungestört.

Norbert Weis

Wo Lapu-Lapu Magellan erschlug

Der philippinische Archipel

Ein Märchen aus den Bergen Luzons erzählt die Entstehungsgeschichte der philippinischen Inselwelt so: Im Anfang hatten der Himmel und das Meer einen Streit. Das Meer schäumte und spuckte weiße Gischt hinauf zu den Wolken, worauf der Himmel im Zorn Felsen hinunter in die See warf, daran die Wellen sich brechen sollten. So entstanden die siebentausend Inseln des philippinischen Archipels.

Die Republik der Philippinen hat schon vor einem Jahrzehnt damit begonnen zumindest einige der größeren Eilande mit Hilfe Japans zu verbinden. An hundert Stellen wurde gleichzeitig am Ausbau einer schon bestehenden Straße gearbeitet – ein gigantisches Projekt, das den Namen »Pan Filipinas« oder auch »Philippinisch-Japanische Straße der Freundschaft« trägt. Über zweitausend Kilometer zieht sich dieses Band in nord-südlicher Richtung durch den philippinischen Archipel. 229 Brücken wurden benötigt – die größte unter ihnen ist über zwei Kilometer lang und verbindet die Inseln Samar und Leyte. Nicht zuletzt dem Tourismus, um dessen Entwicklung sich die Regierung in Manila seit Jahren erfolgreich bemüht, wird dieses Projekt nach seiner Fertigstellung zugute kommen.

Denn das Land der siebentausend Inseln, so heißt es, sei ein Land, von dem Touristen träumten. Da stehe das Alte neben dem Neuen, das Primitive neben dem Modernen, und der Osten reiche dem Westen die Hand. Die Inselwelt sei gesegnet mit den herrlichsten Stränden, mit Seen, prächtigen Wasserfällen, Bergen und tropischem Sonnenschein; da gäbe es die schönsten Orchideen und – einmalig in der Welt – das Tamarao (einen Büffel) auf Mindoro, den Affenadler auf Mindanao und (für Taucher) die farbenprächtigsten Fische der Südsee.

Wahr daran ist alles – und für Touristen so gut wie nichts, es sei denn, sie verzichten darauf, von einem der großen Hotels ins andere zu reisen, von Manila nach Cebu, von Cebu nach Davao, und statt dessen einige Entbehrungen, vielleicht auch Abenteuer, auf sich zu nehmen.

Eine solche Reise mag im Hochland der Insel Luzon beginnen, ein wenig abseits der Pan Filipinas, wo es auf einer Seitenstraße zu den 3000 Jahre alten Reisterrassen geht, dem sogenannten achten Weltwunder von Banaue. Der Weg dorthin ist ein Weg ins Abenteuer. In der Regenzeit steht auf der nur streckenweise befestigten Straße fußhoch der Schlamm, notdürftig sind Geröll und Äste zur Seite geräumt, in engen Kurven fährt man durch die Berge, rechts stürzt der Hang hinunter zur Schlucht. Baumhohe Farne trennen den Grund vom Abgrund.

Dann öffnet sich das Tal von Banaue. Reisterrassen klettern an steilen Hängen zu allen Seiten hinauf zu den Wolken. Würde man ihre aus Bruchsteinen gemauerten Dämme aneinanderreihen, ergäbe das eine Kette von den Niederlanden um die halbe Welt bis hin zur pazifischen Küste.

Hier, eingebettet zwischen Himmel und Erde, kleben in den Bergen die Dörfer. Die Häuser stehen auf langen Stelzen, und in der Kapelle klettern Ziegen über Altar und Bänke. »Ifugao« nennen sich die Bewohner, das heißt »Wir Kinder der Erde«. Ihre Frisuren waren schon vor den Beatles modern, und ihre Frauen gingen schon oben ohne und im Mini, als man anderswo noch lange verschämt die Knöchel versteckte.

Mitten in dieses Wunder hinein hat die philippinische Regierung ein Hotel gestellt. Aus versteckten Lautsprechern rieseln Wiener Walzer, über dicke Bodenbeläge eilen die Kellner in den bunten Westen der Provinz.

Unten im Städtchen, auf der Sohle des Tales, in Banaue, arbeitet Schwester Agathe. Sie kommt aus den Niederlanden und ist seit dreißig Jahren im Land. Als sie hier ankam, war das Handwerk der Kopfjägerei noch in Mode, doch tapfer und geduldig hat sie den rohen Sitten entgegengewirkt und die armen Heidenseelen der Neuzeit zugeführt.

Noch heute, in ihren alten Tagen, kümmert sich Schwester Agathe um das Wohlergehen der Bergbewohner, vor allem aber um die jugendliche Damenwelt: »Techi putzt die Kirche; Joji und Cita, ihr webt an eueren Stoffen, und Cona und Imelda, da gibt es keinen Widerspruch, führen eine Touristengruppe ins angrenzende Dorf...« Auch künstlerisch hat Schwester Agathe auf die Erdenkinder eingewirkt; denn ohne Handel und Wandel, sagt sie, dreht sich die Welt nicht. Also denkt nun auch der Ifugao lukrativ. Da, wo er früher einmal im Schatten seines Hauses die Abbilder seiner Götter schnitzte – so etwa den Bohol, der den Reis vor den neidischen Geistern bewacht, oder auch jenes kleine Krokodil, das man im Beutel trägt, damit es, wenn es einmal nötig werden sollte, den Feinden schwere Füße mache –, schnitzt er heute brüllende Löwen, Carabaos und greuliche Masken. Das alles wird, ist es fein poliert, in großen Kisten nach Europa oder Amerika verschifft.

Auch einen katholischen Pater gibt es in den Bergen. Er predigt nicht nur das christliche Evangelium, sondern unterhält auch eine Lehranstalt – »The Catholic High School«. »Speak English« steht über der Tür, und der Erdenkinder Kinder halten sich daran, vergessen für einige Stunden ihren Dialekt und hören von einem Vatergott und dessen Menschensohn, von einer heiligen Taube und einem Himmel voller Heiligen und Cherubim. Freilich, daß man nicht stehlen soll und auch nicht falsches Zeugnis geben darf, das wußte schon Lumawig, der alte Berggeist ihrer Väter.

Sonst aber geht es in des Paters Schule akkurat und wissenschaftlich zu; der Kontakt der Erdenkinder mit der Neuen Welt ist hergestellt. Wenn sie etwa hören, daß drunten in der Hauptstadt die Studenten wieder einmal protestieren oder daß der Präsident (wieder einmal) versuchte, die Macht der herrschenden Klasse zu beschneiden, um mit seinem Bodenreformprogramm voranzukommen, dann schütteln sie ihre schwarzen Bubiköpfe und sagen in sauberem Englisch: »Too much politics in this country, yes, Sir!« Und sicher haben sie damit recht.

Was auffällt, nicht nur im Hochland von Luzon, sondern überall im Land: weit ausgedehnte kahle, entwaldete Flächen.

Die FAO (Food and Agriculture Organization of the United Nations) hat der Republik bescheinigt, daß während der letzten drei Jahrzehnte über die Hälfte des Waldbestandes abgeholzt wurde – davon wiederum nur ein Sechstel unter korrekter forstwirtschaftlicher Aufsicht. In jeder Stunde, so haben die Vereinigten Nationen den Regierenden in Manila vorgerechnet, fallen etwa 20 Hektar, an jedem Tag etwa 480 Hektar Wald der Säge, dem Feuer, den »Keingeros« (Leuten, die aus den übervölkerten Dörfern und Städten in die Berge ziehen, um dort auf eigene Faust Land urbar zu machen) zum Opfer. Allein auf der (noch) waldreichen Insel Mindanao gehen jährlich 92 000 Hektar Wald verloren. Viele der wertvollen Edelhölzer verschwanden auf illegalem Wege, das heißt, sie wurden in verschwiegenen Buchten ins Ausland verschifft. »Officials«, die am Geschäft beteiligt waren, steckten derweil Millionenbeträge in die Tasche.

Auf vielen Inseln ist der Raubbau mit der Säge nahezu komplett. Schon bald, schätzt man, werden die einst so waldreichen Philippinen Hölzer aus anderen Ländern einführen müssen. Unausbleibliche Folgen des Raubbaus sind die Erosion der Böden, Überflutungen, längere Trockenperioden, Wassermangel, Ernteausfälle sowie eine allgemeine Veränderung des Klimas. Nur sofortige und strikte Maßnahmen der Regierung hätten noch Aussicht auf einigen Erfolg.

Für den Reisenden, der sich auf der »Straße der Freundschaft« bewegt, führt kein Weg daran vorbei, an Manila, der Metropole, und ihrem Herz- und Prunkstück: dem Luneta- oder Rizalpark. Noch um die Jahrhundertwende war dieser Park nicht viel mehr als ein Feld vor den Mauern der Stadt, besucht immer dann, wenn eine öffentliche Erschießung stattfand – etwa, wenn ein »Filibustero«, ein Aufwiegler gegen die spanische Krone, die das Land kolonialisierte, mit einer Kugel zwischen den Schultern seinen rebellischen Geist aufgab. »Es lebe Spanien«, riefen dann die Soldaten, und das eingeborene Volk stand betreten dabei. Später, nach 1898, als Spanien abgezogen war und an seine Stelle die Vereinigten Staaten von Amerika rückten, pflanzte man Bäume ins Feld und stellte im Zentrum ein Denkmal auf.

Im unteren Teil, dem westlichen Drittel des Parks, tobt sich heute die liebe Jugend auf Rutschen und quietschenden Schaukeln aus. Ein Steinwurf entfernt ist ein Paradeplatz mit einer Tribüne und gleich davor die Standbilder von Carabao und Tamarao, den philippinischen Büffeln. Ganz oben, im östlichen Drittel, liegen plastisch dargestellt in einem Wasserbecken die Inseln des Landes – nicht alle siebentausend, aber doch die wichtigsten, die größten: Luzon, Palawan, die Visayas und Mindanao.

Ein paar Schritte weiter westlich, unweit des chinesischen Gartens, steht dann das Denkmal, das dem Park den Namen gibt. Zwei Soldaten mit aufgepflanzten Gewehren halten davor Wache, zollen dem »Hero«, dem »Märtyrer der Nation« den gehörigen Respekt: Dr. José Rizal. – Rizal, dessen Standbild auf jedem kleinen Dorfplatz steht, wurde hier an dieser Stelle am 30. Dezember 1896 auf spanischen Gerichtsbeschluß erschossen. Die Statue zeigt einen jungen Mann in europäischer Kleidung und mit freundlichem Bubengesicht. In der linken Hand hält er ein Buch: war er ein Gelehrter, ein Schriftsteller, eine Künstlernatur? Am Sockel des Denkmals sind in eine Messingplatte Verse eingegraben, die Rizal wenige Stunden vor seinem Tod in spanischer Sprache niederschrieb: Ultimos Adiós. Also war der Doktor ein Poet?

Er war alles in einem. Er studierte in Europa Augenheilkunde – in Spanien, Frankreich und auch in Deutschland, wo er sich mit den Heidelberger Studenten abends beim Bier zunächst auf Lateinisch unterhalten muß; denn die neue Sprache fällt ihm, dem sonst so Sprachbegabten, schwer. – Deutschland. Was sieht der junge Mann zuerst? »Überall nur Uniformen«, schreibt er 1885 in sein Tagebuch. »Ein Land der Ordnung und der Unterordnung.« Ein Pastor nimmt sich auf dankenswerte Weise des kleinen Asiaten an. Dabei lernt Rizal »bei stillen und kühlen Diskussionen« auf Wanderwegen durch den Odenwald etwas anderes kennen: den Protestantismus – und diese neue Erfahrung läßt ihn mit Wehmut zurückdenken an den starren Dogmatismus daheim. Und doch, als es dann endlich Frühling wird, als der für ihn so ungewohnte harte Winter zu Ende geht, da setzt er sich hin und schreibt ein Gedicht: »An die Blumen von Heidelberg«. Aber in Wahrheit gelten diese Verse weniger den Heidelberger Blumen als vielmehr der fernen Inselwelt im Osten: »Ihr Blumen des fremden Landes«, reimt Rizal, »ihr Wächter meiner Wünsche, bewundert vom Reisenden am Weg: Geht und grüßt mir mein Land, jenes Land unterm leuchtenden Himmel.«

Eine andere Bekanntschaft macht José Rizal im fernen Europa: die des Gelehrten Ferdinand Blumentritt. Blumentritt lebte im heute tschechoslowakischen Leitmeritz, war dort Professor für Geographie und Geschichte und hatte sich eingehend mit ethnologischen Fragen des südostasiatischen Raumes befaßt. Durch ihn gewinnt Rizal Zugang zur Berliner Geographischen und Anthropologischen Gesellschaft, wo er Virchow kennenlernt und – auf deutsch – seine Antrittsrede über Versmaße seiner Muttersprache »Tagalog« hält. An seinen schriftstellerischen Versuchen, die sich um eine Befreiung seiner asiatischen Heimat von der spanisch-klerikalen Diktatur bemühen (Rizals erster Roman »Noli Me Tangere« wurde in Berlin gedruckt), nimmt Blumentritt lebhaften Anteil – und er tut es noch nach Jahren in zahllosen Briefen über Tausende von Meilen hinweg.

Wenige Jahre später freilich muß Rizal seine Kritik an der spanischen Besatzung mit dem Leben büßen. »Leb wohl, mein Land«, heißt es in jenem großen, ganz im romantischen Geschmack seiner Zeit empfundenen Abschiedsgedicht, »Land, von der Sonne geliebt, Perle des Meeres im Orient, verlorenes Paradies . . .«

Die Zelle, in der diese Verse niedergeschrieben wurden, liegt im Komplex des Fort Santiago, wenige hundert Meter vom Rizal-Park entfernt. Um 1571 übernahm Miquel López de Legaspi diesen Stützpunkt, weil er an strategisch günstiger Stelle lag. Der hintere Teil des Geländes, die sogenannte Plaza de Armas, gilt als die Keimzelle der Hauptstadt. Ein großes Kreuz überragt heute den Platz: Es kennzeichnet die Stelle, an der die Überreste von 600 Eingeborenen sowie Amerikanern liegen, die, im Magazin von japanischen Soldaten eingeschlossen, im Februar 1945 auf furchtbare Weise ums Leben kamen. – Als in der Frühe des 30. Dezember 1896 José Rizal aus seiner Zelle hinaus aufs Luneta-Feld geführt wird und sich dort die Gewehre des spanischen Kommandos auf ihn richteten, sind seine letzten Worte: Consumatum est. Es war vollbracht.

Wer heute die Gegensätze von Herrschenden und Beherrschten in Manila sieht, wird nachdenklich. Da ist zum Beispiel, nicht weit vom Rizal-Park entfernt, Tondo, der Slum, den Papst Paul im Anfang der siebziger Jahre während seiner Asien-Reise besuchte – ein Stadtteil bitterer Trostlosigkeit. Und da sind, in entgegengesetzter Richtung, die Villages von Makati, wo Madame mit ihrer Tischglocke die Dienerschaft zu Diensten ruft; wo der Fahrer des zweiten oder dritten Wagens seine Herrschaft zum Roulett chauffiert; wo Diplomaten wohnen, Zuckerrohrbarone und Geschäftemacher großen Stils – Leute, die sich am Rande der Armut häuslich niederlassen. Mit Sicherheit sind diese Reichen-Gettos neben den Slums die traurigsten, die peinlichsten Orte in der ganzen Stadt.

Weiter in Richtung Süden öffnet sich die Inselgruppe der Visayas. Hier ist Lapu-Lapu äußerst populär. Einmal heißt so ein fußgroßer Fisch, den man in den Gewässern zwischen den siebentausend Inseln fängt und, gebraten oder gekocht, auf den Tisch der Nipa-Hütte bringt; zum zweiten ist es der Name einer kleinen Stadt (genau und amtlich: City) auf der Insel Mactan, gelegen zwischen Bohol und Cebu. Aber auch Lapu-Lapu, die Stadt, hat ihren Namen nicht von ungefähr. Sie trägt ihn zu Ehren eines Mannes, der im 16. Jahrhundert Häuptling eines Eingeborenenstammes war und dadurch Berühmtheit erlangte, daß er anno 1521 den portugiesischen Weltumsegler Magellan im Streit erschlug.

Magellan war 1519 von Spanien aus mit einer Flotte von fünf Schiffen in westlicher Richtung gesegelt, um den sagenhaften paso, den Durchbruch durch den amerikanischen Kontinent, zu finden. 1521, als der paso gefunden und nebenbei auch noch die philippinischen Inseln entdeckt worden waren, pflanzte Magellan im Namen des spanischen Königs auf der Mactan gegenüberliegenden Insel Cebu das Christenkreuz, machte gut Freundschaft mit dem dort regierenden Fürsten Humabon und Feindschaft mit Lapu-Lapu, der sich auf seiner Nachbarinsel nicht unter das neue Glaubenszeichen ducken wollte. Bei einem Handgemenge, das etwa da stattgefunden haben mag, wo heute eine neue Brücke die beiden Inseln, Cebu und Mactan, miteinander verbindet, kam Magellan ums Leben.

Lapu-Lapu aber ging in die Geschichte ein als erster Kämpfer gegen europäischen Kolonialismus.

Die Stadt Cebu hat den Eroberern ein Denkmal gesetzt. An historischer Stelle steht das berühmte »Kreuz des Magellan«. Alte Frauen führen täglich davor ihre wunderlichen Tänze auf. Gleich gegenüber steht die »University of San Carlos«. Sie wurde 1595 von den Spaniern gegründet. In der nicht weit davon entfernten Basilika gibt es eine weitere Erinnerung an vergangene Tage: Die Überlieferung erzählt, daß der Seefahrer Legaspi im 17. Jahrhundert ein hölzernes, vom Feuer geschwärztes Jesuskind fand, das Magellan Jahrzehnte zuvor der Gattin Humabons anläßlich ihrer Taufe geschenkt hatte. Die Figur wurde als wunderwirkendes Heiligtum berühmt und in ungezählten Variationen wieder und wieder nachgebildet als Santo Nino de Cebu.

Unter den philippinischen Städten gilt Cebu als Königin des Südens. Ihrer zentralen Lage wegen ist sie idealer Ausgangspunkt für Ferienreisende zu den mittleren oder südlichen Inseln des Landes. Da liegen, nicht weit entfernt, Samar und Leyte, auf denen sich die » Straße der Freundschaft« in den Süden windet; und da ist Bohol mit seiner Touristenattraktion, den »Pralinenhügeln«, die wie halbierte Rieseneier auf flachem Boden nebeneinander sitzen und über deren Zustandekommen sich die Geologen noch immer die Köpfe zerbrechen. Vor allem aber gibt es hier – nur eine Flugstunde entfernt von den seit Jahren anhaltenden Kämpfen auf Mindanao und dem Jolo-Archipel zwischen Regierungstruppen und Moslems – die vielen winzigen Eilande im Meer, mit Palmen- und Korallenstrand, Traum aller sonnen- und südseehungrigen Touristen.

Die Landschaft ist von farbiger Unberührtheit. Hier lebt das Volk – heiter und freundlich-offen, wie es dem philippinischen Nationalcharakter entspricht – ein Leben von verlokkender Einfachheit. Aber Stille und Abgeschiedenheit, vielleicht auch das Lächeln, sind in Gefahr. Schuld daran sind vor allem jene Männer, die im Auftrag einer neuen Zeit Brücken schlagen und Wege bauen, die dennoch nicht zueinander führen.

Gabrielle Wittkop-Ménardeau

Die Suche nach Batavia

Bilder aus Djakarta

Nachts dringt das jasminweiße Neonlicht der Veranda durch die Vorhänge, durch die Augenlider, und man hört den Wurm im gedrechselten Holzgeländer ticken. Die Frühdämmerung bringt die Stimmen, die Küchengerüche, das Hühnergackern durch den Luftschacht des kamar mandi. Buchstäblich, aber fälschlich mit Badezimmer übersetzt, besteht das kamar mandi aus einem Abtritt, einer Zisterne und einer Kasserolle aus Plastik, um das Duschwasser zu schöpfen und sich damit zu begießen. Alles sehr sauber, wenn man Glück hat; nur die Tücher wollen niemals trocknen, und der Zement schwitzt unentwegt. Das Frühstück macht das wieder gut, eine halbe Ananas, Bananen, Papaya und ein Teller mit Sawo, diesen Früchten, die wie Kartoffeln aussehen, aber wie süße, reife Birnen schmecken. Die anderen Hotelgäste, alle Indonesier, ziehen gebratene Nudeln vor. Man spricht von Tisch zu Tisch, fragt ungeniert, woher man komme, was man hier mache.

Ungezwungen, ländlich – vielleicht, weil Djakarta aus einer immensen Ansammlung von Dörfern besteht, von Squatterhütten und Blechbungalows, die sich willkürlich in kampung gruppieren, sich mehr oder weniger berühren oder von Kanälen, Grasnarben, Abladeplätzen, Autofriedhöfen, wenn nicht sogar manchmal vom gleißenden Pfeil einer feudalen Avenue getrennt sind und sich über eine Fläche von 592 Quadratkilometern ausdehnen. Es sind Korallenstrukturen: Organismen, die gleichzeitig vielzählig und selbständig sind, Siedlungen aus

Backstein – mit Bougainvillea-Gärten – oder aus Pappe und Bambus, aus Strohmatten und alten Kanistern, aus Beton und Plastik. Alle haben schwarze Kloaken, Schulen, Obst- und Fischbuden, Limonadenstände und Reparaturwerkstätten. Sie haben ihre Prominenten und Spezialisten, ihre Stars und ihre Sündenböcke. Alle diese schlammigen Labyrinthe sind untereinander verbündet oder verfeindet; Intrigen werden allabendlich um die Kerosinlampe von neuem geschmiedet.

Der kampung ist jedoch kein Getto, er ist die Urzelle der Stadt. Eine solche Form von Urbanismus mag zunächst verwirrend erscheinen, obgleich sie uralt und in den Tropen weit verbreitet ist. Es handelt sich vielmehr um eine ziemlich geläufige Struktur, und die jähe Nachbarschaft von Wolkenkratzern und Bretterschuppen an sich hat nichts, was so bohrende Diskrepanzgefühle wie die, die den Besucher befallen, hervorrufen kann. Deren Ursache liegt woanders, sie liegt in dem Zusammenprall von Vorstellung und Wirklichkeit. Wer sich schon als Halbwüchsiger Batavia im Geist konstruiert hat, versteht, was Max Dauthendey meint, wenn er schildert, wie man findet, was man nicht gesucht hat: »Das ist der Fluch und zugleich die Wollust des Reisens, daß Orte, die in der Unendlichkeit und Unerreichbarkeit lagen, endlich und erreichbar werden. Diese Endlichkeit und Erreichbarkeit zieht dir aber geistige Grenzen, die du nie mehr loswerden wirst.« Und nun liegen Batavia und Djakarta übereinander wie zwei Negativbilder, liegen zusammen und doch getrennt und lassen nicht das Bewußtsein einer historischen Kontinuität aufkommen.

Am frühen Morgen ankern schon über achtzig Segelschiffe in Sunda Kelapa, große Schoner aus Sulawesi, Zweimaster von 20 bis 30 Meter Länge, die meisten aus Holz mit stark geschwungenem Deck. Manche haben einen Dieselmotor, die wenigsten eine Funkanlage. Die Schauerleute haben die traditionelle Mütze ihres Standes ebenso wie die alten Muskelkrafttechniken des Ladens und Löschens beibehalten. Die Schoner befördern nicht nur Güter, sondern auch Passagiere, und noch heute übernehmen sie einen großen Teil der Verbindungen zwischen den 13 667 Inseln Indonesiens. Also doch eine geschichtliche Kontinuität. Hier an der Mündung des Ciliwung – heute Kali Besar – wurde in uralten Zeiten eine Hafenstadt gegründet; im Mittelalter wuchs sie zum Haupthandelsplatz des javanischen Königreiches von Pajajaran. Die Portugiesen kamen, um Nelken, Muskat, Pfeffer und Zimt zu kaufen, die aus dem Hinterland herbeigebracht wurden, und schlossen ein Bündnis mit dem König, das aber nicht lang währte. Denn schon 1527 eroberte der islamische Feldherr Fatahilla den Hafen von Sunda Kelapa. Er gab ihm den Namen Jayakarta, die Siegreiche. Von nun an abhängig vom mächtigen Sultanat von Banten, entwickelte die Stadt sich immer mehr zum Zentrum eines neuen islamischen Reichs, zur kommerziellen Drehscheibe des Archipels. Hierher kamen indische, chinesische und arabische Kaufleute, hierher kamen Leute von Bali, von Makassar und von den Molukken.

Noch heute schafft allzuoft die Anwesenheit des Fremden eine falsche Situation, wird er doch nach einheimischen Maßstäben von Wohlstand und Kultur eingeschätzt. Uns sind diese Maßstäbe unverständlich, das Mißverhältnis errichtet unüberwindliche Schranken zwischen Einheimischem und Besucher. Extreme Not begünstigt eine brutal zur Schau gestellte Gier, was wiederum Abwehrreaktionen hervorruft. Fatale Wechselwirkung. Der Geldumlauf in Djakarta aber ist bedeutend, im Verwaltungszentrum eines Landes, dessen 27 Provinzen sich über 5120 Quadratkilometer erstrecken; viel Geld wird hier in Wirtschaft und Kultur investiert, sehr viel bleibt aber irgendwo kleben. Mit den Prachteinrichtungen und ihren 300 000 Obdachlosen, den orang gelandangan, (übersetzt: die stets Umherirrenden), bleibt die Stadt chaotisch, gesichtslos und bedrohlich.

Nicht wie in den Kindheitsträumen war Batavia, nicht einmal wie in der wohlwollenden Schilderung des Captain Cook, sondern von absurder Künstlichkeit. Im Stadhuis hängen zwischen Schränken aus rotem Lack und staubigen Vitrinen Porträts von Männern in schwerer, schwarzer Wollkleidung, den Kopf auf die Halskrause wie auf eine Platte gelegt und von korsettierten Frauen, purpurn unter den Pelerinen und Hauben. Sie lebten nicht lang. Nicht an den Kolonisten war es, sich anzupassen, sondern an der Umgebung. Sie tat es nicht. Die Mangrovesümpfe schickten regelmäßig Pestilenz mit den Wassern des Ciliwung und des Krokot, die Kanäle wurden zu

Kloaken, und die Moskitos taten das ihrige, aus Batavia einen permanenten Krankheitsherd, einen Friedhof zu machen. Bilder zeigen eine Stadt ohne Glanz, eine triste, gelbliche Backsteinsiedlung mit Windmühle, chinesischen Sampangsbooten, die über öliges Wasser gleiten, und dem Kastell, das Jan Pieterszoon Coen hatte erbauen lassen, nachdem er das alte Jayakarta zerstört hatte. Der Himmel aber ähnelte auf seltsame Weise dem der Niederlande, wolkenschwer und grau.

Gegen Trinkgeld kann man die Laterne des alten Stadhuis besteigen. Zuerst führt eine Wendeltreppe zum Dachstuhl, der dunkel und riesig wie der Bauch eines Schiffes ist, unter uraltem rötlichem Staub, einer feinen Asche. Dann erreicht man über zwei Leitern die Laterne. Oben ein rostiges Glockenspiel, sonst nichts. Doch der Blick fliegt ganz weit über Ancol, die Fabriken, den neuen Hafen von Tanjung Priok im Nordosten und gen Süden über die Wogen roter Ziegeldächer, über die Verwaltungsgebäude im Zentrum, da wo eine Karte von 1703 neue Zuckerrohrplantagen verzeichnet.

In Glodik, dem Chinesenviertel, sind alle Ideogramme auf Regierungsbefehl längst abgetragen. Die Einwohner mußten indonesische Namen annehmen. Hier leben mehr als eine halbe Million Menschen, etwa der zwölfte Teil der chinesischen Bevölkerung Indonesiens, in einer Situation wie die der Juden im zaristischen Rußland. Auch eine Diaspora. In mehr oder minder regelmäßigen Abständen sind die Chinesen Opfer von Gewalttätigkeiten politischer Fanatiker. Das erklärt die gezwungene, trübselige Atmosphäre Glodoks. Die turbulente Heiterkeit und Wärme malaysischer Chinesensiedlungen findet man hier nicht. Kleine Tempel verstecken sich in Höfen der Nebenstraßen, alles bescheiden, wie vorsätzlich reduziert. Schutzmaßnahme und schüchterne Mimikry. Alte chinesische Häuser gibt es zwar immer noch, mit dem Männerquartier vorn und den Wohnräumen der Frauen hinten, mit rötlichen Wänden, hie und da das Phönixmuster auf einem verwaschenen Vorhang. Die Hauptstraßen aber sind gesichtslos mit ihren Shoppingcentern, Garagen, Fotogeschäften, Einheitsaussehen asiatischer Großstädte.

Djakarta ist von den Flohmärkten nicht verschont geblieben. In Jalan Surabaya sind die Stände nach Objekten gruppiert, bieten reihenweise in unüberschaubarer Menge Transistoren, japanische Pappkoffer, Messinglüster mit Milchglaslampenschirmen, chinesisches Porzellan, das seine Namen nicht zu nennen wagt. Natürlich findet man auch anderes, Krokodiltaschen aus zweiter Hand, Zahnprothesen aus zweitem Mund, manchmal just die Schreibmaschine oder Kamera, die man seit ein paar Stunden vermißt; man braucht nur zu entscheiden, ob sich 50 Prozent des Ladenpreises angesichts des Abnützungsgrades noch lohnen. Jalan Surabaya ist ein Ort der Ernüchterung, eine verdrießliche Bühne, wo die Materie sich selbst parodiert. Asien übernimmt den Plüsch und die goldene Plastik des Abendlandes, Europa stürzt sich auf Touristenschund; die Acryl-Mona-Lisa wird indonesische Behausungen zieren, figürliche Batikkompositionen und Holzschnitzereien aus Großwerkstätten sind für die Stuben des deutschen Bürgers bestimmt. Wohlan. Der doppelte Akkulturationsprozeß findet reibungslos in zwei Richtungen statt; man ist quitt. Jeder ertrinkt im eigenen Spiegelbild; davon zeugen die Tänze der Matahari ebenso wie die enorme Wellblecheinfuhr. Darüber nachzudenken hat man Muße bei Tee und grünen Tangerinen, deren Haut so dünn wie Handschuhleder ist. Ein formidabler Billardtisch mit Neo-Renaissancefüßen und Ecktaschen aus vergilbtem Macramé fristet sein museales Dasein im Winkel der Veranda; die Fin-de-siècle-Stühle mit den merkwürdigen kleinen Perlmuttintarsien der Rückenlehne findet man zu Tausenden.

Vor zehn Jahren noch war das Pusatviertel, Zentrum Djakartas, ein Feld von Bauruinen, Erbschaft der Sukarno-Regierung. Seitdem hat sich vor allem dank der Administration des Gouverneurs Ali Sadikin, die City-Architektur organisiert, jedoch die Sukarno-Monumente im Sowjetstil sind geblieben. Kerle hantieren mit Gewehren oder sprengen Ketten, Frauen säugen Kinder oder hacken Felder, alles deftig und robust. Außer dem Bildhauer, der sich sowas einfallen ließ, macht es wohl niemandem Spaß.

Das offizielle Djakarta der internationalen Hotels und der Botschaften ändert sich schlagartig mit dem Heraufkommen der Nacht. Dann trippelt die Schar der Transvestiten auf Nadelabsätzen durch die Öde der Jalan Thamrin. Ihre Schuhe sind oft altmodisch, ihre Regenschirme blühen in allen Farben der Orchideen. Der Bus-Terminal von Lapangan Banteng gehört auch zum offiziellen Zentrum, dient nachts aber den Arbeitslosen und den Stadtstreichern als Hauptquartier. Ein Ort der Verzweiflung und der Gewalt, wo zwischen parkenden Autobussen Jugendbanden und Kindergangs entstehen.

Als Chulalongkorn, König von Siam, 1871 Batavia besuchte, schenkte er der Stadt einen mürrischen Elefanten aus Bronze. Es gefiel ihm sehr, Statuen, Zenotaphe, Triumphbögen und Obelisken der Welt zu vergeben, und bis in den Taunus findet man Spuren seiner architekturalen Schenkungspassion. Da der Elefant gerade vor dem Zentralmuseum steht, hat er ihm seinen Namen gegeben, und die Bewohner Djakartas sprechen von Gedung Gajah, dem Elefantengebäude. Ein schönes Gebäude im klassischen Stil und butterfarben, eine Institution, die mehrfach gesucht zu werden verdient. Sonntags werden unter der Veranda Gamelan-Konzerte gegeben. Hindu-javanische Sammlungen, chinesische Fayencen, der Tresor-Raum . . . und dann, in einem kleinen Saal des Westflügels, die prähistorischen Beweisstücke. Da liegt er, schokoladenbraun, sehr klein und sehr mysteriös, im Schutz einer Vitrine: Pithecanthropus erectus aus dem Mittel-Pleistozän; 1891 wurde er im Tal des Solo-Flusses, beim Dorf Trinil, entdeckt. Er ist viel primitiver als der primitivste homo sapiens; seine Schädelkapazität liegt kaum über der eines Orang-Utans. Neben ihm die Reste des Pithecanthropus soloensis, auch als Ngandong man bekannt, viel entwickelter, viel jünger auch, denn er lebte im späten Pleistozän. Man ist merkwürdig bewegt.

Vor einigen Jahren war die Rede davon, in Glodok ein Porzellanmuseum und ein Gewürzmuseum zu eröffnen. Es war die Rede davon, die befestigte Stadt, die alte Kota, als Fußgängerzone und touristische Attraktion mit Hilfe der Unesco wieder zum Leben zu erwecken. Es war die Rede davon, Sunda Kelapa zu revitalisieren. Was ist daraus geworden? Ich suche Batavia und finde es nicht. Ich suche Djakarta und es ist noch nicht vorhanden. Hier wohnt man nicht, hier bleibt man nur wie auf einem Bahnhof, wo jeder auf etwas wartet. Die Zeit erleidet einen tödlichen Kollaps, der Raum dehnt und verflüssigt sich, alle Kurven brechen sich. Der Taxifahrer kann den Stadtplan nicht lesen, kennt den Weg nicht, fragt auch nicht danach, sondern fährt und fährt blindlings; er ist wie tot, der Fahrgast ist auch wie tot; das Straßenbild wiederholt sich unaufhörlich, Sportplätze, Coca-Cola-Buden. Und überall die schwere Süße einer ewigen Fäulnis.

Dieter Vogt

Die Weiber von Kam Tin

Begegnung mit Hongkong

Achtzehn Stunden dauert der Flug nach Hongkong. Auf einer Reise in den Fernen Osten hatte man früher Erlebnisse, heute hat man nur noch Komfort. Vom Jumbo-Service eingeschläfert, gleitet der Passagier über Völker und Meere, über Kriege und Katastrophen hinweg, ohne das mindeste zu erleben. Es ist atemberaubend, wie viele Länder man in achtzehn Stunden verpassen kann. Gab es nicht bessere Zeiten? Hatte nicht jeder Reisende eine Chance, von Seeräubern oder wilden Mongolen ein wenig verschleppt zu werden, wobei er Land und Leute kennenlernte? Wer nach Zahlung eines schmeichelhaft hohen Lösegeldes endlich Hongkong erreichte, hatte allerhand hinter sich. Wer den Fluggesellschaften die geforderte Summe bezahlt, hat alles nur unter sich.

Zu Hause fiel Regen, eiskalt, und hinter Athen beginnt die Nacht, die erst am Ganges enden wird. Das Flugzeug bewegt sich außerhalb der Wirklichkeit, während die Erde sich dreht. Das Abendessen wird im Verlauf der Türkei eingenommen. Der Film handelt bis Indien. Auf der Leinwand wird geschossen. Draußen vor den Bullaugen ist nichts als finstere, friedliche Nacht. An einem schwülen Sommertag kurz vor Weihnachten landet der Kapitän in Bangkok, wo die Tanks gefüllt, die Aschenbecher geleert werden.

Der Flugplatz liegt in einer überschwemmten grünen Reislandschaft. Es atmet sich schwer, wenn man plötzlich von den Tropen überfallen wird. Eine Stunde Aufenthalt in Thailand.

Die mächtig blasende Klimaanlage ist auf Winter programmiert. So erwärmt man sich für die Souvenirs, die rundum in der Halle angeboten werden. Hinter seidenen Tüchern und geschnitzten Elefanten lächeln bronzene Verkäuferinnen das Lächeln der Sirikit. Der Stundentourist greift nach einer braunen Heuschrecke ohne Preisschild: ein gelungenes Stück, zehn Zentimeter groß – da springt sie weg. Schwupp, schon geht es los mit den Rätseln Asiens.

Anschnallen zum letzten Sprung. Der Jumbo steigt aus den Reisfeldern auf und gewinnt dunstige Höhe. Der Kapitän meldet 30 000 Fuß. Von hier oben betrachtet, ist Laos eine graugrüne, verschwommene Fläche, aber der Mekong schimmert in der Farbe des Honigs. Vietnam ist nur eine kurze Episode. Über der Südchinesischen See ballen sich Wolken.

Inseln tauchen auf, zahllose Inseln, unordentlich ins Meer geworfen, dahinter gebirgiges Land. »Meine Damen und Herren, in wenigen Minuten ...« Die Maschine schwebt an einer Hügelkette entlang und sinkt langsam auf die kantigen Waben von Häuserblöcken hinab. Am Ende scheint es fast, als durchquere man die Stadt und fliege nicht darüber. Der Passagier zieht mißtrauisch die Füße ein. Der Jumbo schaukelt zwischen zwei Hügeln und hält auf einen dritten Hügel zu, den die Piloten genau, die Passagiere zum Glück überhaupt nicht sehen. Da geht der Kapitän endlich in eine Rechtskurve und setzt den fliegenden Saal behutsam auf der Bahn 13 ab, die weit in den Hafen hinausreicht.

Geschäftsleute, die auf Kosten, manchmal sogar zum Nutzen ihrer Firma viel in der Welt herumkommen, landen immer mal wieder in Hongkong, es liegt ja am Weg. Hongkong? Eine faszinierende Stadt! berichten sie in Übereinstimmung mit dem gedruckten Reiseführer – vor allem ein Einkaufsparadies. Sie wissen die Adresse eines Hotels, eines Nachtklubs und eines fleißigen chinesischen Schneiders, der quasi über Nacht einen Maßanzug zustande bringt. Und sonst? Die erfahrenen Reisenden sind abgebrüht von den Schönheiten der Welt, und vielleicht haben sie durch das dichte Netz ihrer Geschäftsbeziehungen hindurch nie einen tiefen Blick nach Hongkong werfen können.

Warum, fragt der Gast, der zum ersten Mal das kleine britische China erreicht – warum hat mir niemand gesagt, wie schön diese Stadt ist?

Aber er wird das erst später fragen. Als er aus der unwirklichen Region der Luftstraßen auf die Erde zurückkehrt, als er vom Sog der Abfertigung fortgerissen wird, ist er beinahe abwesend vor Benommenheit. Man kann nichts anderes erwarten nach achtzehn schlaf- und ereignislosen Stunden, nach zwölftausend Sitzkilometern und im Angesicht der chinesischen Übermacht. Seine Tage in Honkong sind gezählt, darum wurden sie organisiert. Organisation ist das, was einen harmlosen Reisenden von einem gut geführten Touristen unterscheidet. Jemand heißt ihn willkommen, jemand schüttelt ihm die Hand, jemand überreicht ihm ein Programm (Hongkong, in Stunden zerschnitten), jemand erwartet ihn zum Diner. Das Förderband bringt den Reisekoffer, gottlob, ein Stück Heimat, woran man sich festhalten kann. Jedoch die Organisation schlägt zu.

Neben anderen Eindrücken stürzen Kofferkulis auf den Fremden zu und befreien ihn von Heimatgefühlen. Dem Gepäck folgend, das in der Menschenmenge verschwunden ist, gelangt er auf einen Parkplatz, wird in einen Lieferwagen gebeten, heiß brennt die Sonne, er steigt ein, fährt fort, steigt aus, immer dem Koffer folgend, läuft in ein flaches Gebäude, muß seinen Namen nennen, unterschreiben, bitte diesen Ausgang, alles ist geregelt, aber wo ist der Koffer? Ehe er sich gegen die perfekte Betreuung wehren kann, sitzt er in einem Hubschrauber. Der Hubschrauber flattert dreißig Meter über dem Hafen. Wohin? will der Gast wissen. Und man antwortet: Nach Hongkong.

Die hiesige Geographie muß man erst erlernen. Hongkong ist eine Insel, kleiner als Formentera, ein aus dem Wasser emporragender Berg vor der Küste Südchinas. Am Nordhang der Insel, auf engem Raum, steht die Stadt Viktoria: imposant wie Rio, konzentriert wie Manhattan. Viktoria ist die eine Hälfte einer Zwillingsstadt, die andere Hälfte heißt Kowloon und liegt gegenüber auf dem Festland. Vom Flugplatz in Kowloon bis nach Viktoria auf Hongkong braucht der Hubschrauber fünf Minuten.

Die Insel Hongkong ist ein Beutestück aus imperialistischer Piratenzeit. Als die britische Regierung zum Rauschgift noch ein anderes Verhältnis hatte als heute, als sie den Opiumhandel nicht unterdrückte, sondern förderte, kam es zum Krieg mit dem chinesischen Kaiserreich, das sich gegen den giftigen Import sträubte. Im Vertrag zu Nanking, 1842, mußten die Besiegten zähnknirschend abtreten, was die Engländer verlangten: Hongkong, »eine kahle Insel mit kaum einem Haus drauf«. Im Jahre 1860 kam die Festlandspitze Kowloon dazu, und 1898, als die Zeiten friedlicher waren, pachtete die Krone von China das gesamte Hinterland (New Territories) mitsamt den 235 umliegenden Inseln und Inselchen. Dies alles ist die Kronkolonie Hongkong, bevölkert von vier Millionen Chinesen und einer Handvoll Engländer. Der Pachtvertrag läuft 99 Jahre.

Wer gelegentlich – nicht zu oft – in einen fremden Erdteil reist, bringt den ersten Tag tastend wie in einem Traum hinter sich. Autos huschen vorbei und Gesichter. Schlitzaugen und Schlitzohren. Schleierhaft sind die Schriftzeichen an den Hausfassaden. Die Luft am Pier riecht nach Meer und Fisch, die Luft in der Hotelhalle nach Parfüm und Travellerschecks. Eine Wolke von Dienstboten umgibt den Gast. Fast wundert er sich, daß man ihn nicht auf Händen in die 24. Etage trägt. Zwei Mann Personal haben den Auftrag, am Abend seinen Bettzipfel zurückzuschlagen. Heilige Kolonie! Zwei Telefone (eines neben der Badewanne) klingeln abwechselnd, um ihn an seine Terminpflichten als Tourist zu erinnern.

Der Balkon geht auf den Hafen. Eine grandiose Bucht zwischen den Zwillingen, eingekesselt von Bergen und voll von ankernden Ozeanschiffen. Aus dem Traum wird ein Rausch. Hongkong sehen und möglichst nicht sterben: das Erlebnis lohnt höchste Spesensätze. In der Bar sitzen ein paar englische Gentlemen und genießen das rar gewordene Kolonialgefühl, on the rocks.

Amerikaner bleiben in der Regel drei Tage, dann haben sie das Wichtigste gesehen und machen Japan oder die Philippinen. Mancher Deutsche, wie Herr S., ist so begeistert, daß er nicht wieder abreist, sondern eine Fabrik eröffnet. Herr S. berichtet: »Erst war ich als Vertreter hier. Meine Karriere habe ich in Büstenhaltern und Unterwäsche gemacht. Dann kam mir die Idee: Warum nicht auf eigene Faust?« Aber natürlich fängt jeder mal als kleiner Tourist ganz unten an, wo er nichts auf eigene Faust tut. Die Sehenswürdigkeiten kommen nur so auf ihn zu. Eine Fahrt durch den Hafen und auf den Victoria Peak mit Rundblick. Essen auf einem schwimmenden Restaurant in der Bootsstadt Aberdeen, wo sich schreiende Armut durch Knopfdruck in malerische Dias verwandeln läßt. Ein Besuch der Nachbarinsel Lantau und der New Territories. Einkaufsbummel und Oper, anschließend chinesisches Festmahl.

Kann sein, einer hat das Glück, Queenie zu treffen. Queenie ist ein Chinesenmädchen von zwanzig Jahren, schön wie die Nacht, strahlend wie der nächste Tag, den China in Hongkong werden läßt. Sie will dem Gast alles zeigen.

So tauchen sie unter im Gedränge, Geschubse, Geschnatter und Geschrei des westöstlichen Marktes. Die letzten Rikschamänner dösen arbeitslos im Dunst der Auspuffgase. Die Autos fahren rasant wie im Kriminalfilm. Die Polizisten tragen kurze Hosen bis zum Knie: das einzige englische Hoheitszeichen weit und breit.

Tausende trippeln zum Anlegeplatz der Fähre. Die Boote der »Star Ferry« pendeln pausenlos zwischen Viktoria und Kowloon. Ihr Hin und Her ist der Pulsschlag der Stadt. Die plumpen, zweistöckigen Schiffe, die hinten wie vorn aussehen und kleinen Mississippidampfern ähnlich sind, transportieren täglich mehr als 150 000 Menschen quer durch den Hafen. Sie liegen eigentlich nie still. Ehe sie recht festgemacht haben, entleert sich die geballte Menschenfracht, während die nächste Fuhre an Bord geht. Es herrscht amerikanische Hast. Auf dem Oberdeck, in der ersten Klasse, kostet die Überfahrt fünfzehn Pfennig, unten bei den Kulis, Hausfrauen und Studenten weniger als einen Groschen. Das Horn tönt, und die Fähre startet zum nächsten Slalom durch den Hafen, Kriegsschiffen, Frachtern und behäbigen Dschunken ausweichend.

In Kowloon legt die Fähre neben der Eisenbahnstation an. Die Züge fahren über die Grenze nach China. Wenn in Kanton Messe ist, sagt Queenie, erhält man leicht ein Visum für die Volksrepublik.

Der britische Löwe an der Hintertür des chinesischen Drachen. Bis zum Zweiten Weltkrieg war Hongkong nur ein wichtiger Hafen für Ostasien. Als die Japaner nach China kamen, besetzten sie Hongkong gleich mit. 1945 zählte man noch

700 000 Einwohner. Nach Maos Siegeszug flohen Millionen in den »duftenden Hafen« der Engländer, sie suchten Freiheit, Arbeit und eine Schlafstelle.

Wohnen in Hongkong – das kann vielerlei bedeuten, Bretterverschlag oder Massenquartier oder Luxuspenthouse. Die uralten, knarrenden Boote der Wassersiedlungen von Aberdeen und Kwun Tong: Höhlen am Berghang, Ställe aus Holz und Wellblech: Obdach bis zum nächsten Taifun. Die Familien der Flüchtlinge nisten zu Zehntausenden in rohen, groben Betonblocks, wo sich menschliches Leben dem Leben der Ameisen nähert. Es quillt aus halbdunklen Räumen auf die Straßen hinaus und quirlt zwischen den Marktbuden. In Hongkong wird alle fünf Minuten ein Kind geboren. Hemden und Hosen, Wälder von Wäsche wogen vor den Hausfassaden wie Blätter an einem mächtigen Baum. Wer Geld hat, wohnt in vollklimatisierten Villen und Appartements. Schweigend gießt eine chinesische Ammah dem weißen Herrn den Tee ein. Die Regierungsbeamten sind stolz auf das Erreichte. Vor zwanzig Jahren, erklären sie, hätte niemand gedacht, daß wir je mit den Flüchtlingen fertig würden.

Die Szenenwechsel sind kraß. Die vollgestopfte, zugestopfte Stadt Kowloon stößt im Norden an die felsige Barriere der Drachenberge. Dahinter beginnt ödes, leeres Land, das allmählich in eine fruchtbare Ebene übergeht. Hat man je gedacht, daß an Hongkong so viel China dranhängt? Stundenlang kann man kreuz und quer durch die New Territories fahren. Die Zivilisation, die Segen und Fluch bringt, gewinnt nur langsam Boden. Die gute Erde reicht bis an den Horizont und wird nur scheinbar von dem Grenzfluß Sham Chun in zwei Welten geschieden. Ein Hügel, Lok Ma Chau, erhebt sich aus dem tümpelreichen Ackerland, Aussichtspunkt, Polizeistation, Erfrischungen, Blick durch den Bambusvorhang. Aber die Bauern drüben sind wie die Bauern hüben. Gegen die Sonne tragen sie einen kleinen Vorhang an der breiten Hutkrempe. Im Schlamm wälzen sich Wasserbüffel und benehmen sich wie Schweine. Japaner betrachten alles nicht mit den Augen, sondern mit Kameraobjektiven.

Queenie warnt vor den Weibern von Kam Tin. Der Wagen hält vor einer drohend dunklen Stadtmauer, die quadratisch ein ziemlich kleines Dorf umschließt. Kam Tin ist eine Kommunesiedlung aus dem Mittelalter, saubere Backsteinhäuser und enge Durchgänge. Alte Frauen sitzen vor den Türen. Sie blicken teilnahmslos aus roten, kranken Augen. Ihre Teilnahmslosigkeit ist eine Falle, die sie den Fremden stellen. Sie leben vom Fotografiertwerden – und wer läßt sich das Abbild der Greisinnen entgehen! Kaum hat ein Unvorsichtiger abgedrückt, erheben sie empörtes Geschrei, rufen alle Freundinnen zu Hilfe, stürzen sich auf ihr Opfer, zerren an seinen Kleidern, versperren ihm den Weg und lassen es nicht laufen, bevor es ein paar Dollars springen läßt. Es ist kein Überfall, nur eine Erpressung. Sie verdienen nicht schlecht damit.

Die Castle Peak Bay ist eine Mittelmeerbucht, in der Dschunken gebaut werden. Große, halbfertige Kastenhecks überragen die Bruchbuden der Werft. Draußen ziehen die Dschunken vorbei, die Lebensmittel und Stoffe aus China bringen. China versorgt Hongkong sogar mit Trinkwasser.

Da man schon einmal in Hongkong ist, begegnet man vielleicht der Puppe Mu Lan. Freilich wäre sie in deutschen Spielzeugläden leichter zu finden. Miß Mu Lan ist ein typisches Hongkonger Kind mit runden, blauen Augen, blonden Locken, dreißig Zentimeter groß, aus Plastik, lieferbar in europäischen oder altchinesischen Kleidern. Hongkong produziert Spielzeug für die ganze Welt. Mu Lans Geburtshaus, eine führende Plastikfabrik in chinesischem Besitz, exportiert 800 verschiedene Artikel, Puppen und Eisenbahnen, Klosettdeckel und Kampfflugzeuge und einen dickbauchigen Weihnachtsmann, der an Stelle eines Gürtels einen Schlitz hat: Man schiebt eine winzige Schallplatte hinein, und was herauskommt, klingt entfernt wie »Stille Nacht«.

Mr. Ting, der Geschäftsführer, ist gern bereit, den Gast an seinen Fließbändern entlangzuführen. Ein Schlager des Hauses ist der Motorradfahrer, der mit hoher Geschwindigkeit durch Tings Chefbüro rast. Alle drei Sekunden erläutert der Geschäftsführer, werden zwei Motorräder fertiggestellt, 20 000 am Tag. Die Teile wandern übers Band und häufen sich vor den Mädchen. Sie arbeiten mit Handschuhen, damit die Finger nicht wund werden. Ein Mädchen hängt tausendmal die Vorderradgabel ein, das nächste klemmt tausendmal einen Fahrer drauf. Der Lohn? Achtzehn Hongkong-Dollar (etwa zehn Mark) für einen Achtstundentag, sonntags frei. Auf der Nürnberger Spielwarenmesse, natürlich, ist man seit Jahren vertreten. Ting führt eine preiswerte elektrische Eisenbahn vor, aber sie entgleist immer wieder, und so lenkt er die Aufmerksamkeit des Gastes erneut auf Miß Mu Lan.

Die Wirtschaftsmacht Hongkong, anderthalb Millionen Beschäftigte, sticht viele Konkurrenten auf dem Weltmarkt aus, weil sie so billig produziert. Übermächtig ist die Textilindustrie mit ungezählten Kleinbetrieben, danach folgen Plastik und Elektronik. Das meiste nimmt Amerika ab, und hinter Amerika rangieren England und Deutschland. Die größten Importeure aber sind Japan und China.

Zum Abschluß ein Essen mit zwölf Gängen. Der Gast ist am Fließband hungrig geworden und wetzt die Stäbchen. Die goldbraune Ente aus Peking macht Schwierigkeiten. Der zwölfte Gang zählt nicht, er besteht aus süßen, roten Bohnen und schmeckt scheußlich nach Marmelade. Queenie verabschiedet sich. Immer, wenn man glaubt, man sei einer fremden Stadt etwas nähergekommen, ist es aus.

Was hat sich in diesen drei Tagen ereignet? Darüber berichten 66 chinesische und vier englische Tageszeitungen. Nichts Besonderes: ein Mord, ein neuer Gouverneur, steigende Exporte, steigende Touristenzahlen, weiterhin schönes Wetter. Achtzehn Stunden später ist Advent in Frankfurt, Regen, eiskalt.

Michael Schwarze

Angst macht arbeitsam

Ansichten über Hongkong

Für Sentimentalität ist in Hongkong kein Raum. Für die Melancholie bleibt keine Zeit. Die Spurensuche ist ein Unterfangen von tragischer Vergeblichkeit. Die Häuser der Ahnen sind verschwunden, die Erinnerung ist ausgelöscht, es zählen das Hier und das Jetzt. Tag für Tag verändert dieses schrecklich-schöne Gebilde sein Gesicht, kein Stein bleibt lange auf dem anderen. Es wird gehämmert und gezimmert. Bambusgerüste werden in Höhen gezogen, die des Menschen Maß schon lange überschritten haben.

Das magische Wort heißt Rendite. Nirgendwo in der Welt ist der Profit rascher zu erzielen. An Repräsentation, an Stil, an bürgerliche Selbstdarstellung mag niemand denken. Was zählt, ist das Verhältnis von Aufwand und Ertrag. So stehen sie dichtgedrängt, die häßlichen Betonburgen, die Wohnmaschinen, Hotels und Bürotürme. So etwas nennt man einen Bauboom, doch das Wort nimmt sich über Gebühr zutraulich aus, um jenem kollektiven Rausch noch gerecht zu werden.

Das Pockengesicht von Hongkong. Überall finden sich die Krater, Vorboten von Wolkenkratzern, die der Silhouette dieser Stadt surreale Züge geben. Sechshundert Tempel gibt es in der Kronkolonie, doch die Menschen tanzen um das Goldene Kalb. Güte, Liebe und Menschlichkeit predigte Konfuzius den Chinesen und auch, daß der Weise nach Höherem streben müsse und nur der Minderwertige an den Profit denke. Die Lehre des Konfuzius wirkt im Hongkong von heute wie ein anrührendes Fossil aus einer ganz, ganz anderen Zeit.

An der Mündung des Perlflusses, am 22. Breitengrad, haben die Menschen die Natur unterjocht. Millionen von ihnen sind in diese britische Enklave eingeströmt, angelockt vom magischen Licht des Geldes. Sie haben viel riskiert, zuzeiten auch ihr Leben, haben ein bescheidenes Auskommen eingetauscht gegen eine Vision vom besseren Leben. So gelten denn auch jene Provinzen, die an die Kronkolonie angrenzen, als die unruhigsten, die aufsässigsten im Reich der Mitte. Hier plagt die Menschen eine dunkle Sehnsucht nach jener Oase des Kapitalismus, deren Verheißungen sie auf ihren Fernsehschirmen sehen können.

Über fünf Millionen Menschen leben auf der Insel Hongkong, der Halbinsel Kowloon, den »Neuen Territorien« und den 235 vorgelagerten Inseln. Fünf Millionen Menschen auf nicht einmal tausend Quadratkilometern, und dort, wo sich die Erdenbewohner am ärgsten drängeln, hausen 165 000 Menschen auf einem einzigen, winzigen Quadratkilometer. Doch es bedarf der nackten Zahlen nicht. Es genügt ein Blick über die unendlichen Fronten der Wohnsilos, deren brutale Fassaden durch riesige Stangen, an denen Hemden und Hosen wie Fahnentücher zum Trocknen hängen, ein eigenartiges Aussehen bekommen.

Wohnen ist teuer in Hongkong, und in den Genuß der Privatheit kommen nur die Begüterten. Wer im Lebenskampf der fünf Millionen nicht obsiegt, muß auf die Rettung durch die Großfamilie hoffen, die als letztes Relikt einer traditionellen Lebensform in eine Welt hineinragt, die Rührseligkeit nicht kennt. Fünf, sechs, sieben Menschen zwängen sich zuweilen in ein kleines Zimmer. Hongkong ist kein Ort für klaustrophobische Gemüter. Der Tatbestand der Ruhestörung würde den Menschen dort geradezu absurd vorkommen. Wer der Enge, der Überfüllung der eigenen vier Wände entfliehen will, tritt auf Straßen, auf denen sich die Menschen schieben, stoßen, reiht sich ein in die Phalanx von Tausenden, die die Horrorvisionen des englischen Pfarrers Thomas Malthus von einer sich durch die Progression des Bevölkerungswachstums selbst zerstörenden Welt Wirklichkeit werden lassen. Ein weltfremder Tor, der hier von Denkmalschutz und Naturerhaltung sprechen würde. Hongkong ist die pure Unnatur. Mindestens dort, wo für den Quadratmeter Boden über hunderttausend Mark verlangt und bezahlt werden. Dort regieren Stahl und Beton, kein Baum, kein Blumenkübel nährt Illusionen. Wo das Natürliche den Bedürfnissen opponiert, wird es beseitigt. Wo früher Berge in den Himmel ragten, türmen sich heute die Hochhäuser. Der Kampf des Gewachsenen, Überlieferten gegen Pfahlrammen und Planiermaschinen ist aussichtslos.

Doch so grenzenlos ist die Allmacht der Menschen nicht, als daß sie sich nicht immer wieder in Ohnmacht verkehren würde. Dann rächt sich die vergewaltigte Natur, der Himmel wird schwarz, es kommen, wie John Gordon Davis in »Thypoon« geschrieben hat, »die Winde mit dem Gebrüll eines Drachens, und das Meer donnert durch den berühmten Hafen und stürzt die Uferstraßen hinunter, und der Regen kommt im Flug, hämmert herunter so dick wie deine Finger, und die Fluten und Erdrutsche kommen donnernd die steilen, mit Dickicht bewachsenen Berge herunter, und eine Menge Menschen sterben«. Der Taifun zerstört die Dschunken, die Hütten, die Ernte, aber der Regen bringt auch jenes Wasser, ohne das Hongkong nicht leben könnte. So zieht man in dieser Stadt aus der Apotheose der Zerstörung am Ende auch noch Nutzen.

Städte, Regionen, die den Naturgewalten trotzen müssen, haben ein besonderes Fluidum. In ihnen tanzt man auf dem Vulkan. »Earthquake« heißt eine besonders beliebte Bar in San Francisco, mit dem Grauen wird rüder Scherz getrieben, die unaufhörliche Bedrohung macht die Menschen kaltschnäuzig, fast zynisch. Jedenfalls lebt man dort, wo das Morgen im Ungefähren liegt, hemmungslos, hektisch, mit verzweifeltem Optimismus für das Heute. Die Zukunft von Hongkong ist erbarmungslos ungewiß. Die Widrigkeiten der Natur wären womöglich noch zu ertragen, doch wie ein Schatten liegt jener ominöse 1. Juli des Jahres 1997 über der Kolonie Ihrer Majestät. Die Insel Hongkong ist ein Beutestück aus imperialistischer Piratenzeit. Als die britische Regierung den Opiumhandel noch mit Wohlwollen sah, der chinesische Kaiser sich dem giftigen Import versagte, nötigten die Briten den weitsichtigen, aber machtlosen Herrscher, im Vertrag von Nanking eine kahle Insel abzutreten, deren günstige Aussichten niemand vorhersehen konnte. Das war 1842. Achtzehn Jahre später kam die Festlandsspitze Kowloon hinzu, und kurz vor der Jahrhundertwende pachtete die Krone für neunundneunzig Jahre das Hinterland, die Neuen Territorien.

Fünfzehn Jahre bis Ultimo. Bänglich fragt man den Gast, als ob er es besser wissen könnte, über die Aussichten. Wie römische Soldaten, die sich durch das Klopfen auf ihre Schilde Mut machten, beschwören die Geschäftsleute von Hongkong die ökonomische Rationalität im Denken der Rotchinesen, verweisen darauf, welche immensen finanziellen Vorteile die Volksrepublik aus der Enklave gezogen habe. Warum, so heißt es immer wieder, sollten die Chinesen sich dieser Pfründe entledigen, doch der auffällig zur Schau getragene Optimismus kann die Angst nicht kaschieren, kann die Bänglichkeit nicht verscheuchen, auch nicht die Ahnung, am Ende möge für das Politbüro in Peking das Wahren des Gesichts mehr zählen als die wirtschaftliche Vernunft. Die Krise ist jedenfalls da, die Immobilienpreise fallen, die Insolvenzen häufen sich, in den »New Territories« beschränkt eine Verordnung alle auf das Jahr 1898 zurückdatierten Verträge auf 99 Jahre, abzüglich drei Tage. Drei kurze Tage: soviel Zeit wird jenen bleiben, die ihr Hab und Gut packen, ihre Angelegenheiten ordnen und, welche Ironie des Schicksals, zum zweiten Mal vor jener Form des Lebens fliehen müssen, der sie schon einmal entronnen sind.

In Hongkong nistet die Angst, mindestens die Unruhe, aber sie lähmt sie nicht. Niemand ertrinkt hier in der Resignation des Alltags, die Schau muß weitergehen, das Karussell dreht sich. Die Taiwanesen, so schreibt einer in der »South China Morning Post« indigniert, versuchen, die Investoren aus Hongkong wegzulocken. Aber wenn auch die Bau- und die Bodenpreise fallen, in Kowloon wird ein Wald von Hochhäusern aus dem Boden gestampft, eine Hotelkette eröffnet unverdrossen einen Palast aus Marmor und Glas. In drei, vier, fünf Jahren muß sich hier das Kapital amortisieren, hier, in dieser Stadt der kaltschnäuzigen Rechner und der Hasardeure. Die Geschäfte sind das eigentliche Glücksspiel. Jene, die mit Jetons spielen wollen, müssen nach Macao fahren.

Zeit ist Geld, Arbeit der Inbegriff des Lebens, Hongkong taugt nicht für Flaneure, nicht einmal mehr für jene, denen der Sinn nach Vergnüglichkeiten steht. Dafür immerhin war Hongkong einmal berühmt. Wanchai hatte seinen Ruf, einen Nimbus, den der Roman von Richard Mason fleißig genährt hatte, doch an die Welt der Suzie Wong erinnern in einer schmuddeligen Bar in der Fenwick Street nur noch ein paar vergilbte Filmfotos. Dem dahinsiechenden Nachtleben von Hongkong fehlen die sentimentalen Züge. Die kalte Professionalität fügt sich in das Bild der Kolonie. Etwa in den »Ballrooms«, die nüchterne Namen wie »Union Association Club« tragen. Fünfzehn Minuten Tanz kosten fünfzehn Hongkong-Dollar, für die Geselligkeit zahlt man wie für die Fähre von Hongkong nach Kowloon, erwirbt ein »Time-Ticket«. Zeit ist eben Geld in Hongkong, und womöglich ist in fünfzehn Jahren ja auch alles vorbei.

Die Kolonie Ihrer Majestät ist ein Mythos. Der Name hat Klang, weckt Sehnsüchte, belebt Träume. »Fährt ein weißes Schiff nach Hongkong«, hieß es einmal in einem populären Schlager, und man stellte sich viel, sehr viel vor. Han Suyin mit »Alle Herrlichkeit auf Erden«, John Gordon Davis mit »Das Jahr der hungrigen Tigers«, John Le Carrée mit »Eine Art Held« oder jetzt wieder James Clavell mit »Noble House Hongkong« haben an dem Nimbus dieser Stadt gewoben. Hier tummelten sich die Abenteurer, intrigierten die Geheimagenten, hier prallten die Welten, die Gesellschaftssysteme aufeinander. Man fährt mit der Drahtseilbahn zum Victoria Peak hinauf, blickt über das illuminierte Häusermeer, den betörend schönen Hafen, sinniert, wo John Le Carrées tragischer Held Jerry Westerby den Machenschaften des Bösen unterlegen sein mag, man konfrontiert Hongkong mit literarischen Erinnerungen, doch die Enklave gibt ihr Geheimnis nicht preis.

Hongkong hat keine Sehenswürdigkeiten, es ist eine. Der Kulturfahrplan ist bescheiden genug. Ein Geschichtsmuseum mit Dschunkenmodellen, Photographien, archäologischen Fundstücken, ein Grabgewölbe aus der Zeit der Han-Dynastie, eine Kunstgalerie, die dem Mäzenatentum von Hongkongs Millionären nicht das allerbeste Zeugnis ausstellt, ein Ozenarium, in dem dressierte Wale ihre Fertigkeiten zeigen, ein Planetarium – aufs Ganze gesehen nichts Aufregendes, aber immerhin ein Indiz dafür, daß man ahnt, daß den Touristen, die länger als die üblichen zwei, drei Tage verweilen wollen, mehr als eine Kauforgie geboten werden muß.

Doch die Attraktion bleiben die Uhren, Ferngläser, Taschenrechner, Videorecorder, Verstärker, Jadeketten, die, von lästigen Zöllen befreit, die Besucher in einen Kaufrausch drängen, in eine Lust am Feilschen, die jeder Zweckhaftigkeit schon längst entkleidet ist. Nur der Asket wird in Hongkong nicht zum Krämer, und sinnigerweise heißt ein Basar, der nächtens geöffnet ist »Poor Man's Nightclub«.

Übertölpeln ist das Gebot der Stunde. Unbeschadet entgehen nur die Chinesen den Rankünen der Händler. Für die »Fremden Teufel«, wie man die Weißen nicht gerade anheimelnd nennt, wird es teurer, doch am ärgsten werden die Japaner zur Kasse gebeten, deren Gemeinheiten während des Zweiten Weltkrieges unvergessen sind. Als »Fremder Teufel« geht man über die Hennessy Road, die Percival Street, ist einer von dreißigtausend Weißen im Millionenheer der Chinesen, ungeliebt, fremd, und wer seine Phantasie über Gebühr bemüht, den mag dann und wann die Furcht übermannen.

Schließlich erinnern an das gute alte Europa nur der Palast des Gouverneurs, die kurzen Hosen der Polizisten und die Doppeldeckerbusse. Und die Gesetze, die das Beschmutzen der Straße unter Strafe stellen. Doch viel Abfall gibt es nicht in Hongkong. Was die Reichen wegwerfen, findet bei den weniger Reichen Verwendung, was die nicht benötigen, landet bei den Ärmsten der Armen. Recycling ist in Hongkong keine Technik, es ist eine Lebensform. Doch noch immer sterben Menschen, weil es manche nicht lassen können, ihren Müll schlichtweg aus dem Fenster zu werfen.

Die Legende von Hongkong. Beispielsweise Aberdeen, wo dichtgedrängt Hunderte von Dschunken und Sampans liegen. Für ein paar Dollar kann man der dekorativen Armut ansichtig werden. Die Knirpse hat man zu ihrer Sicherheit mit einem langen Seil angebunden, die Mädchen laufen ungeschützt über die Schiffe. Alles hat in Hongkong seinen Preis, und der von Mädchen ist nun einmal geringer. An langen Stangen hat man Beutel befestigt, nachdrücklich ragen sie in die Boote der Besucher, »Hello Money« schreien die Winzlinge, »Money, Money, Money«.

Selbst im Tode ist Geld noch das Schlüsselwort. Die Menschen werden eingeäschert und begraben. Hernach verlassen sie – symbolisch – in einem Papierhaus über eine Treppe das Diesseits. Schränke, Stühle, was immer zum irdischen Besitz gehörte, geht in Flammen auf, Geldscheine werden verbrannt und am Ende auch die Nachbildung eines Mercedes, hellblau ist er, eine irrwitzige Erinnerung an jenes Geld, das die kleine Welt von Hongkong regiert.

Großbritannien und Hongkong. In England hat man einen Mann ins Gefängnis gesteckt, weil er seinen Kanarienvogel immer wieder mit Wasser übergossen hatte. Die Tierliebe der Kolonialherren ist grenzenlos, doch die Chinesen glauben, Tiere hätten keine Seele und könnten deshalb auch keinen Schmerz empfinden. So werden die Fische bei lebendigem Leibe entschuppt, die Schlangen bei Bewußtsein enthäutet. Tapfer haben die Briten den Verzehr von Hundefleisch verboten, doch wer genau hinschaut, sieht bei den Fleischern in engen Drahtkörben treuherzig schauende Vierbeiner, die einem widrigen Schicksal entgegensehen.

Hongkong ist keine Stadt für Busrundfahrten. Man muß sich die Stadt erlaufen. In der Wing On Street gibt es Möbelstoffe, in der Wing Sing Street hundertjährige Eier, in der Wing Lok Street Heilkräuter, in der nächsten Straße chinesische Siegel, dann Schreibpapier, Jade, Porzellan, Opernkleider, Elfenbein, Sojasoßen, Schlangen, deren Gift, gemischt mit Wein, dem Potenztrauma der Chinesen Abhilfe schaffen soll. Hier ist nichts mehr von dem aufdringlichen Boutiquenschick zu spüren, von jener sterilen Verkaufspsychologie, hier endlich spürt man, daß Hongkong ein Stück von China ist, jede Straße riecht anders.

An der Hennessy Road steht schließlich das »China Products Department Store«, ein Kaufhaus, in dem Waren aus der Volksrepublik China feilgeboten werden. Klotzige Fahrräder, unansehnliche Uhren, rührend altmodische Möbel, billige Lederkoffer. Alle Verkäufer sind in mäßig ansehnliche braune Jacken gehüllt, der Mao-Look paßt zum Angebot. Hier werden sozusagen die Folterwerkzeuge gezeigt, man mag ahnen, was Hongkong blüht, wenn die Rotchinesen sich ungnädig zeigen werden. Man tritt hinaus in eine Welt, schaut auf die betörenden Neonlichter, die hell erleuchteten Schaufenster, schaut auf die Auslagen eines Systems, dessen Zauberwort Konsum heißt. Mag sein, daß diese Welt untergehen wird, aber es ist ein grandioser Abgesang. In die Volksrepublik China ist jedenfalls noch niemand geflohen.

Hans Scherer

0,3 Promille für die chinesische Freundschaft

Von Hongkong nach Peking

Die Tränen der Kurtisane Yu Tang Chun wollten nicht versiegen. In Bewegungen von eleganter Anmut deutete sie immer wieder mit den überlangen Ärmeln ihres Gewandes das Trocknen der Augen an. Je selbstverständlicher ihr diese pantomimische Geste gelang, um so lauter tobte der Beifall des Hauses. Aber sie schrie von neuem und immer wieder von neuem ihren Schmerz im höchsten Diskant über die Bühne, begleitet von Fiedeln, Klappern, Schellen, Zimbeln und Rasseln. Ihre Stimme bebte, die Bühne bebte, das Haus bebte, die Erde krächzte, so daß harmlose Gemüter unter den Zuschauern wie bei manchen Stellen in Wagner-Opern erlebten, daß ihnen ein Schauer über den Rücken lief. Rechts und links der Bühne waren in Lichtschrift die Texte der Arien an der Wand abzulesen. Exaltationen der Leidenschaft auf chinesisch, der Himmel der Peking-Oper wurde furios entfesselt, doch unsere Dolmetscherin, die verehrungswürdige Frau Zhong, die eine Reihe hinter uns saß, übersetzte in nüchternem Geschäftston: »Ach, was bin ich für ein armes Mädchen, die ganze Welt hat mich verlassen, ganz allein steh' ich auf der Welt, wo mag nur mein Geliebter sein . . .« Unsere chinesischen Mitzuschauer konnten dem Weinen kaum widerstehen, blinzelten aber durch die Finger, um nur ja nichts von den Vorgängen auf der Bühne zu verpassen. Harte, abgearbeitete Gesichter, alte Männer und Frauen, Jungen und Mädchen, alle in dem stumpfsinnig blauen Einheitsgewand, alle waren gefesselt, hochgerissen, mitgenommen. Im

Saal stank es jämmerlich nach Schweiß. Die benebelnden Ausdünstungen der Menge, die schrillen Schreie der Kurtisane, die Stimme von Frau Zhong, die europäischen Besucher taumelten draußen ein wenig in der kühlen Pekinger Frühlingsluft. Das war schon fast der letzte Abend unserer Reise. Und spätestens bei dem aufbrausenden Beifall vorhin in der Peking-Oper für eine einzige gelungene Handbewegung des Richters, die wir überhaupt nicht beachtet hatten, dämmerte uns die Einsicht, daß wir von China weder etwas wußten noch verstanden hatten.

Die Rätselhaftigkeit ist ein Kapital, mit dem China seit Jahrtausenden wuchert und Besucher aus dem Westen lockt. Wer hinfährt, muß seinen Vorwitz hundertfach büßen durch die Fragen der Zuhausegebliebenen, wie es dort sei. Aber ich weiß nicht, wie ich das sagen soll. Ob es mir gefallen hat, was ich gesehen, gehört, geredet, gegessen und erlebt habe. Daß ich hundertmal auf die deutsch-chinesische Freundschaft angestoßen und getrunken habe. Kein Besucher kann sich der Freundschaft erwehren. Jeder Besucher wird für die deutsch-chinesische Freundschaft in lebenslange Pflicht genommen. Warum auch nicht? Aber das habe ich mir nun eingehandelt: Man kommt als deutsch-chinesischer Freund zurück, beladen mit allerlei Verantwortung für die Wahrheit, für die Freundschaft, für den Frieden. Es soll schon China-Besucher gegeben haben, die nach mindestens drei Wochen Aufenthalt ein stattliches Buch darüber geschrieben haben. Andere China-Besucher sollen vor lauter Freundschaft auch schon verstummt sein. Ich will es nicht übertreiben.

Die Eisenbahnfahrt von Hongkong nach Kanton dauert knapp drei Stunden. Die Grenze zwischen der Kronkolonie und der Volksrepublik liegt irgendwo in der Mitte; man sieht sie nicht. Die Landschaft ist auf beiden Seiten von üppiger Vegetation, Reisfelder und Palmenwälder, fleißige Menschen, bescheidene Behausungen. Im Zug werden nach dem Überfahren der Grenze die Toiletten geöffnet; auf Hongkonger Gebiet sind sie aus Gründen des Umweltschutzes geschlossen geblieben. In China ist man dagegen entschieden der Meinung, daß via Hongkong viel »Umweltschmutz« in die saubere Republik gelange. Wenn es irgendwo in China Mißstände zu beklagen gibt, ganz gleich, ob es sich um fehlende Straßen handelt, um schlechten Service in den Hotels, um eingeengte Bewegungsfreiheit oder um die seit neuester Gesetzgebung todeswürdige Korruption, immer werden in China in folgender Reihenfolge drei Schuldige genannt: Erstens versichert man mit naivem Augenaufschlag, daß es sich bei China doch um ein Entwicklungsland handele; zweitens gehen alle Mängel nach wie vor auf das Konto der »verbrecherischen Viererbande«, und drittens vergifte der sündige Einfluß der »dekadent-verdorbenen« Hongkong-Chinesen von neuem das Klima. Lockere Sitten, geckige Moden, Luxusideen, alles tragen die Hongkong-Chinesen im Zug nach Kanton, von ihren Verwandten und Freunden freudig begrüßt; sogar der Staat greift gern auf ihre Devisen zurück. Fast alle Hotels in China werden mit Geldern von Hongkong-Chinesen erbaut. Aber offiziell stehen sie tief unten im Ansehen. Offensichtlich fühlen sie sich dort wohl. Das Thema hat uns während der ganzen Reise begleitet. Man wird nicht klug daraus.

In Kanton macht sich der westliche Einfluß durch die Nähe von Hongkong am meisten bemerkbar. Als touristische Attraktion bleibt die Stadt blaß und ohne Profil, aber die Menschen sind hier bunter gekleidet, sie lachen mehr, sie sind an »Westler« gewöhnt. Kanton ist allein wegen der zweimal jährlich hier veranstalteten Messe eine internationale Stadt. Die allfälligen Sehenswürdigkeiten absolviert man dagegen als mehr oder weniger lustlose Pflicht. Überhaupt muß man sagen, daß den Tempeln und Heiligtümern in China, so kunstgeschichtlich bedeutsam und faszinierend einmalig sie auch sein mögen, stets etwas Steriles und Museal-Artifizielles anhaftet. In Malaysia und Thailand zum Beispiel, wo chinesische Tempel oft kunstgeschichtlich ohne Belang oder schlichtweg kitschig sind, da brodelt und dampft es jedoch vor religiöser Sinnlichkeit. Die sucht man in China vergeblich. Kenner des Landes behaupten frech, das Volk sei schon immer von einer gewissen Sprödigkeit gewesen. Aber seit meinem Erlebnis in der Peking-Oper glaube ich ihnen überhaupt nicht. Die nach außen vorgezeigte Nüchternheit ist mir wie ein Tarnanzug erschienen, vergleichbar der unkleidsamen Mao-Jacke, die auch heute noch demütiges Wohlverhalten signalisieren soll.

Von der Spitze der sechzig Meter hohen Pagode im »Tempel der sechs Bamyanbäume« hat der Besucher einen imponierenden Blick über Kanton mit seinen prächtigen Grünanlagen und über den breiten Perlfluß. Die Gedenkstätten der Revolution – 1923 hat Sun Yat-sen hier in Kanton die Kuomintang, die Nationale Volkspartei, gegründet – gehören heute wie selbstverständlich zum Besichtigungsprogramm. Ein Hotel, weit draußen vor der Stadt, soll in Zusammenarbeit mit einem Hongkonger Luxushotel zu einem für China beispiellosen Ferienpark ausgebaut werden.

Der Name »Südseehotel« deutet auf seine Lage an einem idyllischen See, mit verspielten Brücken, Bögen und Pavillons, der Swimming-pool wurde gerade gekachelt. Ein Schießstand ist schon komplett eingerichtet, die Gäste dürfen sich sogar an einer tschechischen Maschinenpistole versuchen, geschossen wird auf Scheiben und Menschensilhouetten. Das Hotel mit 820 Betten und 860 Angestellten besteht in seinen ältesten Teilen schon seit 1970. Aus dieser Zeit stammt auch die Paradesuite, ein Appartement zu ebener Erde mit einer Gesamtgröße von 210 Quadratmetern. In dem einen Zimmer steht nichts als ein Himmelbett mit Baldachin und schwellenden Kissen, in dem anderen Zimmer nichts als ein gigantischer Schreibtisch, als stamme er aus der Berliner Reichskanzlei oder aus Mussolinis Hinterlassenschaft. Daß das Badezimmer die Größe eines normalen Hotelzimmers hat, wundert bei solchen Ausmaßen schon keinen mehr. Während der Kantoner Messe soll die Suite (für 170 Yüan am Tag, ein Yüan entspricht 1,30 Mark) stets ausgebucht sein.

Die eigentliche Attraktion des Hotels aber, die es sogar zum Gesprächsthema bis in die höchsten Pekinger Kreise gebracht hat, ist eine Diskothek nach westlichem Muster. Mit Glimmerhimmel, Laserstrahlen, Flackerlicht und an harten Wänden sich brechendem Discosound. Alles wie in New York, Hongkong, London, Rom, Paris – die große, durch und durch verruchte, göttlich verdorbene, mondäne Jet-set-Welt – nun auch in Kanton.

Nach der Diskussion an diesem Abend – wir hatten fast jeden Abend eine mindestens zwei Stunden währende Diskussion mit offiziellen Vertretern für die deutsch-chinesische

Freundschaft zu bestehen –, also an diesem Abend wollten wir uns den Betrieb in der Diskothek ansehen. Während der eine, Pop-Musik schon im Ohr, gottergeben an der Kasse seine neun Yüan Eintrittsgeld bezahlen wollte, sah ein Gewitzter aus unserer Gruppe erst einmal oben nach, ob es sich lohne: es war kein Gast in dem Raum. Das Personal schlief mit dem Kopf auf der Bar, bei unserem Eintritt rückten sie allerdings verlegen und geschäftig mit den Stühlen.

Abgesehen von Japan natürlich, aber verglichen mit anderen asiatischen Ländern in der Nachbarschaft von China, mit Thailand, Vietnam, Korea, Malaysia, Indien zum Beispiel – Hunger und Elend gibt es in China nicht. Jeder hat einen blauen Anzug, eine Armbanduhr, ein Fahrrad, ein Dach über dem Kopf. Die Gesichter zeigen die unerhörte Vielfalt des asiatischen Menschenbildes. Was für eine bornierte Anmaßung der Weißen offenbart sich in der dummen Redensart, man könne den einen Chinesen nicht vom anderen unterscheiden. Vom scharf geschnittenen Asketenkopf bis zur wächsern-fleischigen Buddha-Figur, die chinesischen Gesichter entsprechen, allen Plakaten und Veröffentlichungen zum Trotz, überhaupt nicht dem offiziellen Einheitsimage: Denn in Wirklichkeit sind sie schön und von individuellem Reichtum. Jedes Gesicht widerspricht in sich selber jeglicher Einheitsideologie. Für diese Erfahrung allein hat sich die Reise gelohnt. Wer von China zurückkommt, glaubt den offiziellen Chinesen kein Wort mehr.

Nein, Kontakte mit der Bevölkerung, abgesehen von freundlicher gegenseitiger Betrachtung, sind über die von oben gelenkten Annäherungen hinaus kaum möglich. Die Sprachbarriere ist dabei nur ein sekundäres Hindernis, das sich, wie in allen anderen exotischen Ländern auch, leicht überwinden ließe. In Wahrheit sind den Chinesen Kontakte zu Ausländern verboten, fast jedes Gespräch mit Fremden müssen sie der »Einheit«, ihrem Vorgesetzten also, melden, von Haus-, Hotel- und Restaurantbesuchen ganz zu schweigen. Die von den chinesischen Touristikern immer wieder beschworene Freundschaft, für die der Tourismus angeblich überhaupt erst stattfinde, erweist sich im Kern als eine recht einseitige Angelegenheit. Wenn man aber auch nur den Verdacht äußert, daß der Profit, die Deviseneinnahmen im Tourismus, vielleicht auch eine Rolle spielen könnten, gilt man als unhöflich und muß mit zornigen Erwiderungen rechnen.

Dabei sind die flotten Geschäftsabsichten der Chinesen überhaupt nicht zu übersehen. Mit einer Naivität, die an Frechheit grenzt, geben sie unumwunden zu, daß sie sich mit ihren gepfefferten Touristenpreisen am Westen orientieren, ohne dafür aber westliche Leistungen zu bieten. Den Einwand, daß im Westen die Preise nur deshalb so hoch seien, weil die Arbeitslöhne gleichfalls hoch sind, überhören sie geflissentlich. In China beträgt das monatliche Durchschnittseinkommen zwischen 30 und 50 Yüan, Durchschnittsmiete zwischen 5 und 10 Yüan; für eine Übernachtung im Hotel muß der Tourist aber zwischen 80 und 130 Yüan bezahlen. Ungerührt und in leicht vorwurfsvollem Ton rechneten uns die Chinesen vor, daß mit knapp siebentausend deutschen Besuchern im vergangenen Jahr noch keine 0,3 Promille der deutschen Auslandstouristen nach China gereist seien. Was das für ein schlechtes Ergebnis wäre! Unsere Gegenfrage, wie viele Promille der Chinesen denn im vorigen Jahr die Bundesrepublik besucht hätten, war ihnen völlig unbegreiflich. Auch unser Argument, daß für einen »sozialistischen Tourismus im chinesischen Typ«, wie die offizielle Lesart lautet, die willkürlich festgesetzten Touristenpreise einfach zu hoch seien, haben wir wohl zehn- oder zwanzigmal vorgetragen. Es ist nie auch nur mit einer Silbe beachtet worden. Ich fürchte allerdings, daß unsere verehrungswürdigen Dolmetscher alle Schärfen und Spitzen schon vorsorglich aus unseren Reden herausoperiert hatten, so daß wir am Ende einer jeden Diskussion noch einmal die gesamte Phrasologie der Höflichkeit im Wechselspiel aufführten und uns dann in allseitiger Zufriedenheit an die reich gedeckte Tafel setzen durften.

In der kleinen Stadt Guilin, nach alter Schreibweise Kweilin, am Li-Fluß gelegen, in der autonomen Provinz Guangxi, westlich von Kanton, ist der Tourismus die Haupteinnahmequelle. Der Bürgermeister und der Direktor des Hotelwesens, zwei aufeinander eingespielte Schlitzohren, mit allen Wassern gewaschen, gehen denn auch sofort konkret auf alle unsere Fragen ein. Natürlich habe der Tourismus für sie auch Probleme mit sich gebracht, nicht zuletzt steigende Preise. Darum hätten die

Einheimischen vielleicht sogar ein paar Reserven gegen wachsende Besucherzahlen. In Wirklichkeit fördere der Tourismus aber auch alle anderen Gewerbezweige der Stadt. Der Bürgermeister und der Direktor konnten ihre Worte verblüffend einfach mit Zahlen beweisen. Weil hier von Freundschaft ausnahmsweise keine Rede war, hat sie uns nirgendwo so überzeugt wie in Guilin.

Aber gerade in Guilin wird dem Fremden auch klar, wie kleinlich räsonierend er sich mit seinen theoretischen Einschüben, Einwänden und Vorbehalten vor der Welt darstellt. Als gäbe es nichts anderes zu beschreiben als diesen touristischen Schnickschnack! Guilin ist einer von den sieben, acht Plätzen auf der Welt, die man irgendwann in seinem Leben gesehen haben sollte, um die Weite, die Höhe und Tiefe und Schönheit der Erde zu verstehen. Vom Flugzeug aus gesehen, erheben sich aus einer tellerflachen, himmeloffenen Ebene Hunderte oder Tausende von gigantischen Spitzkegeln, eine Versammlung von Riesen, die sich bis hinüber zum blaudunstigen Horizont fortsetzt. Durch diese Kegellandschaft hindurch windet sich breit und mächtig der Li-Fluß. Kein Maler, kein Poet hätte all das so harmonisch anordnen können. Die Abstufungen der Farben, das Blau des Himmels, das Grün des Flusses, die überquellende Vegetation der Ebene, die Zuckerhüte, die zwar schroff und steil, aber doch auch gutartig aussehen, gutmütige Kolosse, behäbig und irgendwie zu groß geraten. Die Landschaft von Guilin ist Maßwerk der Erosion, ein Meisterwerk dazu. Guilin ist eine heitere Stadt, eine heitere Landschaft, mit Guilin hat China alle Touristen mit einem Schlag für sich gewonnen.

Schanghai gefällt natürlich allen Europäern, weil es unseren Vorstellungen von einer Weltstadt am nächsten kommt. Schanghai hat etwas von der kosmopolitischen Aufregung New Yorks, immer im Sprung, immer auf der Spitze. Schanghai ist Welthafen wie Hamburg, Rotterdam oder Marseille, der Wind weht hier freier, luftiger. Die Stadt, alt, zum Teil verrottet, vermodert, verfault, aber vom Charme des Morbiden und Verfallenen. Hier vermischen sich Französisches, Britisches und Deutsches, viktorianisches und bajuwarisches Fachwerk, daneben Banken, Kaufhäuser, Hotels und einstmals herrschaftliche Wohnhäuser im preußischen Postamtsstil. Die berühmte Nanking Road, die Hauptgeschäftsstraße, auf der es wuselt und wimmelt, und überhaupt alle Straßen der Stadt sind rechts und links mit Platanen geschmückt, als wäre man in Aix-en-Provence. Nur daß hier alle Bäume voller Wäsche zum Trocknen hängen, das ist das chinesische Element im Stadtbild, vor allem die langen rosa Unterhosen.

Auf den liebevoll ausgemalten Plakatwänden sind alle lieben Bekannten wieder vertreten, die Uhren aus Japan, die Elektrogeräte aus den Niederlanden, Coca Cola aus den Staaten. Die schönsten Plakatwände werben aber für tausendundeine »Aktion«: für die gesunde und kleine Familie, für die Erneuerung der Verwaltungsstruktur, für den Aufbau der geistigen Zivilisation, für die saubere Stadt, für mehr Höflichkeit, für Frieden und Freundschaft, der Sinologe aus unserer Gruppe kam mit seinen gefälligen Übersetzungen nicht mehr nach, nicht einmal die allgegenwärtige Frau Zhong konnte immer mit Sicherheit sagen, um welche »Aktion« es sich nun gerade wieder handle. Über die chinesische Plakatkunst hat noch nie einer geschrieben, obwohl sie im Rang den südamerikanischen Revolutionsbildern nicht nachsteht.

Der Tempel des Jadebuddhas, die ineinandergeschachtelten Hallen und Klostergebäude, aber auch der Jadebuddha selbst, gleich in zweifacher Ausfertigung, einmal sitzend, einmal liegend, beide Kolossalfiguren aus fleckenloser weißer Jade geschnitzt, sind frappierende Kostbarkeiten. Das Museum für Geschichte und Kunst mit seinen drei Abteilungen für Bronze, Keramik und Malerei verschlägt jedem Besucher den Atem. Die Präsentation von edelstem Geschirr hat in ihrer Schlichtheit etwas Herausforderndes. Hier ist zwar alles säuberlich geordnet und beschriftet, doch erinnert die bedenkenlose Anhäufung von höchsten und reinsten Kunstwerken, Menschheitsdenkmälern sozusagen, an das kunterbunte Durcheinander in den Vitrinen des Ägyptischen Museums von Kairo.

Donnerstag ist Putztag in China. Ausgerechnet an einem Donnerstag mußten wir eine Arbeitermustersiedlung von Schanghai besichtigen. Auch wir trafen den Rentner, der uns erzählte, wie gut es ihm heute gehe und wie schlecht es früher war. Der Rentner mit seiner blitzsauberen Wohnung – mit Häkeldeckchen und Schonbezügen (und einer auffallenden

Schnapskollektion im Büfettschrank) – gehört, wie ich später hörte, zum Schanghaier Standardprogramm. Ebenso natürlich der Besuch im Kindergarten. Wenn die dicken Chinesenkinder in ihren kugeligen Steppjacken mit ihren roten Fähnchen winken, den Fremden an der Hand nehmen und mit ihm im Kreis herumhopsen oder allerlei Lauf-, Sing-, Fang- und Versteckspiele treiben, wenn nicht schon früher, spätestens dann ist jeder für die deutsch-chinesische Freundschaft gewonnen. Was soll ich lange drumherum reden: auch ich bin einer von denen.

Das alte Schanghai, das man aus zerlesenen Abenteuerromanen kennt, mit Tingeltangel und Opiumkaschemmen, das gibt es natürlich nicht mehr. So versicherte uns wenigstens die verehrungswürdige Frau Zhong und hob dabei warnend den Finger. Wenn man aber am »Bund« spazierengeht – »Bund« wird noch immer in nachkolonialistischer Saloppheit die Dschungschan-lu-Straße genannt, die Prachtstraße entlang der Schanghaier Hafenpromenade – und wenn man dort in die Teestuben hineinsieht und beobachtet, wie keck den Fremden hier die Jungen und Mädchen mustern, kommen dem Besucher doch wieder Zweifel an der chinesischen Einheitsmoral. Ideen, Gedanken und Träume können sie nicht kontrollieren, denkt man immerhin.

In Peking sind die Straßen breit und schnurgerade, und im Frühling ist es kühl, obwohl fast täglich die Sonne scheint. Wir sind gerade in eine Aktion »Laßt tausend Bäume blühen« hineingeplatzt. Denn vom Flughafen bis zur Innenstadt waren Männer und Frauen mit dem Einsetzen von jungen Bäumen beschäftigt. Peking hält auf Distanz gegenüber dem Fremden. Peking ist stolz. Peking ist in allem das Gegenteil von Schanghai. Mehr als die Sehenswürdigkeiten, Kaiserpalast und Sommerpalast, Große Mauer und so weiter, mehr als die Sehenswürdigkeiten zeigt Peking nicht her.

Über die Große Mauer sage ich nichts. Über die Ming-Gräber sage ich nichts. Über alle Tempel und Paläste kann man alles in dicken Büchern nachlesen. Nur die Geschichte von der Echomauer und den Echoplatten am Himmelstempel ist ein jahrhundertealter Schwindel. Wir haben an der Mauer beschwörend gerufen und geflüstert, wir haben auf den Platten alle Götter des Orients und Okzidents nach oben und nach unten angerufen, kein Echo, Lug und Trug, Schall und Rauch. Die chinesischen Besucher versuchten es aber immer wieder; mit leuchtenden Augen, wie die Kinder vor dem Öffnen des Weihnachtszimmers, warteten sie auf Antwort. Nichts. Das Echo scheint allein den umtriebigen Autoren von Reisebüchern gefällig zu sein.

Morgens verlassen smarte junge Herren mit gewichtigen Aktenköfferchen in der Hand das Peking-Hotel. Am Abend kehren sie mit sorgenvollen Gesichtern und ihren Aktenköfferchen wieder zurück. Eine merkwürdige Parade jeden Tag. Wenn es um Geschäfte geht, verhandeln die Chinesen hart wie Granit. Da ist schon manchem hoffnungsvollen Business-Genie aus dem Abendland der Kragen und das Aktenköfferchen geplatzt. Die Chinesen wissen, wie man um ihre Milliarden-Kaufkraft buhlt. Am Abend in der öden Bar des Peking-Hotels kann man das eine oder andere von den Verhandlungen mitbekommen. Mit Kummer nehmen die Herren die Akten aus ihren Köfferchen heraus, arbeiten sie noch einmal durch, rechnen noch einmal nach und legen die Akten wieder sorgfältig in das Köfferchen zurück. Vielleicht gelingt es morgen, die fünfte oder sechste Regierungsstelle vom unbedingt notwendigen Kauf dieses oder jenes Artikels zu überzeugen. Die Plastik-Bar des Peking-Hotels, schäbig und neonbeleuchtet, ist ein einzigartiger Milliardentreffpunkt in der Welt.

Östlich der Peking-Universität, im Bezirk Haidian, liegen in einem verwilderten, doch bukolisch schönen Park die Ruinen des Alten Sommerpalastes von 1709, der im Zweiten Opiumkrieg 1860 von englischen und französischen Truppen zerstört wurde. Die Marmorsäulen, Kapitelle und Reliefs erinnern an das Römische Forum auf Piranesi-Stichen. Tatsächlich stammt die Anlage von einem italienischen Baumeister, einem Jesuitenpater, der mit antikischen Anklägen hier eine Art chinesisches Rokoko gebaut hat. Die Harmonie und Stille des Platzes ist vollkommen. Daß Europäern das Verfallene doch stets vornehmer erscheint als alle goldstrotzenden Restaurationen.

Besucher sind selten hier. Die Studenten der nahen Universität trifft man im Park als Jogger. Hinter den Dünenhügeln liegt ein Liebeswäldchen. Im grünbemoosten Teich spiegeln sich die schwarzen Bäume wie chinesisch-japanische Tuschmalerei.

Eine Gruppe junger Leute überraschten wir in einer Lichtung beim Blindekuhspielen. Betreten wollten wir uns diskret zurückziehen. Aber die brachen ihr Spiel ab und überfielen uns mit Fragen. Zum erstenmal auf unserer Reise hatten wir das Gefühl, daß junge Chinesen auf unsere Welt ebenso vorwitzig sind wie wir auf ihre. Das war schon unser letzter Tag in China. Noch am Abend flogen wir zurück. Frau Zhong und alle unsere Pekinger Freunde winkten noch lange hinter der Schranke.

Brigitte Scherer

Treibhausblumen im kalten Frühling

Als Tourist in China

In China fällt jeder Reisende auf sich selbst herein. War er nicht leibhaftig mittendrin im Leben der Nachfahren Maos, wo keine Tourismusindustrie ihm Kulissen vor die Wirklichkeit schiebt? Das geheimnisvolle Reich der Mitte ist ganz anders, als alle anderen es beschrieben haben. Das ist das erste, was der Besucher sicher weiß.

Mehr Hände als sonstwo in der Welt wurden ihm entgegengestreckt und kräftig geschüttelt, obwohl alle Reiseführer ihm weismachen wollten, daß dies ein Akt unhöflicher Annäherung sei. Hat er nicht in der Pekingoper Zuschauer erlebt, die der Aufführung mit jener gerade noch angemessenen Aufmerksamkeit folgten, die ein deutsches Stadttheaterpublikum gewöhnlich aufzubringen pflegt – ganz im Gegensatz zu den Berichten anderer Reisender, die einen ekstatisch tobenden Saal vorfanden und darin sogleich die unterdrückten Leidenschaften des zum Einheitsmodell hingepreßten neuen Menschen ausmachten. Nein, diesmal bestanden die Reisebegleiter nicht kategorisch auf dem Programm, verschoben Abfahrtszeiten klaglos von morgens sieben auf halb neun, strichen Tempel, besorgten Fahrräder und ließen ihre Schützlinge allein in das Gewimmel von Straßen und Plätzen ausschwärmen. Sie zeigten nicht einmal Anzeichen von Panik, wenn die Reisenden anstatt des schönen neuen Bauernhauses in der Mustersiedlung lieber in ärmlichen Gassen den Wäschewald fotografierten. Mit eigenen Augen sah der Besucher Funktionäre im grauen Tuch der Befreiung mit Zufallsbekannten aus dem klassenfeindlichen Hongkong plaudern, die in Jeans und geringelten Legwarmers im Zugcoupé lümmelten. Er erlebte Tourismusdirektoren, die mit fast amerikanischer Offenheit erst vom Geschäft und dann von der Völkerfreundschaft sprachen und, anstatt die Errungenschaften des Sozialismus zu preisen, die Mängel beim Namen nannten, bevor ein anderer sie vorbringen konnte.

Seit zehn Jahren sehen China-Reisende das gleiche: die Große Mauer und die Myriaden von Fahrrädern, den Kindergarten und die Volkskommune, die Brücke über den Jangtsekiang und die Klinik für Akupunktur.

Aber jeder zieht andere Schlüsse daraus. Je nachdem, ob er das Land im Sommer erlebte oder im Winter, ob das staatliche Reisebüro Lüxingshe ihm den strengen Herrn Lo aus Peking als Dolmetscher zuordnete oder den aufgeschlossenen Herrn Lü aus Kanton, nimmt er die roten Stöckelschuhe der Lautenspielerin in Nanking als Beleg für die Öffnung der chinesischen Politik nach Westen oder macht sich beim Abzählen der winterlich in dunkelblaue Steppanzüge verpackten Passanten in Peking genauso waghalsig zum Anwalt für das Gegenteil.

Über kein Land sind die Berichte zahlreicher, wortreicher und unbefriedigender. Die geschlossene Gesellschaft des alten China war rätselhaft, doch konstant. Die verschlungenen Wendungen des neuen China, in dem Traditionen zerschlagen und jetzt homöopathisch dosiert wiedererweckt werden, bleiben vollends undurchschaubar. Von der gleichen Generation wurden Baudenkmäler als Symbole des Feudalismus geschleift und die Reste aus Touristengeldern wieder restauriert. Die Fremdenführer, die sie erläutern sollen, müssen neu lernen, was sie einmal bedeutet haben. Bis zur Absetzung der »Viererbande« galt jegliche Mode als Strafdelikt. Jetzt erklärte ein Vizedirektor in Kanton verschmitzt, Hosen seien praktisch für die Arbeit, »aber ein Rock macht das Leben inhaltsreicher«. So reist der westliche Besucher durch ein Panoptikum von Bildern, zu denen nichts als die eigene Phantasie den Begleittext schreibt. Einem Wesen von einem anderen Stern gleich, das in einer fernen Galaxis über die Akropolis zu berichten hätte oder über den Erreger einer seltsamen Seuche namens Aerobic: ratlos.

Nüchtern betrachtet ist eine Reise durch China strapaziös, teuer und ungemütlich. Aber das mindert die Faszination nicht, im Gegenteil. Nicht wegen der offiziellen Sehenswürdigkeiten der Tempel und Pagoden: es sind die Begleitumstände, die den reisegewohnten, westlichen Touristen immer wieder neu zu staunen lehren. Kein noch so banales Detail läßt sich sicher einordnen – und ginge es nur ums Händeschütteln.

Das China-Syndrom der unbefriedigten Wißbegierde befällt den Besucher im Augenblick der Landung in Peking, wo ihm das chinesische Empfangskomitee erklärt, man werde im besten Hotel des Landes wohnen, umsorgt von Personal aus den besten Familien. Dies allerdings bedeute, daß keine Ausnahme von der Regel möglich sei. Um acht Uhr abends wird die Küche geschlossen. Damit der Wertschätzung dennoch Tribut gezollt ist, werden die Reisenden nach einem Flug von zwanzig Stunden, mehr als satt vom Service an Bord, unerbittlich zu einem ausgedehnten Menü ins Flughafenrestaurant beordert. Dort kämpfen sie vor der Mosaikwand, die einem hessischen Bürgerhaus nicht schlecht anstünde, zum ersten Mal mit den Stäbchen: angefeuert aus allen Lautsprechern mit »Auf in den Kampf, Torero«, einem Stück ausgerechnet aus jener Oper, die wegen ihres aufrührerischen Inhalts vom Spielplan der chinesischen Bühnen verschwunden ist. Im Bus, dessen Ausstattung auf Maße und Bequemlichkeitsverständnis von Asiaten ausgerichtet ist, beginnt der Ouvertüre zweiter Teil zu einer Reise in einen exotischen Alltag: die Temperaturen drinnen sind die gleichen wie draußen, nämlich um Null. Noch weiß der Reisende nicht, daß er wie eine Treibhausblume in ein anderes Biotop verpflanzt ist, umgeben von Lebewesen, deren Sinnesorgane für Kälte und Schmerz fremden Gesetzen gehorchen. Er sieht nur die schnurgerade, kaum beleuchtete Straße, an deren Rand schattenhafte Armeen von Radfahrern im Dunkeln vorüberhuschen. Ein Relikt aus der Kulturrevolution, in der die Fahrradlampe als bürgerlich-dekadenter Luxus abgeschafft worden war. Sonst aber, erläutert der Dolmetscher mit ernstem Gesicht, sei die Zeit der Roten Garden vorbei.

Vom verweichlichten Leben der westlichen Hemisphäre jedoch ist sogar der Tourist in seinen Bus- und Hotelenklaven noch Lichtjahre entfernt. Das merkt er im winterlichen Frühling Chinas tagtäglich am eigenen Leib. Er hätte es nicht für möglich gehalten, daß es in ungeheizten Räumen kälter sein kann als draußen, wo mittags ja die Sonne wärmt. Orte zum Verweilen sind nicht vorgesehen. In den Hotels gibt es im allgemeinen weder Aufenthaltsraum noch Bar, und wo solche funktionsfreie Örtlichkeiten vorhanden sind, ist es zu kalt zum Bleiben. In den Restaurants, schmucklose große Säle zumeist, wird es auch nicht wärmer. Aber nach dem letzten Gang springt ohnedies jedermann eilig auf und geht. Der nach ein paar Tagen bis ins Mark gekühlte Besucher bewältigt die ungewohnten Temperaturen vom morgendlichen Gang ins Bad bis zum abendlichen Bankett in Pelzstiefeln und Mantel. Ungeheizt ist es im Museum und im Versammlungsraum der Volkskommune, im Kaufhaus und in der Klinik. Selbst in den mit einer Heizung ausgestatteten Hotelzimmern wird Wärme nur für ein Stündchen morgens und abends gewährt, oder es beginnt auf einmal kurzzeitig ein überdimensionales Gebläse heiße Luft in die ausgekühlten Mauern und Matratzen zu blasen.

Staunend mustern die chinesischen Begleiter die allezeit frierenden Touristen, die in sich gekehrt in Versammlungsräumen ihrer weißen Atemfahne nachsinnen. Der Busfahrer versteht nicht, warum er die Heizung anstellen soll, und öffnet dann vorsorglich das Fenster. Kalt? Sie sind krank! befindet Frau Zao aus Peking beim Anblick des auch im Jet der einheimischen Fluggesellschaft CAAC schlotternden Passagiers. Und natürlich zu dünn angezogen. Chinesen trotzen dem Klima mit mehreren Schichten Wollenem und Wattiertem unter Hose und Jacke, was ein Bild geschlechtsloser, ausgestopfter Puppen ergibt. Ein um so erstaunlicherer Effekt, je kleiner der gegen den Winter gepolsterte Mensch ist. Wie bunte Stoffbälle sehen die Kleinsten aus, die auf dem Arm getragen werden, Stoffbälle mit einem praktischen Schlitz, aus dem dann und wann ein nacktes rosa Hinterteil lugt. Erst im Zug kehrt das Gefühl wohliger Geborgenheit zurück, wenn der Reisende im Schlafabteil der »weichen Klasse«, in gestickten Kissen und Steppdecken vergraben, dem gleichmäßigen Rattern der Räder lauscht, vor sich auf dem Tisch der aus einer unerschöpflichen Thermoskanne immer wieder aufgefüllte, dampfend heiße grüne Tee.

Im Jahr 1986 sollen sechzig neue Touristenhotels in China fertig sein, schon vorher, so rechnen die Behörden in Peking vor, werden in ganz China 100 000 Hotelbetten in Unterkünften mit internationalem Standard zur Verfügung stehen. Beim Besichtigen der kurz vor der Eröffnung stehenden Häuser mit Drehrestaurant, Schwimmbad, Bar und Air-conditioning weiß der Besucher trotzdem nicht, ob er sich über den Komfort freuen soll oder nicht. Schon bei der nächsten Reise kann es vorbei sein mit der Kälte, den Unbequemlichkeiten, den Eisblumen am Fenster, dem nicht vorhandenen Zimmerservice, dem eigenhändigen Kofferschleppen. Aber dann ist es vielleicht auch aus mit den hügeligen Betten unter Gebirgen aus Steppdecken, den gerüschten Schonbezügen über Sesseln und Fernsehapparat, den Bastsandalen unterm Bett und dem sinnlosen grünen Kühlschrank, der überall leer auf »trouble« steht.

Die Dramaturgie einer von Nord nach Süd, also von Peking nach Hongkong, führenden Reise könnte raffinierter nicht sein: Vom Machtzentrum der Funktionäre zum Kultzentrum des Geldes. Es wird nicht nur wärmer; sondern von Stadt zu Stadt auch farbiger und freier. Den vereinzelten golddurchwirkten Seidenschals, mit denen Mädchen in Peking ihr Gesicht gegen Kälte und Schmutz gänzlich verschleiern, folgen immer mehr bunte Kleckse im Meer der blauen und olivfarbenen Menge. In Louyang schälen sich Großfamilien vor den allgegenwärtigen Fotografierstudios aus ihren dunklen Überjacken, um sich in leuchtender Seide vor gemalten Gärten fotografieren zu lassen. Nach dem kahlen Peking wirken trotz der Jahreszeit die mit Wäsche beflaggten Platanenalleen von Nanking wie eine Erinnerung an sentimentale Vorstellungen vom vergangenen China. In den Zweigen der Bäume hängen Körbe und Stühle, gerupfte Enten und getrocknete Fische werden dort bis zum Verzehr aufbewahrt. Im erdrückenden Gewimmel der Straßen von Schanghai und Kanton scheint die Farbigkeit des Lebens gänzlich zurückgekehrt. Auch die langen Haare, die Locken, die westlichen Kleider und sogar der Lippenstift. Mikkymaus und Donald Duck machen Reklame für einen Fernsehapparat der Marke »Peking«.

Am überraschendsten sind die Auslagen der Geschäfte, wo auch ein lila Fahrrad mit gelbem Sattel zum Preis von drei

Monatsgehältern ausgestellt ist. Am Kosmetikstand finden Cremedosen in Form von rosa oder lindgrünen Pagoden reißenden Absatz. Westliche Anzüge und Kleider sind im Schaufenster und auf der Straße zu sehen. Es gibt Geschirr in hunderterlei Mustern; Blumenvasen und Plastikblüten wetteifern mit riesigen Thermoskannen in allen Farben des Spektrums. Durch die überfüllten Straßen knattern die ersten privaten Motorräder. Mit dem Angebot von Ostblockländern ist diese Vielfalt nicht zu vergleichen. Die Auswahl auf den freien Bauernmärkten kann sich mit jedem anderen asiatischen Wochenmarkt messen. Es gibt Tomaten und Chinakohl, süße Kartoffeln und jungen Lauch, halbe Schweine, ganze Hühner, Enten lebendig und gerupft, Schildkröten und Fische, Orangen, Bananen, Äpfel und Gewürze in unübersehbarer Zahl. Seit die Regierung den Bauern mit der Erlaubnis zu mehr privat verkäuflichen Produkten den kleinen Finger des Kapitalismus überlassen hat, ist zumindest in den Städten kein Mangel zu sehen. Ganz China hofft jetzt auf die neue Politik der »Marktwirtschaft als Ergänzung«. Auf Balkonen, Mauervorsprüngen und in allen Fenstern im Süden sind Orangenbäumchen zu sehen, Symbole für Reichtum und Glück. Herr Lü sagt, daß die meisten Menschen in China mehr Konsum und mehr Freizügigkeit darunter verstünden. Und weil es heute schon besser sei, werde morgen alles noch besser werden: »An die Kulturrevolution wollen wir nicht mehr denken.«

Betroffen steht der Besucher vor dieser Aufbruchstimmung, dieser Hoffnung auf ein strahlendes Morgen, das so teuer bezahlt werden muß. Die nächste Generation der Chinesen wird keine Geschwister mehr haben und weder Onkel noch Tante. Rigoros setzt der Staat die Ein-Kind-Familie gegen jahrtausendealte Traditionen durch – der einzige Weg aus der Überbevölkerung. »Es muß sein«, antworten jedesmal die dazu befragten Gesprächspartner. Aber man weiß nie, ob das die offizielle oder die persönliche Meinung ist; möglicherweise gibt es diesen Unterschied auch nicht so, wie ihn ein Europäer versteht.

Die Lebensgewohnheiten könnten nicht gegensätzlicher sein. Fassunglos hören Chinesen von den Problemen der westlichen Freizeitgesellschaft, ihrem Unvermögen beim Zusammenleben der Familien. Ebenso unvorstellbar sind den Besuchern die vier Quadratmeter Wohnfläche pro Person in den Städten, die Gemeinschaftstoiletten außerhalb der Häuser. Sie sehen Menschen am Festtag des chinesischen Neujahres in Viehwagen reisen, weil es zuwenig Züge gibt. Die zenterschwere Lasten auf Fahrrädern oder Karren mit einer Rücksichtslosigkeit gegen sich und andere transportieren, die sich im undurchdringlichen Verkehr in ständigen Beinahe-Zusammenstößen äußert, weil jeder auf seinem Weg beharrt. Tierschutz ist unbekannt. Schlangen werden lebendig geschlachtet, Fische nach Luft schnappend an einem Bastband unter den Kiemen nach Hause geschafft. Hunde tätschelt man nicht, sondern züchtet sie zum Verzehr. Europäer haben Heime für Tiere – und für Alte. Sensibilität ist relativ.

Tagelang plagen den Besucher Gewissensbisse, weil er im Beisein der Gastgeber unverblümt vom Schmutz auf den Straßen und dem Staub in den Schränken der Hotelzimmer sprach. Nie ist er sicher, ob seine Frage unhöflich war oder ob sie nicht verstanden worden ist. Was der Dolmetscher denkt, wenn er Touristen in die nur Devisenbesitzern zugänglichen Schatzkammern der Antiquitätenläden führt, kann kein Insistieren klären.

Hongkong ist das Gegenteil. Chinesisch – und trotzdem vertraut. Da bleibt keine Frage offen, kein Wunsch unerfüllt, wenn er nur bezahlt wird. Ein warmes Zimmer, heißes Wasser, spätes Frühstück im Bett. Doch abends, an der festlich mit Blumen und silbernen Leuchtern geschmückten Tafel, fällt plötzlich der Eiseshauch der Klimaanlage auf die wiedergewonnenen Wunder der kapitalistischen Welt. Künstliche Kühle ist Luxus: Nach der Kälte des Mangels die Kälte des Überflusses. Dazwischen liegt der ganze menschliche Aberwitz.

Albert Strick

Durch die Hintertür ins Reich der Mitte

Mit der Eisenbahn nach Peking

Bis China sind es nur noch ein paar hundert Meter. Sibirien liegt hinter uns, und drüben die nächsten Hügel der Grassavanne gehören schon zur Mongolei. Im russischen Grenzbahnhof von Sabaykalsk duftet es wie frühmorgens in einer heimischen Bäckerei: Um die Kronleuchter und Gipsstukkaturen des von imperialer Zarenherrlichkeit träumenden Gemäuers streicht der vertraut-verführerische Duft von ofenwarmen Hefeweckchen. Die »Bulotschki« (russisch für Brötchen) seien zwar erst für den morgigen Verkauf bestimmt, meint die Chefin des Bahnhofsrestaurants mit gespielter Strenge, aber da wir ins »kulturlose« China führen, wolle man uns nicht darben lassen. Bald sitzen wir vor einem großen Tablett mit frischen Backwaren, bestreichen sie mit Butter und Marmelade und vergessen darüber fast, daß wir an einem entlegenen Dreiländereck Zentralasiens speisen.

Mit dem einmal in der Woche verkehrenden Moskau-Peking-Expreß sind wir von Irkutsk am Baikal-See entlang über Ulan-Ude und Tschita in gut dreißig Stunden nach Sabaykalsk gekommen. Hier ist der einzige Grenzübergang zwischen der Sowjetunion und China, an dem man unmittelbar, also ohne die unabhängige Mongolei zu durchqueren, von einem ins andere der kommunistischen Riesenreiche gelangen kann. Keine Frage, daß sich besondere Kontrollen gefallen lassen muß, wer Mütterchen Rußland durch dieses delikate Hintertürchen verlassen will.

Fünf Stunden Aufenthalt sieht der Fahrplan an der Grenze vor. Nachdem die Pässe eingesammelt sind, dürfen sich die Reisenden auf dem Bahnhofsgelände frei bewegen. Man sieht zu, wie der auf vier oder fünf Wagen zusammengeschrumpfte Zug anderthalb Meter in die Höhe gehoben wird und die Fahrgestelle für die chinesische Spurweite untergeschoben bekommt. Man kommt ins Gespräch mit DDR-Technikern und Kim-Il-Sung-Diplomaten (alle mit dem Anstecknadelporträt des großen Führers an der Brust), die Amüsantes und Absonderliches über ihr Reiseziel Nordkorea berichten. Man steht vor dem Zeitungskiosk im Wartesaal, unschlüssig, ob die letzten Kopeken fürs »Neue Deutschland« oder Breschnews Reden zu investieren seien, beschließt endlich, sie der besseren Bekömmlichkeit wegen für Bulotschki auszugeben.

Stunden später verändern schrille Signale aus Trillerpfeifen die eigenartige, aber bis dahin doch recht entspannte Atmosphäre auf diesem letzten Außenposten der Sowjetunion. Mit ernster Miene fordert das Eisenbahnpersonal uns auf, die Abteile nun nicht mehr zu verlassen. Toiletten, Waschräume, Außen- und Zwischentüren werden verschlossen. Soldaten mit geschulterten Kalaschnikows umstellen den Zug und lassen ihn nicht mehr aus den Augen. Wer jetzt noch den Kopf aus dem Fenster steckt, löst energische Pfiffe und unmißverständliche Drohgebärden aus.

Die Kontrolle kann beginnen. Drei bis fünf Uniformierte nehmen sich je einen Wagen vor. Die sonst so resolute Schaffnerin verhält sich auf einmal wie ein verängstigtes Kaninchen. Mit gesenktem Kopf und fahrig-hastigen Bewegungen kommt sie den Anweisungen zum Öffnen der Decken-, Heizungs- und Hohlraumverkleidungen nach. Nicht so schnell klappt es mit der Kontrolle der Passagiere. Die Grenzsoldaten interessieren sich weniger für deren Gepäck als für Gedrucktes in jeglicher Form. Jedes Buch und jede Zeitung wird von vorn bis hinten durchgeblättert. Einige der offensichtlich des Deutschen mächtigen Offiziere haben sogar Zeit genug, einzelne Artikel zu lesen und dabei bedeutungsvolle Blicke zu wechseln. Das Interesse an militärpolitischen Darstellungen wird dabei noch übertroffen von der Aufmerksamkeit für leichtbekleidete Illustrierten-Mädchen. Doch obwohl Literatur aller politischen Richtungen mit durchaus brisanten Themen vorhanden ist, wird nichts beschlagnahmt.

Schwarzfette Rauchwolken und heulende Pfeiftöne stößt die schwere Dampflokomotive aus, die nun im Rückwärtsgang, aus China kommend, an den Moskau-Peking-Expreß ankuppelt. Doch der kann seinem Namen Expreß vorläufig keine Ehre machen: nur sehr, sehr langsam darf er auf die Grenze zurollen, gerade so schnell, daß die Soldaten zu beiden Seiten der Wagen im Laufschritt mitkommen können. Ein beklemmendes Bild, das surrealistische Züge bekommt, je mehr wir uns dem Grenzzaun nähern. Armeelager, Stacheldrahtverhaue, Panzersperren und Wachtürme rücken an den einspurigen Schienenstrang heran, der durch leicht gewelltes, dunkelgrünes Grasland auf einen über die Gleise gespannten, roten Triumphbogen zuläuft. Wenige Meter davor verkünden vier in Bronze gegossene, mehr als mannshohe kyrillische Buchstaben (»CCCP«) Anfang und Ende der Sowjetunion. Genau dort verlangsamen unsere Bewacher den Laufschritt, unmittelbar vor dem Triumphbogen bleiben sie stehen, sehen zu, wie der Zug durch dieses mit chinesischen Schriftzeichen und englischen Lettern (»Welcome to China«) verzierte Tor zum »Reich der Mitte« entschwindet.

»Ni-hao!« ruft jemand den ersten neben den Schienen auftauchenden chinesischen Soldaten zu. Die sind für einen Augenblick über den Gruß in ihrer Muttersprache verdutzt, schwenken dann aber lachend die grüne Ballonmütze mit dem roten Stern. Die Stimmung jenseits der hier – zumindest nach außen hin – weit weniger befestigten Grenze wird auch weiterhin freundlich bleiben. Aus den Lautsprechern des Grenzbahnhofs Mandzhouli tönt bei Einlaufen des Zuges weder Marschmusik noch Revolutionäres, sondern ein Pop-Song.

Die Kontrollen entsprechen denn auch eher dem musikalischen Hintergrund. Das Gepäck interessiert nicht, und der Blick des Zöllners in den Paß ist kurz. Minuten später bittet man uns zum Tee in die gediegene Plüsch-Atmosphäre eines holzgetäfelten VIP-Raumes. Kaum daß wir uns in die Polstersessel haben sinken lassen, eilen Serviererinnen mit Teekannen herbei und füllen die abgezählt bereitstehenden Tassen. Kein

Reiseführer, ein Armeeleutnant begrüßt uns, läßt durchblicken, daß wir zu den ersten gehören, denen die Landeinreise hier in die nördlichen Grenzprovinzen gestattet wurde. Man möchte das zu gewissen Zeiten bereits von Touristen überlaufene Zentralchina entlasten. Außerdem würden wir im »Tungpei«, dem Nordosten, wohl einen treffenderen ersten Eindruck von China erhalten als in Peking.

Was die Chinesen Tungpei nennen, ist in der Welt besser bekannt als Mandschurei. »Obwohl nicht feststeht, wo Gott das Paradies gründete, können wir sicher sein, daß er einen anderen Platz gewählt hat als diesen«, schreibt der französische Missionar Huc im Jahre 1846 über dieses ihm so trostlos scheinende Land, zu dem auch uns meist nur alte Wochenschau-Aufnahmen einfallen, die es als Schauplatz heftiger Kriege in harten Wintern zeigen. Beginnend mit dem russisch-japanischen Krieg 1904/1905 ging es bis 1945 im Grunde immer darum, wer von Russen und Japanern sich das größere Stück aus dem mandschurischen Kuchen herausschneiden würde. Längst wußte man, daß unter der zur Winterzeit so unwirtlichen Oberfläche gewaltige Bodenschätze schlummerten – Kohle, Erdöl, Gold und Silber. Zu deren Abtransport verlegten die Russen übrigens um die Jahrhundertwende jene Eisenbahnschienen, auf denen wir in dieses Ruhrgebiet Chinas gekommen sind. Im Norden bauten sie aus dem Nichts die Stadt Harbin als Miniaturausgabe des kaiserlichen Moskau, im Süden legten sie den Hafen Dairen (Port Arthur) an, der heute der drittwichtigste Chinas ist. Die Japaner machten aus der alten Mandschu-Kaiserstadt Schenyang (Mukden) ein blühendes Industriezentrum, entwarfen auf dem Reißbrett Tschangschun als Prototyp einer modernen Großstadt mit breiten Boulevards, großen Parks und repräsentativen öffentlichen Gebäuden. Tschangschun, damals Sinking, war als Metropole des berüchtigten, nur von 1932 bis 1945 existierenden Mandschukuo-Reiches geplant – ein Marionettenstaat von Japans Gnaden, zu dessen Herrscher man den Sohn des letzten, 1911 abgesetzten Kaisers auserkoren hatte. Die Chinesen konnten sich erst nach 1945 wieder am Ausbeuten der mandschurischen Schätze beteiligen. Im Tungpei (als Sammelbegriff für die Provinzen Heilungkiang, Jilin, Liaoning und Teile der Inneren Mongolei) lagern noch heute die Hälfte aller bekannten Kohle- und Ölvorkommen Chinas, steht ein Drittel der Schwermaschinenindustrie.

Es ist ein weites, grünes, wasserreiches Land, durch das der Schnellzug am nächsten Morgen gen Harbin rattert. Tischeben ist es, aber weder monoton noch langweilig. Die flachen Lehmziegeldörfer, die buchstäblich aus dem schweren Boden gewachsen sind, auf dem sie stehen (neben jeder Ansiedlung sieht man die voll Wasser gelaufenen, als Ententeiche genutzten Löcher ehemaliger Ziegeleien); staubige oder morastige Kleinstadtstraßen ohne Autos und Reklame, dafür mit Pferdefuhrwerken, uralten Lastwagen, Federvieh und Misthaufen; große, neue Schulzentren, überquellend vor Kindern; kleine, alte Fabriken mit gewaltigem Fahrradparkplatz davor. Ein gebeugter Mann mit Strohut, der sein mit schweren Säcken beladenes Fahrrad über einen endlosen, pappelgesäumten Flußdamm schiebt. Irgendwann erreicht der Zug über eine einspurige Eisenbahnbrücke, die den 500 Meter breit daherfließenden Songhua-River überspannt, unseren ersten Aufenthaltsort, die Stadt Harbin.

Sieht man einmal davon ab, daß die meisten Häuserzeilen des Zentrums wegen ihrer Zwiebeltürmchen, Stuckgiebel und gußeisernen Gitter ihre russischen Erbauer nicht verleugnen können, bietet die Metropole der Provinz Heilungkiang keine Sehenswürdigkeiten im traditionellen Sinne. Das hat indes den Vorteil, daß man aufnahmefähig bleibt für die Normalität eines chinesischen Großstadtlebens. Um es vorwegzunehmen, unsere Beobachtungen unterschieden sich erheblich von denen andere Reisender, die oft nur wenige Jahre zuvor chinesischen Alltag erfahren hatten.

Sicher, es gibt sie immer noch, die Schattenboxer am frühen Morgen, die unvorstellbaren Radfahrermassen im Berufsverkehr, den Mao-Look. Doch da muß man schon Einschränkungen machen. Besonders Chinas junge Frauen wollen offensichtlich nicht mehr wie die grauen Mäuse herumlaufen. Mit Locken, farbigen Blusen, Hosen oder Röcken stolzieren sie – bisweilen etwas unsicher, aber kokett lächelnd – auf hochhackigen Schuhen durch die Parkanlagen. Der letzte Modehit: ein faltbarer, breitkrempiger Hut, lieferbar in Weiß und Rosé, der dank einer eingebauten Sprungfeder von selbst zu voller

Schönheit erblüht. Gleiche Aufmerksamkeit kann die chinesische Dame von Welt höchstens noch mit einem Knirps erregen. Immer umlagert von Neugierigen sind die Straßenhändler, die ihren staunenden Landsleuten wieder und wieder das System des sich selbst entfaltenden Taschenschirmes vorführen müssen.

Überhaupt die Statussymbole. Wer da glaubt, dreißig Jahre Klassenlosigkeit hätten dem systemwidrigen Streben nach derlei Kleinbürgerlichem den Garaus gemacht, sollte einmal den allgegenwärtigen Freiluftfotografen in Parks und vor Denkmälern bei der Arbeit zuschauen. Kein Chinese, der sich ablichten ließe, ohne nicht ein Stereokassettenradio im Werte zweier Jahresgehälter in den Händen zu halten, ohne in einem für Privatleute nicht käuflichen Auto oder Motorrad zu sitzen, ohne nicht wenigstens einen Schirm oder eine Sonnenbrille mit sichtbar aufgeklebtem Etikett »Made in Japan« zu tragen. Ein guter Fotograf hält immer eine gewisse Auswahl an Prestigeträchtigem für die in der Regel weniger bemittelte Kundschaft bereit – und das Geschäft floriert.

Als bemerkenswerte Folge der von der politischen Führung zugestandenen kleinen Freiheiten scheint es, daß die Chinesen dabei sind, ihre Kontaktscheu gegenüber Ausländern zu verlieren. Es ist keinesfalls mehr so, daß niemand es wagt, eine »Langnase« anzusprechen. Einmal war es ein dreißigjähriger Lehrer, der in uns die ersten Europäer fand, mit denen er seine Fremdsprachenkenntnisse erproben konnte. Nachdem er seine Aufregung überwunden hatte, erzählte er viel über seinen Alltag (Einkommen 50 Mark, Miete fünf Mark). Wir revanchierten uns, indem wir ein paar Illusionen über das Leben in Europa ausräumten. Anderswo begannen zwei auf einer Parkbank sitzende Schulmädchen die Unterhaltung mit ihrem europäischen Nachbarn durch das Angebot, die Tüte mit den Weintrauben gemeinsam zu leeren. Sehr schnell kamen sie dann darauf zu sprechen, daß ihre Chancen, an der Universität anzukommen, gleich Null seien und daß sie wie die meisten Schulabgänger erst einmal arbeitslos sein würden. (Daraufhin angesprochen, bestätigte unser chinesischer Reiseleiter, daß die Jugendarbeitslosigkeit wohl eines der größten Probleme Chinas sei.)

Die Offenheit der Chinesen ist um so erstaunlicher, als insbesondere in der Mandschurei europäische Ausländer noch so selten sind, daß ihr Auftauchen auf dem Bürgersteig einer Großstadt im Handumdrehen einen Menschenauflauf verursacht. Dann stehen sie schweigsam da, mit großen Augen und offenem Mund, nicht feindselig, nur staunend und grenzenlos neugierig. Vergegenwärtigt man sich, daß dieses Gebiet Chinas drei Jahrzehnte lang von der Außenwelt abgeschirmt wurde, ist diese Haltung verständlich. Symbolkraft kam in diesem Zusammenhang unserem Besuch im Zoo von Harbin zu. Pandabären und Tiger verloren nämlich in dem Augenblick jegliche Anziehungskraft, als die viel seltenere Spezies der Europäer in Erscheinung trat. Augenblicklich drehten die Chinesen den Käfigen den Rücken; wir unsererseits schützten Interesse für die Tiere vor und guckten doch nur die uns zugewandten Chinesen an.

Wenn bisher kaum vom offiziellen Reiseprogramm die Rede war, so heißt das nicht, daß dieses uninteressant war. Wir haben Fabriken, Volkskommunen, Warenhäuser, Kindergärten und Museen besucht. Wir haben Opern, Konzerte und Filme mit traditioneller Volksmusik gesehen. In Tschangschun sind wir durch die Montagehallen des Lastwagenwerkes Nr. 1 gegangen, wo seit dreißig Jahren der Kastenwagen Marke »Befreiung« gebaut wird (einzige Neuerung: die Farbe wurde von grün auf blaßblau umgestellt). In Dairen durften wir in die ausbetonierten Gänge und Räume des die gesamte Stadt unterkellernden Luftschutzsystems hinabsteigen. In Schenyang führte man uns die Gräber der Mandschu-Kaiser vor, die so prachtvoll erhalten sind, daß die bekannteren Ming-Gräber bei Peking dagegen fast enttäuschend wirken.

Natürlich waren wir auch in der Verbotenen Stadt und auf der Großen Mauer. Vielleicht war es gerade der an Drachenfels und Drosselgasse erinnernde Besucherrummel an diesem grandiosen Bauwerk, der uns ein bißchen wehmütig an die touristisch noch unentdeckte Mandschurei zurückdenken ließ. Sicher gibt es beeindruckendere Landschaften in China, und die Industriestädte sind – wie auch in unserem Ruhrgebiet – mitunter ausgesprochen häßlich anzusehen. Aber in kaum einem anderen Teil Chinas wird der historisch Interessierte so viele augenfällige Reminiszenzen an den Kolonialismus der Nachbarländer finden. Wer weiter in der Geschichte zurückgehen will, kann an Ort und Stelle die Spuren der Tsing-Dynastie verfolgen, die als Mandschu-Kaiser im 17. Jahrhundert von Schenyan aus die Macht in ganz China eroberten und das Land bis 1911 beherrschten. Dieser sogenannten Reiseführer-Attraktionen sind es in der Mandschurei jedoch gerade so viele, daß sie nicht den Blick verstellen für das China von heute.

Renate Schostack

Hinter den sieben Bergen

Kweilin

Die Berge sind die Hauptattraktion von Kweilin, der Stadt hinter den sieben Bergen, im Süden Chinas, eine gute Flugstunde von Hongkong und gleich weit von der vietnamesischen Grenze entfernt. Landschaft, wie man sie von alten chinesischen Tuschzeichnungen kennt und immer für Erfindung, zumindest für künstlerische Übertreibung hielt, da liegt sie, zart verschleiert im Dunst der Frühe, dunkelblau verschattet, ein Scherenschnitt vor dem Nachthimmel, zackig, spitz, bizarr, eine kapriziöse Laune der Natur. Chinesische Maler und Dichter haben sie seit Jahrhunderten gemalt und besungen.

Das Innere der Mondberge ist durchlöchert von Tropfsteinhöhlen, in denen Legionen nicht nur von Zwergen, sondern auch Riesen hausen könnten. In der Tat hatten Revolutionäre während des chinesisch-japanischen Krieges hier eine Basis. Die Kavernen tragen Namen, die wie Poesie klingen: »Schilfflöten-Höhle« oder »Höhle, in der sich der Drachen versteckte«. Innen geht es im gleichen Stil weiter. Die Führerin – ein stolzes Schneewittchen mit schwarzen Zöpfen bis an die Kniekehlen und dem Gang einer Prinzessin, doch nach Knoblauch duftend – erzählt Sagen vom Drachen- und Affenkönig, von der Frau, die den ungetreuen Mann auf der Erde zurückließ, während sie wieder dorthin flog, von wo sie gekommen war: in den Himmel.

Wunderbares sehen die Chinesen auch in den effektvoll beleuchteten Steinformationen. Eine »reiche Ernte von Melonen und Gemüsen«, einen »Sonnenaufgang über schönen Linien«, »Goldfische und Karpfen«, einen »mittelalterlichen Bauernaufstand an der Grenze«, wo ein anderes Auge leicht Milizionäre, die gegen den Klassenfeind vorgehen, erkennen könnte. Aber nichts davon. Es heißt nicht: Alter Revolutionär, mit dem Sproß der neuen Zeit die Szenerie betrachtend, sondern »Greis mit Enkel, die schöne Landschaft genießend«.

An solchen Nebensächlichkeiten läßt sich die Veränderung des politischen Klimas ablesen, die sich selbstverständlich auch auf den Fremdenverkehr auswirkt. Er wird in den nächsten Jahren lawinenartig anwachsen, denn immer neue Orte und Regionen werden »geöffnet«. Setschuan, die Innere Mongolei, selbst Tibet sind erreichbar geworden. Für den Bildungsreisenden wird Peking stets Nummer eins sein. Von hier sind in einer Tagesfahrt die Grabanlagen der Ming-Kaiser zu erreichen oder die Große Mauer, wo in den Stoßzeiten heute schon ein Gewühl herrscht wie sommers auf dem Heidelberger Schloß. Tage könnte man in der Stadt selbst verbringen, um die Kunstschätze der alten Kaiserstadt zu sehen, in den Anlagen des Sommerpalasts mit seinen zauberhaften Höfen, Brücken, Pavillons spazierenzugehen, sich in die Architektur gewordene Metaphysik des Himmelstempels zu versenken.

Einer Kontrapunkt zum Kulturtourismus im Norden bilden die Ausflüge in die südchinesische Landschaft in und um Kweilin. Die Chinesen setzten sie bewußt als eine der Hauptattraktionen ihres touristischen Angebots ein. Da man die Stadt von Hongkong in einem halben Tag erreichen kann, dürfte sie schnell an Bedeutung gewinnen.

Die schönste Exkursion, die man in dieser Gegend machen kann, ist eine Schiffsfahrt auf dem Lischuei-Fluß. Nach einer zweistündigen Anfahrt, die auf weiten Strecken über Schotterstraßen durch unfruchtbares Ödland führt, bis in der Nähe des Wassers Büffelherden, Reis- und Zuckerrohrfelder auftauchen, nehmen zwei Schiffe die Touristen an Bord: pensionierte amerikanische Witwen, junge, papageienbunte Hongkong-Chinesen, flotte Japanerinnen, ein paar Europäer. Ein Dampfer zieht unser Boot an einem langen Seil hinter sich her. So gleiten wir lautlos, von Motorengeräusch und Dieselgestank unbelästigt, auf dem seichten, klaren Wasser flußabwärts, zur Seite, vor und hinter uns die pittoresken Berge unter wechselndem Licht-und-Schatten-Spiel in immer neuen Variationen. An den Ufern keine Behausung, keine Straße.

Die Sonne brennt heiß, nachdem der Morgendunst gewichen ist. Auf dem schattigen Oberdeck wird an einer langen Tafel ein europäisches Picknick serviert. Brot, harte Eier, Biskuitrolle; dazu Bier oder Limonade. Derweil hat die Besatzung an jeder Flußbiegung alle Hände voll zu tun, damit das über die Steine schollernde Schiff nicht hängenbleibt. Immer wieder kommt es zu Begegnungen auf dem Wasser. Ein Hausboot zieht vorüber. Die Kinder darauf klatschen nach chinesischer Sitte in die Hände. Dem Kleinsten hebt die Mutter die Hand zum Winken, wie es die Fremden tun. Ein flaches Bambusfloß treibt am Ufer entlang. Neben dem Schiffer hockt, genauso reglos, ein Bein mit einer dünnen Schnur gefesselt, der zum Fischen abgerichtete schwarze Kormoran. Eine Dschunke mit braunweiß geflickten Segeln wird von drei Männern am Ufer flußaufwärts gezogen. Dann eine winkende Arbeiterkolonne oben am Berg. An der Anlegestelle erwarten die Reisenden schließlich eine dichtgedrängte Schar Dorfbewohner. Der Tourist geht durch ein Spalier neugieriger Blicke.

Kweilin, eine Stadt mit 380 000 Einwohnern, hat viel Industrie, wirkt aber in den Volksvierteln, wo ärmliche, doch propere Holzhäuser an ungepflasterten, sauber gefegten Straßen stehen, durchaus ländlich. Auf Sieben trocknet scharfer roter Paprika. Mädchen schälen einen Berg Knoblauch. Hühner spazieren in die offenen Wohnstuben hinein. Frauen drehen auf einem schattigen Platz Hanfseile. Die Kinder spielen um sie herum. Ein Mann füttert zwei kleine Hunde mit Nudeln. Es sind die ersten Hunde, die wir in China sehen. Sie wurden in den fünfziger Jahren als unnütze Esser ausgerottet und sind bis heute in den Städten aus hygienischen Gründen verboten.

An einer Straßenecke ist ein kleiner Markt. Bäuerinnen verkaufen hier, was sie auf ihrem privaten Streifen Land ziehen oder in Feld und Wasser fangen. Kleine Aale winden sich in Wasserschüsseln. Frösche hocken auf feuchten Lotosblättern, die Hinterbeine mit Strohhalmen zusammengebunden. Muscheln, Ingwerwurzeln, Lattich, Knollen, Gewürze, ein Dutzend Eier, zwei Hühner, Entenküken, Fächer und Hüte aus

Reisstroh, alles ist auf dem Boden ausgebreitet. Gleichmütig sitzen die Verkäuferinnen daneben, auch ein paar Dschnang-Frauen sind darunter, Angehörige der völkischen Minderheit in diesem Gebiet. Sie sind zierlicher, dunkelhäutiger und wirken ärmer als die sonstige Bevölkerung. Auf dem Kopf tragen sie ein gefaltetes dunkelblaues Tuch. Überall wird der Fremde freundlich bestaunt. Doch sobald er zu knipsen anfängt, wenden sich die Chinesen ab. Aberglaube oder einfach der Wunsch, nicht als Kuriosum aufgenommen zu werden?

Abwechslungsreich ist das Leben am Fluß. Morgens widmen sich Frauen und Männer dem Schattenboxen, einer Meditations- und Konzentrationsübung. Jeder hat seine eigene Abfolge rhythmisierter, im Zeitlupentempo abrollender Gesten. Währenddessen beginnen auf den Hausbooten, die wie riesige Kröten auf der glatten, bleifarbenen Fläche hocken, die Hühner zu gackern. Mädchen waschen sich die Haare, holen Wasser, man wäscht sich, putzt die Zähne, manche nehmen schon ein Bad. Das Wasser ist lau und sauber.

Nachmittags lassen wir uns auf die andere Seite bringen. Die Fährfrau – schwarz gekleidet, unter dem großen Strohhut ein imposantes Gesicht, im Ohr einen schmalen Goldring – stakt uns mit einer langen Bambusstange hinüber. Die Konkurrentin auf dem Nachbarboot lacht, als wir zur Auswahl unsere großen Scheine hinhalten. Sie hebt zwei Finger, damit wir nicht zuviel bezahlen. Offenbar wartet die sprichwörtliche Geschäftstüchtigkeit der Chinesen nur darauf, wieder zugelassen zu werden. Einstweilen hat es der Tourist gut: er braucht nicht zu feilschen, er wird nicht übers Ohr gehauen, niemand bettelt, Trinkgelder sind verpönt, und wer etwas liegenläßt, und sei es auch nur ein Kugelschreiber, erhält es spätestens am Tag darauf wieder.

Am vergnüglichsten ist es, in der Nacht umherzustreifen, wenn man nicht sogleich als Fremder erkannt wird. Wir mischen uns unter die Jugend von Kweilin, die sich an einem künstlichen See trifft, wo neumodische Pavillons und Betonstege ins Wasser gebaut sind. Eine Gruppe junger Männer. Einer hebt an zu singen. Er hat eine schöne, tragende Stimme. Das Lied klingt melancholisch, sehnsüchtig. Die Klage eines Minderheitenvolks? Ein Liebeslied? Jenseits des Wassers antwortet eine Frauenstimme. Dann wieder tremolierender Männergesang. Es geht so die halbe Nacht hindurch.

Eines Abends werden die Fremdlinge trotz der Dunkelheit bemerkt. Neckisches Geträller: »I once loved a man in Peking.« Gelächter, Ermunterung, auch eine Nummer zu bieten. Doch aus der chinesisch-deutschen Sangesbruderschaft wird nichts, da unsere Stimmen mit den Kweiliner Baritons nicht mithalten können.

Das amerikanische Nachrichtenmagazin »Newsweek« berichtet, daß die Chinesen bereits mit den Gesellschaften von Hilton und Intercontinental Verhandlungen über die Errichtung von Hotels aufgenommen haben. Sie sollen in der Architektur traditionelle chinesische Elemente verwenden, sonst aber das inzwischen Übliche bieten, also Klimaanlagen, Schwimmbäder, Bars und Restaurants mit internationaler Küche. Es scheint, daß bei wachsendem Tourismus niemand – nicht einmal die Chinesen – der globalen Standardisierung entgehen kann.

Doch vorläufig hat das elf Stockwerke hohe Ausländer-Hotel in Kweilin noch den diskreten Charme einer leicht abgenutzten Tropen-Herberge. Fliegengitter an den Fenstern und Klappen über den Flurtüren sorgen für Durchzug. Statt der Klimaanlage, von der man sich doch nur den Schnupfen holt, surrt ein Ventilator. Rhythmisch bläht sich im künstlich erzeugten Wind der weiße Voile des Moskitonetzes, das als mächtiger Betthimmel über der Lagerstätte hängt. Diese ist mit Frotteetuch und Bastmatte belegt, was den Europäern manches Rätsel aufgibt: unter die Matte, auf die Matte, zwischen Matte und Frotteetuch? Im Bad Stöße von Handtüchern, Seife, Kamm, Plastiksandalen. Der Service ist ordentlich. Große Thermosflaschen mit kochendem Wasser zum Aufbrühen von Jasmintee, Marke »Drachenblume«, stehen bereit. Zimmerschlüssel gibt es nicht. Auf jedem Flur wacht ein Aufpasser, der auch Herr über einen Kühlschrank mit Bier und Limonade ist.

Gekocht wird in Kweilin zum Glück noch chinesisch. Bei einem Festessen nehmen die Köstlichkeiten kein Ende. Wachteln, mit Zucker glasierter Flußfisch, Pilze, Lotoswurzeln, Eierspeisen, Erdnüsse, Gurkenstücke, Frühlingsröllchen, hauchdünne Scheibchen Fleisch, gepökelt, gekocht, gebraten, es ist eine nicht abreißende Folge von Tellerchen und Schüsselchen und Stäbchen, bis am Schluß der Porzellanlöffel kommt als Vorbote der Kürbissuppe mit Huhn, die das Essen beschließt. Zu den Speisen wird Bier serviert, ein für die Gegend typischer goldgelber Reiswein und eine milde Version des Mau-tai-Schnapses.

Wie lange aber wird es dauern, bis Kweilin dem Beispiel von Hang-chow, der Stadt am lieblichen Westsee, folgt? Schweres europäisches Besteck kündigte dort eines Mittags Unheil an. Dann kam es: Suppe, Kotelett, Kartoffeln und Erbsen.

Friedrich A. Wagner

Wenn der Lotos blüht

Hangtschau

Manchmal haben die Namen von fernen Städten die magische Kraft von Zauberformeln. Samarkand zum Beispiel oder Timbuktu: die Einbildung geht, vom Wortklang fasziniert, auf Reisen und erwartet Wunder, die nie eintreten können, Versprechungen, die nie gehalten werden. Hangtschau gehört dazu, das Wort weckt Bilder von jenem China, das die alten Maler auf den Tuschzeichnungen festhielten. Reiher, Bachstelze und Eisvogel, blühende Zweige und gebeugte Ähren, Abendsonne über dem Fischerdorf und heimkehrende Segler vor sanftgeschwungenen, bergbegrenzten Ufern. Nie freilich ist die Wirklichkeit wie das Bild der Phantasie, und vielleicht sollte man niemals nach Samarkand oder Hangtschau kommen ...

Es war schon spät am Nachmittag, als wir in Hangtschau landeten. Der Flug von Schanghai, dieser brodelnden Stadt, die mit ihren mehr als zehn Millionen Einwohnern gegen den Ruf der Verruchtheit unter enormer Anstrengung als neues Industriezentrum angeht, hatte nur knapp eine halbe Stunde gedauert. Regen fiel, es war ein Tag zwischen Winterende und Frühlingsanfang. Die Luft war weicher und heller als vor ein paar Tagen die Luft in den Bergen bei Peking, wo wir zwischen den hohen Brüstungen der Chinesischen Mauer zu einem Wehrturm auf einer Bergspitze emporgestapft waren, umtost von einem heftigen Wind unter einer kalten Wintersonne.

Dies hier war, man spürte es, ein anderes China, dies war der Süden. Durch das Fenster des Busses, der vom Flughafen zum pompösen Hotel am See fuhr, einem Schweizer Palace-Haus aus der Vorkriegszeit mit ein paar chinesischen Architekturformen, ging der Blick auf den nebelverhangenen See, auf noch kahle Baumalleen, Uferpromenaden mit dem laublosen Filigran hängender Weidenzweige, auf Pavillone und Bauten mit geschwungenen Dächern. Man ahnte in der Dämmerung die Landschaft, wie sie die Künstler der Sung-Zeit so idealistisch-naturgetreu gemalt hatten.

Nachts hörte der Regen auf, und am Morgen, ehe es Frühstück gab, schlenderte ich an der breiten Uferstraße des Westsees entlang. Sperlinge lärmten in den Bäumen, Entenschwärme strichen über das Wasser, die Leute gingen an die Arbeit, ihr Tagewerk begann. Ein Fischer fuhr aus mit seinem kleinen Boot, und während er die Ruder in das Silberwasser tauchte, sang er. Frauen richteten die Ausflugsboote her. Einzeln oder in Gruppen gingen Männer und Frauen plaudernd vorbei. An einer Haustür stand ein kleines Mädchen, es trug ein langes Kleid und eine bunte Schleife im Haar, und als es den weißhäutigen Fremden erblickte, erschrak es und flüchtete zur Mutter, die in Lachen ausbrach.

Die Sonne hob sich langsam über den Horizont hinter einem grausilbernen, diesigen Vorfrühlingsschleier, und ich dachte an Tage zu dieser Jahreszeit, an den See im Tessin oder in Oberitalien. Es war eine Landschaft der Ruhe und der Sanftheit, die zum Leben des neuen Tages erwachte.

Noch waren die Ausflugslokale in dieser frühen Jahreszeit leer und tot. In den Schaufenstern eines Ladens entdeckte ich viele Flaschen, Weine und Spirituosen, die Tür stand offen, es war der Eingang zu einem Eßlokal. Drinnen saßen Arbeiter beim Frühstück, sie tranken Tee und aßen mit den bemalten Stäbchen Reis aus großen weißen Schüsseln. Ein Trupp von ihnen trat ins Freie und hielt neben mir inne. Einer von ihnen, vielleicht dreißig Jahre alt, mit einem zerfurchten, energischen Gesicht und pfiffigen, flinken Augen und einer blitzenden Zahnkrone, schaute neugierig auf meine Notizen im Tagebuch, dann begann er zu staunen und zu lachen: Die Schrift des Europäers amüsierte ihn, er fragte nach dem Woher, aber der Fremde ahnte nur den Sinn der Frage. Die anderen standen herum und blickten aufmerksam und erwartungsvoll, doch ich konnte nicht antworten, und auch als der Pfiffikus eine Streichholzschachtel nahm und auf der freien Rückseite ein paar chinesische Schriftzeichen mit einem Kugelschreiber hinwarf, mußte ich die Schultern zucken – ach, sagten sie jetzt wohl untereinander und lachten: schreiben kann er also auch nicht, dieser weiße Mann mit der langen Nase. Dann nickten sie ihm zu und trotteten davon, zu ihrer Arbeit.

Ich ging zum Hotel zurück und mußte an Peking zurückdenken, die Metropole und Zentrale der Macht. Es war eine gleiche Morgenstunde, als ich am Rande des Taschangan-Boulevards stand, der zwanzig Kilometer langen Ost-West-Achse, der imperialen Prachtstraße. Radfahrer zogen vorbei, Dutzende, Hunderte, ein nicht abreißender gleichmäßiger Strom in gleichmäßiger Geschwindigkeit. Manche hatten die üblichen weißen Gesichtsmasken vor dem Mund, diesen Schutz gegen Erkältungskrankheiten. Alle trugen die wattierten Jacken und Hosen, sie hatten Pelzmützen auf dem Kopf und Handschuhe an den Fingern, sie hatten Schuhe an und waren ausgerüstet für den Winter in Peking, nur sah man hinter dem Blau und Grau und Grün der Kleidung oft nicht, ob hier ein Mann, eine Frau oder ein junges Mädchen auf dem Sattel saß und zur Arbeit strampelte. Waren das also emsige, blaue Ameisen, die an nichts anderes dachten als an ihre Arbeit, an den Aufstieg der Nation? Und gehörten an diesem sanften Vorfrühlingsmorgen hier am Westsee von Hangtschau die Leute, die geruhsam ihr Tagewerk begannen, auch dazu, dieser Pfiffikus zum Beispiel mit seinem Trupp von Werktätigen in blauem Arbeitsanzug?

Eine Gruppe junger Mädchen und Frauen schlenderte vorbei, sie trugen Jacken in verschiedenen Farben. Eine Frau überholte mich mit raschem Schritt, auch sie hatte eine farbig gemusterte Jacke an, dazu ein rosa Seidentuch um den Hals, eine helle Hose und eine Handtasche an einem Riemen über die Schulter. In Schanghai hatte ich Fräulein Gu, die Dolmetscherin, gefragt, wo sie ihre hübsche Jacke mit den blauen stilisierten Blumenmustern und den üblichen Stehkragenbündchen gekauft habe. »Oh, die Jacke war ganz billig«, sagte sie. »Sie hat nur drei Yüan gekostet, für den Stoff. Ich habe sie selber genäht, auf der Nähmaschine meiner Mutter.«

Ganz so flüssig freilich hatte sie nicht geantwortet, sie studierte noch nicht lange die deutsche Sprache und verwendete gelegentlich Sätze, die direkt aus dem Lehrbuch stammten. »Wir heißen Sie herzlich willkommen«, hatte sie uns Deutsche begrüßt. »Was wollen Sie einmal werden, Fräulein Gu?« Sie antwortete rasch: »Dolmetscherin beim Internationalen Verkehrsbüro.« Sie war bildhübsch und hatte das runde Gesicht der Chinesin mit einer rosa Haut und frischen Backen. Sie lächelte gern, und das kleidete sie gut – in früheren Zeiten hätte man von Charme gesprochen. Fräulein Gu war »unersättlich im Lernen«, aber sie hat dieses Mao-Wort nie gebraucht. Ist die deutsche Sprache eigentlich schwer für Sie, Fräulein Gu? Sie seufzte und sagte gleich dreimal hintereinander ja. Jeden Tag hat sie Vorlesungen, jeden Tag lernt sie stundenlang, nur sonntags fährt sie nach Hause auf das Land in die Kommune, wo die Eltern und die beiden Geschwister leben.

Der Dunst des Morgens löste sich allmählich auf, ein weicher Vorfrühlingstag begann, als die blau-weiß gestrichenen Motorboote zur Fahrt über den See ablegten. Wir standen am Bug und sahen auf die Ufer und die Berge, die in der Ferne hinter sanften Schleiern verschwammen. Ein Boot mit einem Sonnensegel tuckerte unter einer Brücke hindurch, offene Pavillone mit rotgestrichenen Säulen spiegelten sich im See, wir fuhren zu dem Xiao-Ying-zhou-Eiland und gingen dort an Land. Wir wanderten über Deiche und schmale Brücken, vorbei an offenen Hallen mit geschweiften Dächern, an Baumgruppen, an Mäuerchen mit offenen Fenstern, die mit Vogelplastiken geschmückt waren – ein spielerisches China, ein Ineinander und ein Zusammenklang von Natur, Kunst und Menschenwerk, das seine Pracht vor allem im Sommer ausbreiten mag, wenn der Lotos blüht. Marco Polo, der venezianische Weltreisende, geriet in Schwärmerei, wenn er von Hangtschau sprach.

Dieses Kunstwerk im See ist, so sagte der Dolmetscher, aus Erde und aus dem Boden des Sees einst aufgeschüttet worden. Und wer hat das alles getan, wer hat es aufgeschüttet? Der junge Chinese, ein gebildeter Mann, dachte keine Sekunde nach: »Natürlich die Werktätigen«, sagte er, »the working people«. Sein Gesicht strahlte, und wir lachten mit ihm. Geschichte ist einfach geworden für diese junge Generation nach der Kulturrevolution. Später las ich im dicken, pfundschweren Reiseführer, daß Su Tung-po die Insel angelegt haben soll. Er war ein Maler und Dichter der Sung-Zeit im 11. Jahrhundert und wurde Gouverneur von Hangtschau. Poesie und Politik in einem Kopf und in einer Hand – es ist bis in die Gegenwart nichts Ungewöhnliches in einem Land, in dem das Schreiben allein schon Kunst und Literatur ist. Su Tung-po hat am Westsee einen Deich gebaut, der noch heute seinen Namen trägt. Es ist eine schöne Uferpromenade, am Nachmittag promenieren die Menschen von heute dort entlang.

Auch auf seinem Eiland, einem berühmten Ausflugsziel, zogen Scharen von Besuchern umher, viele von ihnen mit ihren kleinen Kindern, denen sie bei solchen Gelegenheiten mit aller Liebe farbige Kleider anziehen und die dann aussehen wie Puppen aus chinesischem Porzellan. Die Sonne war durchgebrochen, sie schüttete Glanz und Wärme des ersten Frühlings auf dieses China von einst am Westsee von Hangtschau, das vor sieben, acht Jahrhunderten Residenz eines der kunstfreudigsten Kaiserhäuser war.

Mittags, nach dem Essen, nahmen wir ein Taxi. Wir fuhren mit einem Dolmetscher zur Hauptgeschäftsstraße der Stadt, die mehr als 700 000 Einwohner zählt. Sie heißt Jie Fang Road oder auch Straße der Befreiung und verläuft vom See durch die Stadt in west-östlicher Richtung. Wir wollten das heutige China sehen, Läden, Preise, Handel, Leben, Alltag. Unser Taxi hielt am Straßenrand, es waren viele Leute unterwegs, und in kurzer Zeit waren wir umringt von einer großen Menschenmenge. Sie sahen uns still, freundlich und mit einer unendlichen Neugier an. Ein Verkehrspolizist kam herbei und bemühte sich vergeblich, die Straße freizuhalten. Unter wütendem Hupen bahnten sich die städtischen Omnibusse einen Weg.

Wir bummelten durch ein Uhrengeschäft, wo hauptsächlich Wecker verkauft wurden, besichtigten eine Bank, ein Restaurant und zogen durch die Abteilungen eines Warenhauses, das in zwei Stockwerken die Konsumgüter des Landes ausbreitete: Obst, Lebensmittel, Textilien, Stoffe, Wäsche, Spirituosen, bunte Bilder. Eine ganze Abteilung offerierte Fahrräder und Zubehör samt Ersatzteilen. 150,75 Yüan zeigte das Preisschild, das

Fahrrad machte einen soliden Eindruck, ein nützlicher Gebrauchsgegenstand, gefederte Gabel, glänzende Felgen, doch sonst kein Chic, auch keine Beleuchtungsanlage, die Radler fahren selbst in Peking abends auf den Boulevards ohne Licht.

Was wird verdient in China, fragten wir, und der Dolmetscher antwortete: zwischen fünfzig und achtzig, auch hundert Yüan im Monat. So ist das also: zwei Monatseinkommen und mehr für das begehrte Fortbewegungsmittel, das hier in Hangtschau die Straßen überflutet genau wie in Schanghai oder die Chausseen, die wir von Peking aus zur Großen Mauer befahren waren.

Spät flogen wir nach Peking zurück. Der Abend mit der rot untergehenden Sonne war von stillem Zauber, auf den Uferpromenaden drängten sich die Menschen, die den Frühling ahnten. Ein Nachmittag, eine Nacht, einen Tag in Hangtschau: der Westsee und das Eiland, das den poetischen Namen »Drei Türme, die den Mond widerspiegeln« trägt; der Ling-Jin-Tempel, zu dessen Hallen und Buddha-Statuen ein Weg führt entlang einer hohen Felswand mit vielen Relieffiguren, einem dikken, lachenden Buddha zum Beispiel, überwuchert von Sträuchern, Pflanzen und Schlinggewächsen; das mächtige, leuchtend farbige Reliefbild an der Rückwand der Buddha-Figur, dessen Sinn sich dem Europäer entzieht, so daß er seinen chinesischen Begleiter um eine Deutung bittet, doch der schüttelt den Kopf, er wisse nichts über diese religiöse Darstellung; die Pagode der sechs Harmonien hoch über dem Quiantangjiang-Fluß mit der modernen Eisenbahnbrücke darüber. Flüchtige Impressionen – dies also war Hangtschau, von dem die China-Reisenden aller Zeiten mit soviel Bewunderung schwärmen.

Nachts auf dem Rückflug über die Wüste Gobi und das Karakorum-Gebirge blätterte ich in den Reisenotizen und suchte die Eindrücke zu ordnen. Ich erinnerte mich an die Bücher der Experten. Jeder berichtet über dieses China, die neue Großmacht, ihre kommunistische Ordnung, ihre Erfolge und Fehler, ihre Errungenschaften und Schwächen, aber jeder kann nur von seinem eigenen Augenschein sprechen. Vielleicht ist es bei all den Reportagen und Dokumentationen wie mit den Parallelen, die sich erst in der Unendlichkeit treffen. Wahrheit über das rote China scheint dort zu liegen, wo sich die vielen einzelnen Augenscheine ganz in der Ferne kreuzen. In zehn, in zwanzig oder in noch mehr Jahren.

Eine Woche China mit dem Abschluß in Hangtschau, wo das Bild, das die Einbildungskraft vorher entworfen hatte, gefestigt, aber auch neu verunklärt wurde. Fragen tauchen erst jetzt auf, und sie sind auch überall in den Büchern der Experten zu finden. Wie ist das mit der Vergangenheit im roten China von heute, mit all jener überkommenen Kultur, die man anderswo als das »nationale Erbe« durch neue Interpretationen zu integrieren sucht?

Ich dachte an unsere chinesischen Begleiter, kluge Dreißigjährige, ausgewählte Intelligenz ohne Zweifel, die so sicher mit den Europäern und ihren ausgefallenen Wünschen und Sitten in der europäischen Sprache umgingen und die dabei auf so höfliche Weise ihre Distanz zu den tradierten, erhaltenen Botschaften dynastischer oder religiöser Natur ausdrückten. Wird ihnen oder dem anmutigen Fräulein Gu, die sich ihre Jacke lieber selber näht und so eifrig Deutsch lernt, einmal die ideologische Anspannung, die kommunistisch dirigierte Industrieproduktion der Nation und ihre Zukunft samt dem eigenen Fahrrad, dem Symbol eines allgemeinen Konsumdenkens, wichtiger sein als die sanfte Entspanntheit des Westsees von Hangtschau, seiner Wasser- und Uferlandschaft, seiner Bergketten, seiner geschwungenen Tempeldächer, heiligen Statuen und all diesen Attributen von Kunst und Natur, die zum Bilde Chinas gehören, seiner Geschichte, seines Stiles, seiner Menschen?

Eduard Beaucamp

Buddha und Fabriken

In Korea

Das »Land der Morgenstille« stellt sich in seiner Metropole nicht von der stillsten Seite vor. Seoul ist eine Stadt im Aufbruch, voll von fiebrigem Wachstum. Der Reiseführer von 1971 zählt 4,5 Millionen Einwohner, der von 1977 schon 6,5, heute spricht man von 8 Millionen. Ein perfektes, verzweigtes Schnellstraßensystem, das alte Stadtteile zerschneidet, leitet vom Flughafen Kimpo reibungslos durch zahllose Vororte ins hochgebaute Zentrum, ein Manhattan der siebziger Jahre. Das Taxi fährt am Ufer des Han entlang, Koreas breitestem Fluß. Der Blick auf die Gegenseite ist ein Blick in eine fast utopische Zukunft: Industrieanlagen, Hochhaussiedlungen aus monumentalen Wohnblöcken, Universitäts- und Regierungsgebäude, dann ein kolossaler Bauklotz, das frei stehende Haus der Nationalversammlung und ein Platz des Volkes davor, ein Aufmarschfeld, das Hunderttausende zu fassen vermag.

In der Schalterhalle des Bahnhofs von Seoul, einem europäischen Stilbau aus der Zeit der japanischen Besetzung, hängt ein Bild von 1910, das ebendiesen Bahnhof mit dampfender Eisenbahn davor als moderne Sensation und fremdartiges Ungeheuer mitten in einer dörflichen Siedlung zeigt. Die Koreaner lieben solche Erinnerungen; fotografische Konfrontationen von gestern und heute schmücken vielfach ihre öffentlichen Gebäude. Man vergewissert sich nicht ohne Stolz des Wegs, den man schnurstracks fast aus dem Mittelalter, dem koreanischen 19. Jahrhundert, in die Gegenwart zurückgelegt hat. Flache Häuser, ländlich wirkende Gehöfte, bedecken noch heute weite Flächen des Stadtbilds Seouls und bilden mit dem Dschungel ihrer ärmlichen Gassen die malerischsten, orientalischen Partien. Der Gegensatz dazu sind Gebirge dicht stehender numerierter Wohnblöcke, die als moderne Vorstadtfestungen fast überall im Lande aus dem Boden schießen. In den Wolkenkratzern im Zentrum Seouls, Verwaltungs- und Bürobauten, die erst wenige Jahre alt sind, manifestiert sich plastisch der enorme Schub, der das Land erfaßt hat, der Wille, es dem Westen und vor allem den Japanern gleichzutun. Luxushotels sind exklusiv und teuer, aber trotzdem keine Gettos und eindimensionalen Silos. Sie umschließen die belebtesten Einkaufszentren, Warenhäuser, Passagen und Basare, die sich in die Höhe staffeln oder wie die Fuchsbauten unter Tage ausbreiten.

Seouls Reiz liegt in der Verarbeitung der Kontraste. Und vor allem in seiner Einbettung in eine Hügellandschaft mit Gebirgshintergrund, welche die expandierenden Häusermassen verteilt und dem Blick immer wieder entzieht. Scharenweise klettern die Koreaner auf die umliegenden Hügel und ihre Aussichtsterrassen, am liebsten auf den modernen Fernsehturm, um das Wunder ihrer Metropole zu betrachten. Die Denkmäler des historischen Seoul, der Residenzstadt der Könige, sind ins moderne Stadtbild wie Zitate einbezogen. Erhalten haben sich vor allem fünf der neun Stadttore, darunter das berühmte Südtor aus dem 14. Jahrhundert, die Nummer eins auf der Liste des Nationalschatzes. Die bemalten Holzbauten mit ihren ausschwingenden, gestaffelten Zeltdächern stehen auf gemauerten Sockeln wie Throne oder Heiligtümer mitten im brandenden Verkehr. Als geschlossene Komplexe haben sich vor allem die alten Parks mit den Palästen und Pavillons der Yi-Dynastie (1322 bis 1210 nach Christus) erhalten. Sie sind in die Hügellandschaft hineinentworfen und beziehen die Berge als Kulissen ein.

In diesen schönen Gärten, heute Kulturparks mit Museen und zusammengetragenen Denkmälern aus dem ganzen Land, ist man der Herrlichkeit des feudalen Korea am nächsten: so im Hof der Thronhalle des Kyongbok-Palastes, der einmal mehr als zweihundert Bauten umfaßte, wo den Hofschranzen noch die Plätze in Form von Steintafeln angewiesen sind, vor berühmten Prospekten mit sommerlichen Pavillons, Seerosenteichen und bedeutungsvollen Brücken oder der zehnstöckigen Koryo-Pagode, im »geheimen Garten« und hier besonders in jener weitläufigen Wohnanlage, wo sich die Könige nicht anders und fast zu gleicher Zeit wie Marie Antoinette im äußersten Winkel des Parks von Versailles dem Traum und der Lust des einfachen Lebens hingaben.

»Sejong«, Seouls Prachtstraße, die nach einem der bedeutendsten, aufgeklärten Könige benannt und heute von modernen Kulturpalästen gesäumt ist, führt freilich nicht mehr direkt auf den Kyongbok-Palast zu, sondern auf ein im Renaissance-Stil erbautes Regierungsgebäude, das gleichfalls aus der Zeit der letzten japanischen Besatzung stammt. Die Japaner legten Teile der Gärten und Paläste nieder, sie beseitigten auch ganze Stadtviertel, bauten Straßen und Verwaltungskomplexe und schufen die Grundlage für das moderne Seoul. Die japanischen Planungsstrategen teilten bereits Korea in zwei Regionen auf: der Norden wurde industrialisiert, der Süden sollte bäuerlich bleiben. Man muß sich dies klarmachen, um zu ermessen, vor welchen Problemen der Süden nach dem Krieg und der Teilung von 1953 stand und was hier von der Bevölkerung an Aufbauwille, Lernbegierde, Energie und Disziplin aufgebracht wurde.

Nach Korea fährt man wohl kaum, um zu baden oder um sich exotischen Träumen hinzugeben. Das geteilte Land ist zu klein und zu sehr in Bewegung, als daß man sich ausschließlich in seine prachtvollen Waldgebirge und Küstenlandschaften oder allein in seine Kulturgeschichte und Denkmäler versenken könnte. Fast nirgends kann man von der Gegenwart abstrahieren und erlebt auf der anderen Seite, wie diese Gegenwart ständig von einer übermächtigen Vergangenheit eingeholt und determiniert wird. Auf Schritt und Tritt wird die historische und politische Phantasie stimuliert: in einem Land, das nur in Glücksmomenten Herr seiner Geschichte und geeint war, das eingespannt und bedrängt war von so erdrückenden Mächten wie China und Japan, das bei glücklichen Konstellationen und im Frieden zum schöpferischen Vermittler wurde (Japan bezog über Korea jahrhundertelang seine religiösen und zivilisatorischen Impulse), meist aber mit der Rolle des Opfers fertig zu werden hatte.

Eine der grausamsten japanischen Besetzungen im 16. Jahrhundert, die Korea als Trümmerfeld zurückließ, hatte das Land zu einem Akt der Verzweiflung getrieben, zu rigoroser Selbstisolierung, zur hermetischen Abschließung von allen äußeren, besonders auch westlichen Einflüssen bis gegen Ende des 19. Jahrhunderts. Seefahrer, Kaufleute, Missionare, die ins Land zu kommen versuchten, wurden eingefangen und meistens hingerichtet. Noch im frühen 19. Jahrhundert tobten in Korea rigorose Christenverfolgungen. Von 1910 bis 1945 kam es abermals zur japanischen Besetzung. 1951 brach der Korea-Krieg aus, er führte zu Millionen von Opfern und teilte das Land. Daß auch der Süden unter den wechselnden, autoritären bis diktatorischen Regimen noch immer nicht sein Gleichgewicht und seinen inneren Frieden gefunden hat, daß dies kein freies Land ist, nimmt auch der Tourist deutlich wahr: an der Allgegenwart des Militärs, an Panzersperren und Barrikaden, die an den Ausfallstraßen Seouls, an Brücken und Tunnels bereitstehen, aber auch an einer nächtlichen Ausgangssperre, die es nur in der innersten Provinz und auf der Touristeninsel Cheju nicht gibt und die angeblich auf die Angst vor einer vielfach angedrohten Invasion der Nordkoreaner bei Nacht und vom Meer her zurückgeht.

Auf dem Weg zur Demarkationslinie im Norden mehren sich die militärischen Bewegungen, die Sperren und Befestigungen, zu denen auch Abwehranlagen und Höckerlinien nach Art des Westwalls gehören. Den Touristen wird von Seoul aus eine Tagestour im Autobus angeboten. Die Koreaner selbst sind ausgeschlossen von der Reise zu ihrer grausamen und absurden Grenze, über die es für sie bis heute keinerlei Austausch, keinen Besuch, keine Telefonverbindung und nicht einmal Postverkehr gibt. Der Tourist muß eine Versicherung unterschreiben, daß bei Zwischenfällen niemand für ihn zu haften braucht. Man fährt fünfzig Kilometer nordwestlich auf der alten Hauptstraße Seoul – Pyongyang. Parallel läuft die alte Eisenbahnstrecke, heute eine Nebenverbindung, die plötzlich mitten im freien Feld abbricht. Der Bus hält an pathetischen Kriegsdenkmälern für die Verbündeten. Die koreanischen Begleiter geben unterwegs auf japanisch und englisch ausführliche historische und politische Unterweisung. Die Kontrollen häufen sich, die Posten sind immer martialischer ausgerüstet. Eine Friedensbrücke führt über den Fluß Imjin in die entmilitarisierte, nur noch von wenigen Bauern bewohnte Zone. In einer der Baracken der Amerikaner wird die Busgesellschaft noch einmal in Wort und Bild instruiert.

Fotos dokumentieren die Übergriffe der Nordkoreaner, zuletzt jenen blutigen Zwischenfall von 1976, als nordkoreanische Soldaten beim Baumfällen – die Stelle wird später vom Bus vorsichtig umfahren – plötzlich mit der Axt zwei amerikanische Offiziere angriffen und erschlugen. Nachgebildet ist ein Tunnel, durch den sich die Nordkoreaner in den Süden gruben; original sind der Gleisweg und das Wägelchen, die Waffen und Versorgung beförderten. Schließlich erreicht man die Baracke, wo bis heute regelmäßig, aber erfolglos verhandelt wird. Die Demarkationslinie zerteilt den Raum, sogar den Tisch, und verläuft zwischen den Flaggen Nordkoreas und der Vereinten Nationen. Man darf alles in Augenschein nehmen, aber nichts berühren. Von den Nordkoreanern installierte Kameras und Mikrophone belauern die Szenerie. Die geringsten Abweichungen, eine falsche Bewegung oder ein Scherz werden von der Gegenseite als Übergriffe registriert. Man erlebt recht plastisch das Ritual des gegenseitigen Mißtrauens und der stummen Bedrohung. Die Touristen bewegen sich im Schutz schwerbewaffneter UN-Soldaten. Von einem Pagodenturm sieht man hinüber zu den Nordkoreanern, die mit Feldstechern von ihrem Hauptquartier und einem Beobachtungsposten jede Bewegung verfolgen. Der Bus fährt bis kurz vor die berüchtigte »Brücke ohne Umkehr« und auf einen Hügel, von wo der Blick tief in den Norden schweifen kann und die Baracken der polnischen und tschechischen UN-Soldaten zu erkennen sind. Südkoreanische und nordkoreanische Musterdörfer liegen sich in der entmilitarisierten Zone gegenüber, vom unbewohnten nordkoreanischen tönt über Lautsprecher Propaganda.

Fährt man von Seoul gegen Süden, sei es mit der Eisenbahn, darunter ein Expreß von unserem Intercity-Standard, sei es über die Autobahn, die Seoul im Kreis mit Kwangju im Südwesten sowie mit der Hafenstadt Busan, einem koreanischen Neapel, im Südosten verbindet, verlieren sich allmählich die Schatten der Gegenwart. Beste Reisezeit ist der Herbst. Der koreanische Sommer ist heiß, feucht und regnerisch, die Winter können sehr kalt sein. Die Fotos, die für das Land werben, sind meist im Herbst aufgenommen: die Reisfelder verfärben sich dann ins Grüngoldene, die Wälder entfalten eine bunte Farbigkeit von einer in Europa ungewohnten Intensität. Gebirge, die sich von der flachen Westküste zur felsigen Ostküste aufbauen, geben der Halbinsel ihr bewegtes Relief.

Etwa fünfzig Kilometer südlich von Seoul signalisieren die Autobahn-Schilder die Abfahrt zu einer einzigartigen Attraktion, gleichsam einem Modellbaukasten des alten Korea. Das »Folk Village« ist ein Retortenprodukt, es vereinigt mehr als 150 Häuser, zieht die verschiedenen Regionen, Epochen, die Gewerbe, Klassen- und Lebensstile und die Tempel in Beispielen zusammen. Halb Museum, halb Lunapark, ist dies Musterdorf doch mit emsigem Leben erfüllt. Man kann hier alte Werkstätten und Handwerke, darunter das berühmte Töpfern, und die Herstellung der Seladon-Glasuren studieren. Man kann Bauernhöfe und Paläste inspizieren, die hervorragende und vielseitige koreanische Küche probieren, die weniger schwer und fett ist als die chinesische und bäuerlicher und kräftiger als die japanische, man sieht, wie die ostasiatischen Gärten angelegt, die Felder bebaut werden oder wie überaus pfleglich der Ginseng, Koreas vielgerühmte Wunderwurzel und sein staatsmonopolisierter Exportartikel, gezogen wird. Das Fernsehen findet hier seine ideale Kulisse: in einem Palasthof stoßen gerade die Soldaten zweier verfeindeter Fürsten aufeinander. Das Dorf wurde 1974 gegründet, offenbar in dem Gefühl, einer verstädternden, landflüchtigen Bevölkerung im Umkreis Seouls die eigene Herkunft und den Reichtum früherer Lebensformen vor Augen zu führen.

Überall auf der Halbinsel drängt sich eine Musealisierung und Kultivierung auf, die das Landschaftliche wie das Zivilisatorische einbezieht und in riesigen Parks zusammenfaßt. Es gibt im Lande zahlreiche Nationalparks. Im Kern mag solche Durchdringung auf das einheitliche Empfinden und Erlebnis von Kultur und Natur zurückgehen. Nicht selten sind die Tempel Zentren dieser Parks. Viele der bedeutendsten Komplexe liegen an den großen Verkehrswegen oder sind über kleine Abstecher zu erreichen.

Das großartigste Erlebnis erwartet den Korea-Reisenden im Südosten, im Nationalpark von Gyeongiu. Der Name geht auf ein Provinznest zurück, das erst 1955 Stadt wurde und seine Bedeutung allein der Vergangenheit und der Archäologie verdankt. In der Ebene von Gyeongiu, eingerahmt von bewaldeten Berghängen, tauchen in den letzten Jahrzehnten die eindrucksvollen Reste vom Zentrum des alten Silla-Königreichs auf, mit dem sich die Koreaner noch heute am liebsten identifizieren; sie verdanken ihm ihr »goldenes Zeitalter«, da es zum ersten Mal die Einigung der Halbinsel bewerkstelligte (668 bis 935 nach Christus).

Die Japaner begannen während der Besetzung mit den Grabungen. Die koreanische Kunst und Kultur, lange unterschätzt, ja fast übersehen, verdankt ihren Rang und ihre internationale Reputation vor allem dem, was hier zutage gefördert wurde. Der Komplex wurde von der Unesco sogar in die Liste der hundert ehrwürdigsten Denkmäler der Menschheit aufgenommen. Man erreicht Gyeongiu von der Südspitze und von Busan (70 Kilometer) oder von Seoul mit der Eisenbahn und über die Autobahn (etwa 300 Kilometer). Zwei der wichtigsten Tempel säumen fast den Weg.

Der Tongdo-san-Tempel liegt an der Autobahn dreißig Kilometer hinter Busan. Er geht auf die Silla-Zeit zurück und ist mit seinen fünfunddreißig Hallen und Schreinen das kostbarste und ausgedehnteste Heiligtum der Buddhisten im Lande. Heute mischen sich freilich selbst bei den koreanischen Besuchern neugierige Touristen und lärmende Ausflügler mit gläubigen Wallfahrern, die sich in langen Prozessionen durch den Tempelbezirk schieben. Zentrum der Verehrung ist eine Halle, in der ausnahmsweise nicht die Sitzfigur des Buddha oder seiner Schüler thront, sondern der Blick nach außen gezogen wird auf einen Steingarten und eine Pagode, die Buddha-Reliquien, darunter angeblich Teile seines gelben Gewandes, enthält. Im siebten Jahrhundert hatte ein Mönch die Heiligtümer aus China mitgebracht und den Tempel um sie herum gebaut. Der Buddhismus hat in Korea das Schamanentum verdrängt, das aber bis heute noch im ländlichen Brauchtum fortwirkt. Macht und

Einfluß einer Staatsreligion erreichte Buddhas Lehre erst in der Zeit der Koryo-Dynastie (918 bis 1392), die das Silla-Reich ablöste und dem Land seinen endgültigen Namen geben sollte.

Ein religiöses Zentrum ist auch der Haein-san-Tempel im Gebiet des Gaya-Gebirges. Man macht Station in der Provinzhauptstadt Tae-gu, der drittgrößten des Landes, und fährt über eine bequeme Nebenstraße durch eine der fruchtbarsten und freundlichsten Ebenen Koreas hinauf in ein imposantes Waldgebirge, das heute gleichfalls den Titel eines Nationalparks führt. Die Wallfahrt zum Tempel beginnt beim Fußmarsch von der Straße aus. Der Aufstieg innerhalb des Klosterkomplexes, von Hof zu Hof und von Halle zu Halle, gleicht dem Erklettern einer Himmelsleiter. In den romantischen Einbettungen der Tempel verliert der Buddhismus seine Strenge und seine Neigung zur Abstraktion, er wird für den Fremden fast zur Offenbarung einer pantheistischen Naturreligion. Dreizehn Eremitagen für Mönche und Nonnen verbergen sich in den Wäldern zwischen bizarren Felsen und Wasserfällen. Mancher der Einsiedler nimmt Gäste über Nacht auf.

Daß sich in Korea die Tempelanlagen wie die Paläste so frisch wie am ersten Tage präsentieren, obwohl sie aus Holz konstruiert sind und vielfach abbrannten, liegt an der Unbedenklichkeit, mit der sie immer wieder neu errichtet wurden. Rekonstruktionen, Ergänzungen und Erweiterungen stoßen auf keine historischen Skrupel. Die Erneuerungen rechtfertigen sich durch Geist und Gläubigkeit. Der Haein-san-Tempel ist durch einen besonderen Schatz ausgezeichnet: die älteste und umfangreichste Sammlung des Kanons buddhistischer Schriften in Ostasien. Mönche schnitten diese Bibel, die »Tripitaka koreana«, im dreizehnten Jahrhundert in achtzigtausend Holzstöcke (160 000 Druckseiten). Die Platten haben sich erhalten und werden in einer »Bibliothek«, einer natürlich klimatisierten, offenen Tempelhalle, auf endlosen Regalen aufbewahrt.

In Gyeongiu ist in den letzten Jahrzehnten die Metropole des alten Königreiches in Umrissen oder zumindest in Grundrissen wiedererstanden. Von der einstigen Millionenbevölkerung war nur noch eine Kleinstadt übriggeblieben. Heute bedeckt der archäologische Park eine Fläche von mehr als zehn Quadratkilometern. Er ist touristisch perfekt erschlossen und aufbereitet.

Einzelne Dorfkomplexe mußten umgesiedelt werden. Der Gegend wurden Dächer im Silla-Stil verordnet und damit ein altkoreanisches Gepräge aufgedrückt. Am Bomun-See im Norden ist 1979 ein Ferienzentrum mit Luxushotels, Einkaufspassagen und Sportstätten eröffnet worden. Autobusse pendeln zwischen den verschiedenen Fundstätten, die ihrerseits als Parks umzäunt und gestaltet sind.

Die gewaltigen, grasbewachsenen Hügelgräber der Könige, ihrer Gelehrten und Generäle sind über die ganze Gegend verstreut. Manche sind von feierlichen Prozessionsstraßen steinerner Wächter flankiert. Zwanzig sind zu einem Friedhof im Zentrum der Stadt vereinigt. Diese Gräber erreichen eine Höhe von 21 Metern und einen Durchmesser von 85 Metern. Sie überdekken gemauerte Grabkammern erstaunlichen Ausmaßes. Das neuerbaute Nationalmuseum von Gyeongiu hortet in zwei Pavillons, die Modernität mit historischem Design verbinden, Zehntausende von Fundstücken. Einige hervorragende Beispiele, darunter auch eine der bizarren Silla-Kronen, die deutlich die Herkunft dieses Volkes von mongolischen Stämmen, etwa den Skythen, verrät, gehören heute zum Schatz des zentralen Nationalmuseums in Seoul, das die Grabungen leitet.

Von der wissenschaftlichen Blüte im Silla-Reich kündet eine der ältesten Sternwarten der Welt, in der sich der Nachthimmel in einem Brunnen spiegelte. Wo der Palast dieser Dynastie stand, ist heute noch unklar. Man vermutet ihn in einem arkadischen Gelände, am Rande eines künstlichen Sees, wo die Archäologen einige Pavillons zur Bekräftigung der Illusion hingesetzt haben. Erhalten hat sich auch ein bezaubernder Garten mit einem künstlichen, zum Kreis sich schließenden Rinnsal, aus dem die Hofgesellschaft bei Festen Wein geschöpft haben soll. Einer der letzten Silla-Könige wurde hier beim Gelage von Aufständischen ermordet.

Zu den Heiligtümern führt auch hier wieder der Weg hinauf in die Bergwälder. Vom ältesten buddhistischen Denkmal Koreas, dem Bulgug-sa-Tempel, hatten sich die steinernen Sockel und Terrassen, die Brücken, Treppen und zumal zwei besonders reiche Pagoden erhalten, welche die Kunstgeschichte Ostasiens unter ihre Glanzstücke zählt. In der Gegenwart wurden die hölzernen Hallen und Schreine rekonstruiert.

Der Höhepunkt aber liegt weit höher unter dem Berggipfel: eine künstliche Grotte, der Sitz einer der schönsten, klassischen Buddha-Figuren, die im achten Jahrhundert aus weißem Granit gemeißelt und poliert wurde. Die Wände des Höhlentempels sind bedeckt mit 37 Granitplatten, die Dämonen aus der buddhistischen Mythologie bevölkern. Der Buddha war so plaziert, daß frühmorgens die ersten Strahlen der aus dem Ostmeer tauchenden Sonne seine Stirn berührten. Leider findet diese wunderbare Erleuchtung heute nicht mehr statt, da die Grotte aus konservatorischen Gründen zugebaut werden mußte. Der Buddha schwebte in seiner Grotte als Schutzgott über dem Silla-Reich. Ohne Zweifel sollte er die ständig drohende Invasion der Japaner, die über das Ostmeer kamen, vom Reich abwehren.

Heute liegt an der Küste hinter den Bergen eine geradezu brutale Gegenwart, nämlich Koreas mächtigstes Industriezentrum Ulsan mit Stahlwerken, Raffinerien, einem Atomkraftwerk und einer Schiffswerft, die zeitweise den Ruhm genoß, die größten Tanker der Welt zu bauen.

Albert Strick

Die Dienste des Mr. Chun

Erlebnisse in Seoul

Im Reiseführer wird man Sinchon vergeblich suchen. Es gibt dort auch nichts Außergewöhnliches zu besichtigen, schon gar nichts Historisches. Die Parks, Paläste und Portale der koreanischen Königsdynastien konzentrieren sich ausschließlich drunten im Stadtzentrum Chung-ku, dort, wo sich auch die Glitzerwelt der Businesszentralen, Luxushotels und Shopping-Arkaden ausbreitet. Sinchon ist nur drei Busstationen davon entfernt und hat doch nichts von alledem. Sinchon ist ein ganz normales Viertel der Neun-Millionen-Metropole Seoul, eines von vielen, die im Laufe dieses Jahrhunderts mit zunehmender Seoul schlägt nicht in Chung-ku, wo das Alte museal und das Neue aufgesetzt wirkt, sondern in Vierteln wie Sinchon, wo in einem bunten Durch- und Nebeneinander von Stätten des Familienlebens, der Arbeit und des Vergnügens Korea eigentlich erst beginnt.

Schon der äußere Eindruck macht neugierig. Daß die Stadt an den Ufern des Han-River so in die Breite gegangen ist, scheint vor allen Dingen an der Liebe der Koreaner zu ihren traditionellen Einfamilienhäuschen mit kleinem Innenhof und geschwungenen Ziegelfirsten zu liegen. Jedenfalls krabbeln in den Außenbezirken Seouls die herrlichsten Dachlandschaften Asiens die Hügel hinan, die sich dann – bei allein 67 protestantischen Sekten in Südkorea ganz unvermeidlich – unter eine jeweils auf der Spitze thronende Kirche europäischen Stils ducken. Ein seltsamer Kontrast. Leider bleibt den meisten Besuchern Seouls ein Blick ins Innenleben dieser alten Viertel verwehrt. Nicht, weil sie nicht dorthin dürften oder weil es gefährlich wäre, eher schon, weil sie geschäftlich oder touristisch dort nichts zu erledigen haben. Meist verdankt der Reisende die nähere Bekanntschaft mit Sinchon nur dem Zufall, zum Beispiel, weil sein Domizil auf dem Campus der an Sinchon grenzenden EHWA-University lag. Der Weg zum Büro in Chung-ku führte zwangsläufig durch Sinchon, eine fremde, asiatische Welt.

»Langnase! Langnase!« krähte es jedesmal aus dem Mund mandeläugiger Kinder mit Rotznasen, roten Bäckchen und pechschwarzen Haaren, wenn der Europäer sich seinen Weg durch die zu Freiluftmärkten erklärten Gassen Sinchons bahnte. Dabei war stets höchste Aufmerksamkeit notwendig, um nicht die kunstvoll auf dem Boden aufgebauten Türme aus Apfelsinen, Birnen und Kohlköpfen umzurennen. Die dahinter hockenden Händlerinnen – sie verkaufen von morgens bis gegen Mitternacht – wären sofort aus ihrem Halbschlaf erwacht. Gelegentlich wollte man den Neugierigen zum Kauf koreanischer Delikatessen animieren: Wie wär's mit gezuckertem Trockenfisch? Oder lieber geröstete Heuschrecken? – Das Richtige zum Bier! Getrockneten Seetang in knusprigen, papierdünnen Scheiben wird man eher zum Frühstück reichen. Aber es gab auch Altbewährtes für den konservativen Geschmack in Form von Bergen gesalzener Erdnüsse. Und aus den an allen Ecken brodelnden Garküchen duftete es nach Fischsuppe, frischen Reisnudeln in Tomatensauce, scharf gesottenem Fleisch mit reichlich Knoblauch und dem als Beilage unentbehrlichen Nationalgericht Kimchi, einem durch Einlagerung in Steingutfässer würzig fermentierten Weißkohlsalat.

Manchmal sind die Gassen Sinchons so schmal und so steil, daß kein Auto mehr durchkommt. Dann schlägt die Stunde der Lastenträger, die die Ware vom Lieferwagen auf ihren gebeugten Rücken umladen. In den eiskalten Wintermonaten ist es meist Preßkohle für die landesüblichen Fußbodenheizungen, auf hölzernen Rückentragegestellen zentnerschwer aufgetürmt, unter der die Kulis übers bucklige Pflaster keuchen. Weniger kräftezehrend ist der Job der mit Handkarren umherziehenden Lumpenkrämer, die unentwegt mit blechernen Greifzangen klappern und den Kindern Popcorn für den alten Plunder ihrer Eltern schenken. Aber auch die Schneider, Schuster, Wäscher und Bäcker lassen sich bei der Arbeit gern auf die Finger sehen, da sie ihr Tagewerk meist zur Straße gewandt hinter Glasscheiben verrichten. Die meisten wohnen übrigens auch gleich an oder unmittelbar hinter ihrem Arbeitsplatz und sind an sieben Tagen der Woche bis spät in die Nacht hinein zu Diensten. Niemand kann oder will es sich hier leisten, auf das Geld zu verzichten, das ein vor heruntergelassenen Rolladen kehrtmachender Kunde wieder mitnimmt. Das gleiche gilt für die Mädchen der im Viertel verstreuten Freudenhäuser. Grell geschminkt hocken sie im Hanbok, der weitgeschnittenen bunten Nationaltracht Koreas, auf dem Boden ihres Etablissements und warten – mit einem Auge nach draußen schielend – fernsehguckend auf Kundschaft. Genau wie die ehrbaren Händler und Handwerker nebenan.

Die Unterscheidung zwischen achtbaren und weniger achtbaren Dienstleistungsbetrieben kann indes erhebliche Schwierigkeiten bereiten, wenn sich Identität und Funktion hinter zugeklebten Fensterscheiben und koreanischen Schriftzeichen verbergen. Hinter einer stocksoliden Fassade kann statt des gesuchten Kopierzentrums eine üble Spelunke stecken. Umgekehrt muß hinter rotem Licht und Plüschvorhängen nicht notwendigerweise dem Laster gefrönt werden. Viel wahrscheinlicher ist, daß dahinter brav und bieder Kaffee getrunken wird. Kaffeehäuser gibt es nämlich in Seoul noch mehr als in Köln Kneipen.

Ohne zu übertreiben, darf man behaupten, daß das Kaffeehaus der Koreaner liebster Aufenthaltsort ist. Vielleicht liegt es daran, daß es ein so unverfänglicher Treffpunkt ist. In einer Gesellschaft, die noch mehr, als es die meisten Koreaner wahrhaben wollen, von der strengen Verhaltenslehre des Konfuzius bestimmt wird, stellt das Kaffeehaus so etwas wie neutralen Boden dar. Die überlieferten Regeln des Miteinanderumgehens und das starre System sozialer und familiärer Über- und Unterordnung gelten dort nur mit Einschränkung. Träfe sich beispielsweise eine junge Koreanerin mit ihrem Freund zu Hause oder sähe man beide mehrfach zusammen auf der Straße, käme das einer Verlobung gleich. Folglich verabreden sich die beiden zum näheren Kennenlernen ganz unverbindlich im Café. Oder haben sich Chef und Untergebene unangenehme Wahrheiten zu sagen, geht das im Grunde nur in der aufgelockerten Atmosphäre des Kaffeehauses. Hätte man sich im Betrieb die Meinung gesagt, womöglich vor den Augen und Ohren anderer, wäre das für beide Parteien mit erheblichem Gesichtsverlust verbunden gewesen. Eine Kündigung oder Entlassung wäre dann unvermeidlich geworden. Auch die Anbahnung von Geschäften erledigt sich viel eleganter im Kaffeehaus, da es dort keinen Erfolgszwang gibt. Kommt es zu keiner Einigung, ist man anders als im Büro der Peinlichkeit enthoben, dies voreinander eingestehen zu müssen. Der Zweck des Treffens war dann eben ein Plauderstündchen über einer Tasse Kaffee.

Das koreanische Kaffeehaus hat somit eine ganz andere Funktion als seine eher dem kontemplativen Zeitvertreib dienenden Gegenstücke in Europa. Die Einrichtung ist dementsprechend so, daß der Besucher die Welt draußen vor der Tür vergessen und sich voll auf seinen Gesprächspartner konzentrieren kann. Fenster und Türen sind zumeist lichtdicht verhängt, mitunter muß man gar in phantasievoll als Höhle oder Felsgrotte hergerichtete Kellergewölbe herabsteigen. Bei Jugendlichen erfreuen sich solche Cafés besonderer Beliebtheit, deren Sitzecken durch hohe Trennwände zu wahren Séparée-Labyrinthen arrangiert sind. In den vornehmeren Kaffeehäusern und solchen mit intellektuellem Touch, wie sie wegen der Nähe der Universität besonders auch in Sinchon zu finden sind, gibt's zu Kerzenschein und Kaminfeuer einen richtigen Discjockey hinter einer Glasscheibe, der – in dezenter Lautstärke und nur zum Zuhören – Wünsche der Gäste nach lauschiger Musik erfüllt. Dazu zählt man in Korea neben klassischen Stücken und herzzerreißenden einheimischen Gesängen übrigens auch einige auf wundersame Weise ins »Land der Morgenstille« gelangte Höhepunkte des deutschen Schlagerschaffens.

Überhaupt muß man als Europäer in Seoul immer damit rechnen, ohne ersichtlichen Grund auf der Straße von einem Mr. Kim, Mr. Lee oder Mr. Park (zwei Drittel aller Koreaner heißen so) nach dem Woher und Wohin gefragt zu werden. Läßt man dabei sein Herkunftsland durchblicken, sind Einladungen zu Bier und Reisschnaps, ins Kaffeehaus oder gar nach Hause unvermeidlich. Deutschland und Korea hätten als geteilte Länder ja eine Menge gemeinsam, da gebe es viel zu bereden! Entgegen den andernorts gesammelten Reiseerfahrungen ist Mißtrauen gegenüber solchen Einladungen in der Regel fehl am Platze. Wegen der geographischen und politischen Lage gehört Südkorea zu den am meisten isolierten Ländern der Welt. Das empfinden die Koreaner als schmerzlich, ja sie leiden sogar unter einer Art Isolationskomplex. Ihre Halbinsel ist zu klein (flächenmäßig ein gutes Drittel der Bundesrepublik), als daß sie ihnen genug Auslauf böte. Anders als die Bewohner anderer Länder, denen der Kampf ums tägliche Brot keine Zeit für einen Blick über den Zaun läßt, haben es die fleißigen Koreaner zu Wohlstand gebracht, doch Auslandsreisen sind nur begrenzt möglich. Weil sich aber auch Asiaten der Faszination des Unerreichbaren nicht entziehen können, hat alles Fremdländische einen erheblichen Prestigewert. Ganz zu schweigen von der Bekanntschaft mit einem leibhaftigen Europäer. Besucher aus diesem fernen Kontinent, noch dazu solche, die nicht nur ein kommerzielles Interesse an ihrem Land haben, müssen die Koreaner immer noch mit der Lupe suchen.

Es kann also nicht verwundern, daß an den Pfadfindergeist dieser seltenen Spezies in Sinchon (wie überall in Korea außerhalb der Touristenzentren) besondere Anforderungen gestellt werden. Wer etwa auf der Suche nach einem ganz bestimmten Geschäft ist, kann sich angesichts der ihn allenthalben umzingelnden koreanischen Schriftzeichen recht verloren vorkommen. Zwar handelt es sich bei den Zeichen des in Korea seit fünfhundert Jahren verwendeten Hangul-Alphabetes um Buchstaben und nicht um Bilder wie im Chinesischen oder Japanischen, doch für den all dieser Sprachen Unkundigen sind das eine wie das andere Hieroglyphen. Vielleicht ist es gerade das Fehlen vertrauter oder in ihrer Bedeutung wenigstens zu erahnender Schriftzüge, das dem Beobachter in Ostasien so oft das Gefühl gibt, in der Fremde zu sein.

Umgekehrt gibt es kaum ein größeres Erfolgserlebnis für einen Reisenden, als wenn eine fremde Welt allmählich vertrauter, sogar sympathisch wird. Nehmen wir nur den emsigen

Mr. Chun. Ihn als Betreiber der oben bereits erwähnten Reinigung zu bezeichnen hieße, den von ihm in Sachen Wäscheinstandsetzung gebotenen Allroundservice zu unterschlagen. Zufällig wurden wir auf Mr. Chuns Qualitäten aufmerksam, als eines Abends ein Taxi mit quietschenden Reifen vor seinem winzigen, von draußen einsehbaren Laden stoppte. Im Fond ein junges Pärchen, beide zum Ausgehen fein herausgeputzt, fast fein zumindest. Der junge Mann sprang aus dem Wagen, stürzte in die Reinigung und entledigte sich seiner Hose und schob das gute, wenngleich zerknitterte Stück auf Mr. Chuns Bügelbrett. Der nickte dienstfertig, griff sogleich zum Dampfbügeleisen, und in wenigen Augenblicken war des Kavaliers (einziges?) Beinkleid wieder vorzeigbar.

Dem heimlichen Beobachter dieses Vorganges bereitete es fortan ein geradezu diebisches Vergnügen, derlei in Europa gar nicht mehr erhältliche Serviceleistungen in Anspruch zu nehmen; sich also spätabends auf dem Heimweg noch rasch von Mr. Chun das versessene Jackett aufbügeln zu lassen oder ihm morgens einen Hemdsärmel nebst abgesprungenem Knopf hinzuhalten. Mr. Chun freute sich über den neuen Kunden, und dieser freute sich über Mr. Chun, der ihn nun, jedesmal, wenn er in Sichtweite seines Ladens kam, unter vielen Verbeugungen schon von weitem nach neuen Knitterfalten absuchte. Mr. Chun blieb kein Einzelfall; die mit Geschäftstüchtigkeit gepaarte Hilfsbereitschaft der Koreaner und ihr Interesse an der Welt des Fremden eröffneten diesem allmählich Zugänge zu einem auf den ersten Blick eher verschlossen wirkenden Land.

Vielleicht sind auch die Bewohner Sinchons dank der nahen EHWA-Universität noch etwas aufgeschlossener als ihre Mitbürger in anderen Stadtteilen von Seoul. Die von amerikanischen Missionaren kurz vor der Jahrhundertwende gegründete »EHWA Woman's University« ist nämlich die unbestrittene Nr. 1 unter den Hochschulen für Südkoreas Töchter aus besserem Haus. Auf ihrem weitläufigen Campus mit ehrwürdigen Instituten, umgeben von alten Bäumen und gepflegten Parkanlagen, fühlt sich der Besucher nach Harvard oder Oxford versetzt. Zu weit reichen die Gemeinsamkeiten allerdings nicht, denn das wissenschaftliche Niveau ist eher niedrig.

Der Besuch der EHWA ist denn auch nicht wegen des Studiums wichtig, sondern wegen der damit verbundenen Chance, einen Ehemann aus gutem Hause zu finden. Die Ehefrau eines Koreaners in halbwegs gehobener Stellung »muß« einfach auf der EHWA gewesen sein. Das ist ein Statussymbol ersten Ranges. Es ist übrigens auch keineswegs eine lästerliche Übertreibung böser Zungen, wenn es heißt, in Sinchon gebe es nur zwei Buchhandlungen, aber zwei Dutzend Boutiquen. Aus der Sicht der Studentinnen ist dies ja durchaus logisch: wenn sie einmal auf der EHWA sind, kommt es im Grunde nur noch darauf an, für den Zukünftigen immer gut auszusehen.

Uwe Gerig

Aber die »Sonne« leuchtet Tag und Nacht

Nordkorea

Diese Höllenmusik ist kein Alptraum, sondern echt. Sie wird unten auf dem Platz von einem kleinen Lautsprecherwagen japanischer Herkunft verbreitet. Kein Gast des Changgwangsan-Hotels, der Ausländern vorbehaltenen Nobel-Unterkunft im Zentrum Pyongyangs, kann sich den lärmenden Kampfliedern entziehen, mit denen die Werktätigen der nordkoreanischen Hauptstadt jeden Morgen von fünf Uhr an zu neuen Taten beflügelt werden sollen.

Das szenische Ritual, das zu den revolutionären Klängen gehört, wirkt zuerst amüsant. Später, als es sich Morgen für Morgen wiederholt hatte, kann man darüber nicht mehr lachen. Menschen als Marionetten, Roboter, denen selbständiges Denken abgewöhnt worden ist, produzieren sich auf Befehl in sinnlosen Kulthandlungen. In Viererreihen marschieren grau uniformierte Hundertschaften Richtung Lautsprecherwagen. Die Musik bricht ab. Eine helle, hohe Stimme schreit unverständliche Parolen. Von vorn stürzen acht oder zehn bunt kostümierte junge Mädchen auf die Marschierenden zu und behängen die ersten von ihnen mit Blumenkränzen aus Papier. Dazu tönt wieder diese infernalische Musik aus allen sechs Lautsprechern. Die Kolonne marschiert zum Bauplatz, wo die Blumenkränze eilig eingesammelt und wieder zu den Mädchen zurückgetragen werden. Die tanzen inzwischen eine Art Reigen auf dem großen, gespenstisch leeren, dunklen Platz. Dann schwenkt das nächste Arbeitskollektiv im Gleichschritt Richtung Begrüßungskomitee. Musik aus, Parole, Blumenkränze, Musik, Tänzchen. Knapp fünfzigmal wiederholt sich dieses Schauspiel zwischen fünf und sechs Uhr, dann haben etwa fünftausend »Stoßbrigadisten« ihren Arbeitsplatz, die Baustelle des Eissportpalastes, erreicht.

Dieser Spuk wird wohl nur von den wenigen Ausländern – Russen, Ungarn und Tschechen – mit Gruseln registriert. Für die Koreaner selbst, denen im Machtbereich ihres gottähnlichen »Großen Führers«, des Genossen Kim II Sung (wörtlich: Die erhabene Sonne), jeder Individualismus abgewöhnt worden ist, gehören Aufmärsche, Treuebekundungen und Kampfappelle dieser Art zum alltäglichen Leben. Die Vision vom totalen Machtanspruch des Staates auf den einzelnen Bürger ist im Norden Koreas bereits seit 1945 beklemmende Realität.

Es ist notwendig, sich der Geschichte zu erinnern: Japanische Eliteeinheiten hatten die koreanische Halbinsel im letzten Jahr des Zweiten Weltkrieges zu einer waffenstarrenden Festung ausgebaut. Am 8. August 1945 kündigte die Sowjetunion den mit dem fernöstlichen Kaiserreich am 13. April 1941 abgeschlossenen Neutralitätspakt und ließ Truppen von Norden her nach Korea einmarschieren. Die Kämpfe waren hart und verlustreich für beide Seiten. Doch Ende August standen die sowjetischen Alliierten am 38. Breitengrad. Von Süden her besetzten die Amerikaner Korea. Einen Monat später, am 8. September 1945, gingen die ehemaligen japanischen Souveränitätsrechte auf die sowjetischen und amerikanischen Militärbefehlshaber über. Unter dem Schutz sowjetischer Waffen konnte Kim Il Sung (damals nannte er sich noch Kim Han Bjol, »Stern Koreas«), ein 33 Jahre alter koreanischer Partisanenführer, der die Kriegswirren wohlbehalten in Stalins Schulungscamps überstanden hatte, ein von den Moskauer Siegern geplantes Staatswesen aufbauen. Als die Vereinigten Staaten der von ihr installierten politischen Gruppe um Syng-Man-Rhee am 15. August 1948 alle Hoheitsrechte übertrugen und begannen, ihre Truppen abzuziehen, zeichnete sich die Spaltung Koreas in zwei Staaten schon ab. Am 9. September 1948 wurde die Koreanische Demokratische Volksrepublik gegründet. Ihr erster und bisher einziger Präsident wurde Kim Il Sung. Sowjetische und amerikanische Truppen verließen Korea. Am 25. Juni 1950 beginnt ein drei Jahre dauernder, schrecklicher Krieg. Nach anfänglichen Siegen – Seoul fällt, und achtzig Prozent südkoreanischen Territoriums werden bis Anfang September 1950 von den Nordkoreanern besetzt – greift Amerika in das Kampfgeschehen ein: Die Angreifer werden weit hinter die Demarkationslinie am 38. Breitengrad zurückgeworfen. Nur der Einsatz von einer Million »Kriegsfreiwilligen« aus dem China Maos kann die totale Niederlage der Kommunisten verhindern. In Panmunjom wird am 27. Juli 1953 das Waffenstillstandsabkommen zwischen den Vereinigten Staaten und Nordkorea geschlossen. Der alte Zustand ist, mit Millionen Opfern erkauft, wiederhergestellt.

Wer heute den koreanischen Rumpfstaat im Norden besucht – nur wenige westliche Geschäftsleute oder Touristen erhalten jährlich die Genehmigung dafür –, wird keine Zerstörungen mehr sehen. Das Korea des »großen Führers« präsentiert sich seinen auserwählten Gästen gern als Symbol des Fortschritts, als, wie es wörtlich heißt: »Paradies der Menschen«. Tatsächlich ist Pyongyang, die Hauptstadt, völlig neu entstanden. Auf dem von amerikanischen Bomben umgepflügten Boden wuchs eine Metropole, die nach dem Eigenlob ihrer Schöpfer zu den »schönsten Hauptstädten der Welt« gehört. Als Fremder lächelt man gern über solche Art ernstgemeinter Hochstapelei, die Koreaner aber, seit vier Jahrzehnten von jeder Information von außen abgeschnitten, glauben offenbar daran, daß sie im Paradies oder wenigstens im Vorhof des Paradieses leben. In den Zeitungen und Fernsehsendungen wird ihnen das Tag für Tag eingeredet. Der Staatsrundfunk, das am weitesten verbreitete Nachrichtenmedium, tönt pausenlos von den großartigen Errungenschaften. Südkoreanische Radio- oder Fernsehsendungen können im Norden nicht empfangen werden, man hat ganz einfach die wenigen Empfangsgeräte technisch entsprechend verändert. So gilt, was der örtliche »Kim-Il-Sung-Sender« verbreitet, als die absolute Wahrheit, und damit sind auch die gläubigen Gesichter jener Leute zu erklären, die, in Gruppen aus der Provinz zur Besichtigung in die neuerstandene Hauptstadt transportiert, ehrfürchtig staunend vor den prunkvollen Kulturpalästen, Museen, Bibliotheken oder Sporthallen stehen. Das Zentrum Pyongyangs scheint das Mekka dieses auf Gott Kim eingeschworenen Volkes zu sein. Er selbst, der Allmächtige, ist überall präsent in dieser seltsamen Stadt: als 25 Meter hohe Bronzefigur, die ursprünglich vergoldet war, hoch über dem Taedong-Fluß, als Riesengemälde an jeder Straßenecke, als Großfoto, Gipsbüste oder als Seidenstickerei.

Zum Pionierpalast, zum »Haus des Lernens«, zum riesigen Frauenkrankenhaus, zur Universität, die selbstverständlich den Namen des »großen Führers« trägt, zum »Kulturpalast des Volkes« oder zum Mansudae-Opernhaus werden auch alle ausländischen Besucher geführt. Die überdimensionierte Architektur, der Prunk, die protzige Innenausstattung der Gebäude, die Anhäufung von allem, was gut und teuer ist, mit zentimeterdikken Teppichen, riesigen Kristalleuchtern, Spiegeln und imitierten Wasserfällen verfehlen ihre Wirkung nicht. Wie in Trance wandeln die Einheimischen durch das künstliche Schlaraffenland, und die Fremden werden von den koreanischen Betreuern pausenlos zum Fotografieren ermuntert. Schöne Bilder sollen in aller Welt vom erfolgreichen koreanischen Weg zum Sozialismus künden. Gegen andere Fotos ist man empfindlich. Aber gerade diese anderen Motive sieht der Gast aus dem Westen pausenlos. Junge Herren, die ihm »unauffällig« folgen, wenn er ohne Dolmetscher das Hotel verläßt, bedeuten energisch, daß dieses und jenes nicht abzulichten sei. Mütter, die ihre Kinder im Tragetuch auf dem Rücken schleppen, gehören zu den unerwünschten Bildern: Ein »Überbleibsel aus der Zeit der japanischen Fremdherrschaft« sei diese Art des Kindertransports. Leere Straßen sollen ebenfalls nicht auf Zelluloid gebannt werden. Doch die achtspurigen Magistralen Pyongyangs entbehren nun einmal brausenden Autoverkehrs. Gelegentlich nähert sich dem auf jeder Straßenkreuzung postierten Weißuniformierten eine schwarze Limousine, die irgendeinen höheren Funktionär befördert. Der Verkehrsregler nimmt dann stramme Haltung an und gibt die ohnehin leere Straße in der gewünschten Richtung frei. Solche Szenen, bitte, nicht fotografieren. Gewünscht werden Bilder mit geordnetem Verkehrsgewühl, solche, die in den einschlägigen Korea-Prachtbildbänden, herausgegeben vom Verlag für fremdsprachige Literatur, zu bewundern sind. Die Chollima-Straße erscheint auf diesem gestellten Bilddokument als Highway kurz vor dem totalen Verkehrschaos: Mercedes und Volvo Stoßstange an Stoßstange, dazwischen Omnibusse und Fußgänger.

Geschickte Regisseure sind pausenlos am Werk des »großen Führers«. Wenn irgendein Staatsgast aus irgendeinem afrikanischen Zwergstaat seine Aufwartung macht, säumen hunderttausend Menschen und mehr die Fahrstrecke vom Flughafen Pyongyang zur Residenz des geehrten Gastes. Zum Geburtstag Kim Il Sungs am 15. April werden gar alle 17 Millionen Landeskinder zum Jubeln aufgeboten. Andere Huldigungsaktionen werden nach Bedarf arrangiert. Außerdem sind allabendlich Lobpreisungen des »Vaters der Nation«, des »Befreiers vom japanischen Joch und von der Fremdherrschaft der USA«, des »heißgeliebten Lehrers« im hauptstädtischen Opernhaus, in den Kinos und im einzigen Fernsehprogramm üblich. Wer als Ausländer drei Wochen lang mit den »Errungenschaften der Revolution« als Zugabe zum touristischen Programm bekannt gemacht wird, muß mindestens fünf Kampfopern über sich ergehen lassen, eine davon im Kindertheater der Hauptstadt. Die Kunstwerke ähneln einander. Typisch ist der Inhalt eines Drei-Stunden-Werkes, vorgeführt von etwa 200 Mitwirkenden im Prunkpalast: Ein Genosse Reporter und eine Genossin Reporterin vom Dokumentarfilmstudio sollen die Schönheiten des Landes in bewegten Bildern festhalten. Dabei erfahren sie – wie das Leben so spielt – ganz zufällig bisher unbekannte Einzelheiten über das Schicksal eines Helden, der im antijapanischen Kampf gefallen ist. Eine Tochter soll er hinterlassen haben, aber die ist unauffindbar. Einst habe sie ein Kampfgenosse des tapferen Mannes aus einem brennenden Haus gerettet und einer Frau zur Pflege übergeben. Die Frau, jetzt Bestarbeiterin in einem Musterdorf, wird ausfindig gemacht. Doch vom geretteten Baby, inzwischen eine junge Frau, keine Spur. Das Reporterpaar sucht weiter. Happy-End: Keine andere als die Dokumentarfilmreporterin selbst ist des Helden Kind. Überglücklich bricht sie in Tränen aus. Der Genosse Kim Il Sung überreicht ihr eine dem Vater zugedachte Ehrenmedaille. Glück, Tränen und zum Abschluß gemeinsamer Chorgesang: »Großer Führer, wir danken dir für deine Weisheit und Güte.« Damit die ausländischen Opernbesucher den tiefen Sinn des

Rührstücks auch richtig erfassen, leuchten rechts und links neben der Bühne mehrsprachig Kurzfassungen auf.

Ausflug nach Wonsan. Vier Stunden Busfahrt von Pyongyang in östlicher Richtung. Die neue vierspurige Autobahn gehört uns ganz allein. Zwei, drei schwarze Limousinen kommen uns entgegen, sonst herrscht die übliche Verkehrsstille. Mit Tempo siebzig rollen wir durch eine eindrucksvolle Natur. Berge zu beiden Seiten. Brücken überspannen tiefe Täler. Elfmal werden Tunnel durchquert. Dann muß sich der Fahrer mit seinem Gefährt seitwärts der Betonpiste über halsbrecherische Pfade quälen. Einer der gerade erbauten Tunnel war eingebrochen. Geröll versperrte die Fahrbahn. Soldaten arbeiteten mit Schaufel und Spitzhacke. Wir erreichten unser Ziel mit beträchtlicher Verspätung.

Wonsan ist die größte Hafenstadt Nordkoreas am Japanischen Meer. Doch von dem in den Agitationsbroschüren und Büchern beschriebenen regen Schiffsverkehr war nichts zu sehen. Hier wurde auch nichts »organisiert«. So blieb als Eindruck das Bild einer ganz normalen Stadt, zweihundert Kilometer entfernt von den Prunkbauten der Metropole, mit einem nachts angestrahlten Kim-Il-Sung-Denkmal aus Bronze auf der sorgfältig gepflegten Uferpromenade, einer autoleeren Hauptstraße mit Kaufhaus, Parteibüro und neuen Wohnhäusern, einem für Ausländer abgegrenzten Badestrand und einer Vielzahl scheuer Menschen, die den weißen Fremden mit unverhohlener Neugier anstarren, aber wie überall in Korea zu keinem Gespräch, zu keiner freundlichen Geste bereit sind.

Das Eindringlichste an diesem Lande sind immer wieder die Menschen, disziplinierte Wesen, die nur zu funktionieren scheinen. Diese zackigen Bewegungen selbst kleiner Kinder, wenn sie in Pioniergruppen zum Schwimmunterricht kommandiert werden, das einstudierte, maskenhafte Lächeln der Erklärerinnen in den zahlreichen Museen, die spalierbildenden Passanten, die in Habtachtstellung verharren, wenn sich eine ausländische Touristengruppe nähert, die Winkenden am Straßenrand, deren geplante Ehrerbietung jeder schwarzen Limousine und jedem Omnibus gilt – in beiden könnten ja leitende Funktionäre, vielleicht der Führer selbst, oder befreundete Gäste sitzen. Privat jedoch gibt es keine Kommunikation. Das Bedürfnis nach persönlichem Gedankenaustausch untereinander ist in den vergangenen vier Jahrzehnten systematisch ausgemerzt worden. Den Wunsch, gar mit Fremden ins Gespräch zu kommen, gibt es nicht mehr. Es gibt nirgends ein Kaffeehaus, Restaurants sind nur in den Ausländerhotels eingerichtet, Geselligkeit und Tanz finden nicht statt. Man arbeitet, studiert die weisen Lehren des »großen Führers« und besucht als Auszeichnung für gute Leistungen das Revolutionstheater. Ansonsten übt man sich in revolutionärer Bedürfnislosigkeit. Schmuck oder Lippenstift und Parfüm sind Ausdruck bürgerlicher Dekadenz.

Abstecher nach Kaesong, der alten koreanischen Kaiserstadt aus der Zeit des Korjo-Reiches. In der jüngeren Geschichte erwarb sich der Ort traurige Berühmtheit als Schlachtenzentrum des Korea-Krieges. Nur wenige Kilometer nördlich des 38. Breitengrades gelegen, wechselte Kaesong mehr als ein dutzendmal den Besitzer. Zurück blieb verbrannte Erde. Auch heute scheint es dort nichts Sehenswertes zu geben. So besichtigen wir eine restaurierte Siedlung mit typisch koreanischen Wohnhäusern am Stadtrand, die ehemals bedeutende buddhistische Universität, jetzt ein Museum, und natürlich die Kaisergräber. Übermannsgroße steinerne Grabwächter inmitten scheinbar unberührter Natur, Vorzeigeobjekte für Ausländer.

Am nächsten Morgen beginnt eine Fahrt ins Heute. Panmunjom heißt das Ziel, jener Ort, der seit 1953 weltbekannt ist und dessen Name seitdem gelegentlich in den Zeitungen genannt wird. Panmunjom ist die Stelle, wo sich seit dreißig Jahren zwei verfeindete Verwandte haßerfüllt gegenüberstehen. Schwedische und Schweizer Soldaten auf der südkoreanischen Seite, tschechoslowakische und polnische im Norden wachen über einen labilen Frieden. Die Szene ist gespenstisch. Ein massives Tor, verziert mit zwei fünfzackigen goldenen Sternen auf rotem Untergrund, markiert die Einfahrt zur neutralen Zone. Hinter dem Tor verengt sich die Asphaltstraße zur schmalen, von riesigen Granitblöcken gesäumten Fahrbahn. In wenigen Minuten lassen sich diese Quader notfalls zu Panzersperren umrüsten, dann ist die einzige Straßenverbindung vom Süden nach dem Norden blockiert. An allen anderen Stellen ist die etwa 250 Kilometer lange Grenze quer durch Korea sowieso von beiden

Seiten hermetisch abgeriegelt. Minenfelder, Mauern, Stacheldrahtzäune und Gräben sind perfekt angelegt worden. Seit mehr als drei Jahrzehnten ist jede Art des Kontakts unmöglich. Nur in Panmunjom sehen sich ausgewählte Uniformierte beider Seiten täglich. Punkt zwölf Uhr mittags trifft man sich im Verhandlungsgebäude, dessen Tischmitte die Grenze markiert. Manchmal werden verbale Proteste oder entsprechende Schriftstücke ausgetauscht, meist schweigt man sich frostig an und geht nach wenigen Minuten wieder. Über jede dieser »Sitzungen« wacht die Friedenstruppe der Vereinten Nationen, jede »Zusammenkunft« wird protokolliert, eine Posse, die man in dieser Art nicht allzuoft auf der Welt studieren kann.

Beim Rückflug sind die 150 Plätze der Iljuschin 62 ausgebucht. Staatsgäste und Touristen fliegen zurück nach Moskau. Zu den Passagieren gehören aber auch zahlreiche Koreaner. Es sind zumeist junge, trainierte Männer, nicht uniformiert, aber doch in einheitliches Zivil gekleidet: die gleichen hellgrauen Anzüge, gleiche Krawatten, gleiche Schuhe, gleiche Koffer. Sie werden von der sowjetischen Hauptstadt vielleicht weiter nach Afrika oder nach Lateinamerika reisen. Kim Il Sungs Leute bewähren sich als »Soldaten der Revolution« in aller Welt.

Als Reiselektüre für den Neun-Stunden-Flug bleibt nur ein 1980 im Verlag für fremdsprachige Literatur erschienenes Werk in deutscher Sprache. Es trägt den Titel »Ein großer Mensch der Welt« und enthält Episoden aus dem Leben des »großen Führers«. Schon im Vorwort von Rim Nam Su ahnt der Leser, was ihn erwartet: »Die Geschichte der Menschheit kennt viele hervorragende Persönlichkeiten, über die bereits zu deren Zeiten bewegende Episoden erzählt worden sind. Noch nie hat es aber – weder im Osten noch im Westen – solch einen großen Menschen gegeben wie den Feldherrn Kim Il Sung – ein Genie der Menschheit, hervorgebracht vom Korea des 20. Jahrhunderts, über dessen Leben und Wirken so viele Legenden erzählt werden.«

Hans Scherer

Tokio im Alleingang

Das fernöstliche Metropolis

Auf Tokio reagiert jeder anders. Mit Staunen oder Entsetzen in vielen Abstufungen, mit Begeisterung oder mit Fluchtgedanken. Unberührt läßt die Stadt keinen. Sonst drängen sich Schlagwörter auf: Metropolis, Steinwüste, Häusermeer, verstopfte Straßen, verpestete Luft, Menschengewimmel überall. Was soll es darüber zu erzählen geben? Auch die Touristen, die Tokio meist als Station einer Weltreise besuchen und die Zwölf-Millionen-Stadt in zwei, drei Tagen »abmachen«, kommen über die große Verwirrung selten hinaus. Nimmt man die Verständigungsschwierigkeiten hinzu, die fremde Sprache, die fremden Schriftzeichen, die fremden Lebensgewohnheiten, und stellt man fest, daß Tokio außer sich selbst, außer seiner Größe, außer seiner eigenen Ungeheuerlichkeit tatsächlich wenig touristische Attraktionen zu bieten hat, dann klingt es doch reichlich sonderbar, wenn plötzlich einer von Tokio zu schwärmen beginnt.

Überhaupt die Reise dorthin, schon die Idee, einfach vier Wochen nach Tokio zu fahren, scheint eine eigenwillige Interpretation des Begriffs »Reisen« vorauszusetzen. Nein, mit Erholung im landläufigen Sinne hat das nichts zu tun. Auch das Wort »Studienreise« scheint dafür zu abgegriffen, weil es untrennbar mit der Klischeevorstellung vom »Besichtigen« verbunden ist. Und nichts wäre dem Touristen, von dem diese Geschichte handelt, lächerlicher vorgekommen, als nun in Tokio von Tempel zu Tempel zu laufen und nach sogenannten

Sehenswürdigkeiten Ausschau zu halten. Braucht das Reisen einen Anlaß? Braucht die Reise einen Namen? Reisen bedeutet auch, sich einfach umzusehen in einer fremden Stadt. Nur so. Der reine Vorwitz ist nicht der schlechteste Anlaß für eine Reise.

Das Geheimnis des Pachinko aber ist mir verschlossen geblieben. Eigentlich an jeder Ecke, vor allem in den volkstümlichen Geschäftszentren wie Shinjuku, Ueno oder Asakusa flimmern die hunderttausend Glühbirnen der Spielsalons. Pachinko (Pinball) ist eine Art Flipper. Der Automat von der Größe unserer Geldspielautomaten hängt in Gesichtshöhe an der Wand, der Spieler sitzt in einem bequemen Sessel davor. In jedem Salon gibt es in drei, vier Reihen mindestens hundert solcher Geräte. Und meistens ist jeder Platz besetzt. Oft drängen sich vor dem Eingang die Kunden, die darauf warten, daß ein Platz frei wird. Das kann Stunden dauern. Pachinko ist nicht nur ein Spiel. Pachinko ist eine Weltanschauung.

Mit dem Mittelfinger der rechten Hand zieht man an einem Hebel und schleudert damit ein Stahlkügelchen durch den Automaten. Mehr kann man nicht tun. Je nachdem, welchen Weg die Kugel genommen hat, fallen unten weitere Kugeln heraus. Manche Spieler bringen es in zwei, drei Minuten zu Tausenden von Kugeln, vollen Säcken, vollen Schüsseln. Der Einsatz ist gering, ein paar Pfennig, und auch der Gewinn ist niedrig. Die gewonnenen Kugeln kann man am Ausgang gegen Zigaretten oder Lebensmittel eintauschen. Das alles ist nichts Ungewöhnliches. Ein Rätsel aber ist diese monotone Leidenschaft.

Wie die Spieler mit teilnahmslosem Gesicht vor den Automaten sitzen und schnapp, schnapp, stumpfsinnig eine Kugel nach der anderen hochschießen, ununterbrochen, je schneller, je besser, eine Kugel nach der anderen. Auf dem Automaten überschlagen sich die Zählwerke, rote, grüne, gelbe Signallampen blitzen wichtig auf, unten öffnet sich eine Klappe, der Apparat spuckt fünfzig neue Kugeln aus. Der Mensch betätigt in mechanischem Rhythmus den Hebel, und stundenlang geht das so. Meistens Männer, nur wenige emanzipierte Frauen trauen sich in die Pachinko-Hallen, aber Männer aller Altersklassen und aller sozialen Schichten. Es heißt, die Salons seien schon am frühen Morgen vor ihrer Öffnungszeit umlagert. Mittags kriegt man sowieso keinen Platz mehr. Um Mitternacht werden die Salons geschlossen. In dem Gewühle sitzt der Mensch einsam vor dem Apparat, denkt nicht, spricht nicht, guckt nicht, zieht immer nur an seinem Hebel: Seelenhygiene, der Gedanke drängt sich auf. Doch vor der Pseudopsychologie soll man sich hüten. Vor allem in Japan. Denn es gibt schon genug davon.

Jeder halbwegs orientierte Kenner von Japan – und nach verblüffend kurzer Zeit hält sich fast jeder Schriftsteller dafür – betont immer wieder, wie die Japaner sich im Denken und Handeln von Europäern oder Amerikanern unterscheiden. Dafür führen sie gewichtige Gründe an: Geschichte, Kultur, Kunst, Philosophie, Religion und Gesellschaft, wie die Japaner ihre Traditionen überwunden und doch auch behalten haben, wie sich das Land nach jahrhundertelanger Weltabgeschiedenheit in knapp hundert Jahren in den Vordergrund der führenden Industrienationen gespielt hat und heute an inneren und äußeren Problemen leidet, die eine Folge dieser stürmischen Entwicklung sind. Gewiß, das ist richtig, und es wäre in der Tat erstaunlich, wenn diese Umstände nicht auch das Denken und Handeln der Menschen beeinflußt hätten. Wenn es aber um die konkrete Beschreibung der Unterschiede zwischen Japanern und Europäern geht, dann scheuen auch die klügsten Bücher vor den albernsten Vorurteilen nicht zurück. Wer sich davon blenden läßt, findet prompt für jedes Vorurteil die Bestätigung, und er übersieht, daß man stets auch das Gegenteil beweisen könnte. Der Besucher von Tokio hat genug damit zu tun, die Klischeebilder durch eigene Erfahrungen zu ersetzen.

Die Wahrsager und Wahrsagerinnen, die nachts in Shinjuku vor ihren flackernden Laternen sitzen, sind gefragte Leute. Sie sehen nicht aus wie Hexen und Zauberer, eher wie überzeugte Wissenschaftler, denen die Zukunft ein seriöses Geschäft ist. Das kommt an bei der Kundschaft. Tag, Stunde und Jahr der Geburt werden zu bestimmten Handlinien in Beziehung gesetzt und ergeben nach komplizierten Berechnungen ein exaktes Diagramm des Künftigen. Darauf will kein Liebespaar verzichten. Vor allem die Alten wollen die Zukunft wissen. Versunken in ernstem Gespräch sitzt die weißhaarige Frau im Kimono mit ihrem Wahrsager eng zusammen. Immer wieder vergleichen sie die Handlinien mit der Berechnung. Über ein Datum scheinen sie sich nicht einig zu werden. Drumherum tobt und kreischt und brüllt ganz Tokio aus allen Rohren, als habe sich die Stadt in einen einzigen Rummelplatz verwandelt. Diese Lichtkaskaden, dieser Lichterrausch, diese Phantasie in Licht und Technik, so gigantisch hat sich kein Künstler jemals ein Werk ausgedacht.

Nachts ist die Stadt voll in Betrieb. Fast alle Geschäfte haben bis 21 Uhr geöffnet, die meisten noch länger, kleinere Läden schließen erst um Mitternacht. Zwölf Millionen flanieren unbekümmert über den Boulevard. An den unglaublichsten Ecken, Treppenvorsprüngen und Passagen findet man versteckt die Eingänge zu den unglaublichsten Geschäften. Ein Haus allein beherbergt in seinen drei Untergeschossen fünf Saunabäder, zwei Restaurants, eine Bar, einen Blumenladen, ein Antiquariat und ein Spezialgeschäft für gemahlene Schlangen; rechts eine Tür, nicht breiter als eine normale Zimmertür, ist ein Zugang zur U-Bahn-Station, wo täglich eine Million Menschen ankommt und eine Million Menschen abfährt. Der Besucher kann leicht ins Taumeln geraten.

Ihm kommt es vor, als knisterte es in der Luft. Der beißende Geruch aus den tausend Garküchen, geröstete Maiskolben und gebratene Tintenfische. Das Geschrei der Schlepper, die, gekleidet in farbenprächtige Samurai-Gewänder, nach Kunden für ihre Bars und Restaurants suchen. Kinos, Theater, Galerien, Pornoshops, Pachinko-Hallen und ein Laden für Elfenbeinstempel: das Geschäft ist bis Mitternacht geöffnet. Der Besucher läßt sich willig treiben. Die großartige Szenerie, die Tokio bei Nacht bietet, mag mit den tristen Fassaden vom Tage versöhnen. Wer jedoch hinter den grellen Reklamen Gott weiß welche erotischen Sensationen erwartet, der tanzt in Tokio gewissermaßen auf der falschen Hochzeit.

Natürlich ist Tokio eine Weltstadt, eine freizügige, kosmopolitische dazu. Und natürlich wird sich dort alles finden lassen, was man sucht. Aber wer auch immer das dumme Gerücht in die Welt gesetzt hat, in Tokio gehe es besonders lasterhaft zu, in Tokio kann der nicht gewesen sein. Verglichen mit europäischen oder amerikanischen Großstädten nimmt sich das, was man gemeinhin Nachtleben nennt, in Tokio geradezu bescheiden, behäbig, altmodisch aus. Was die Nacht von Tokio dagegen auf sympathische Weise auszeichnet: daß sie hell und freundlich ist. Daß ihr das Element des Kriminellen fehlt. Auch wo die Straßen eng und enger werden, sind die Bars weder schmuddelig noch finster. Daß die Preise hoch sind, damit muß man sich abfinden, aber korrekt sind die Preise überall, in der Bar oben im sechsten Stock ebenso wie in der Bar unten, vier Stockwerke unter der Erde. Im Coffeeshop an der Ecke kann man sich ausruhen von der Nacht – bei Beethoven in Stereo oder Quadrophonie.

Im Kabuki-Theater hat jeder Schauspieler seine Fans, die ihn anfeuern. Eine gelungene Tanzbewegung wird bejubelt wie ein Salto mortale. Für den europäischen Besucher sind die ehernen Gesetze, nach denen das Spiel abläuft, schwer zu durchschauen. Das liegt nicht nur an der Sprache. Auch die meisten japanischen Zuschauer können die altjapanischen Texte nicht verstehen, dennoch kennen sie den Lauf der Handlung. Die uralten Geschichten sind ihnen in allen Einzelheiten vertraut. Sie wissen, wann der Held in den Graben fällt, wer den Kampf gewinnt und ob die dramatische Liebesgeschichte traurig endet: sie endet immer traurig. Der Besucher aus Europa sieht nur das Äußere. Wie ein Ballett ohne Musik: Man begreift, daß sich die Tänzer nach strengen Regeln bewegen. Aber nach was für Regeln?

Die Schauspieler, in bunten Gewändern und unter phantastischen Schminkmasken, bewegen sich wie in Trance, gemessen und sicher. Sie sprechen in exaltierter Künstlichkeit – wie Puppen von hohem technischem Raffinement. Dazu der Singsang des Chors, das Schlagen der Trommeln, das Spektakel wird zum Ritual. Ausländer erkennen darin den Hintergrund des Absurden Theaters; eine faszinierende Welt außerhalb unseres Sinnsystems, in der eigene Gesetze herrschen. Die Vorstellung dauert vier bis fünf Stunden, ein guter Platz, vorne an der Rampe, kostet bis zu fünftausend Yen, also etwa fünfzig Mark.

Im aristokratischen No-Theater ist alles noch viel strenger als im Kabuki, die Bewegungen noch viel langsamer. Die Bühne aus rohem Holz ist einfach, sparsam dekoriert. Requisiten werden nur angedeutet. Die Gewänder der Schauspieler sind noch schwerer, ihre Stimmen gellen noch schriller, im No-

Theater tragen die Protagonisten historische Masken. Das Orchester besteht aus einer Flöte, einer großen und einer kleinen Trommel. Das Publikum ist im Gegensatz zum Kabuki still und zurückhaltend, viele lesen den Text mit wie die Partitur eines Konzerts. Die Theater sind fast immer ausverkauft. Man muß sich Wochen vorher um eine Reservierung bemühen.

In den ersten Tagen habe ich mich darüber geärgert, wenn etwa der Name einer U-Bahn-Station nur in japanischen oder chinesischen Schriftzeichen, nicht aber in lateinischen Buchstaben angegeben war. Oder wenn es in einem Restaurant kein Besteck gab, sondern nur Stäbchen. Ein wenig Entgegenkommen, das wäre doch wohl ein Gebot der Höflichkeit gegenüber dem Gast. Als wären wir Europäer den Gästen aus Asien jemals entgegengekommen! In Wirklichkeit ist Tokio uns in dieser Beziehung weit voraus. In der direkten Innenstadt sind fast alle Inschriften ins Englische übersetzt, ebenso die Speisekarten der größeren Restaurants. In den Außenbezirken ist man auf seine eigene Findigkeit angewiesen, auf seine Fähigkeit, sich irgendwie verständlich zu machen. Man zählt die Stationen an den Fingern ab, man fragt und fragt und trifft auch in den entlegensten Gegenden freundliche Menschen, die sich rührend darum bemühen, dem Ausländer, der ja nicht einmal lesen kann, zu helfen. Nach der Fahrt mit fünf verschiedenen Eisenbahnen pünktlich und ohne alle Aufregung nach Oizumi Gakuen gekommen zu sein, hoch oben im äußersten Norden von Tokio – diese Stadt nimmt kein Ende –, war mir als Abenteuer schließlich wichtiger als die Besichtigung des Meiji-Schreins.

Dennoch sind die Verständigungsschwierigkeiten zweifellos das größte Problem einer solchen Reise. Zwar lernen alle Japaner in der Schule ein paar Jahre Englisch, aber die Sprachkenntnisse halten sich in Grenzen. Vor allem, sie trauen sich einfach nicht. Sie werden schon nervös, wenn man sie anspricht, und sie verstehen zunächst einmal kein Wort. Nach ein paar Tagen hat der Ausländer den Bogen heraus, wie man sich dann zu verhalten hat: Man darf nicht so schnell aufgeben; man muß ruhig bleiben, geduldig und hartnäckig, dann funktioniert die Verständigung eigentlich immer. Das kann sogar sehr amüsant sein. Man übertölpelt die trennende Völkerpsychologie und stellt beruhigt fest, daß die Menschen im großen und ganzen, von geringfügigen Differenzierungen abgesehen, überall gleich sind.

Wer von den Touristen in Tokio auf eigene Faust mit der U-Bahn fährt, darf sich zu den Fortgeschrittenen zählen. Wer sich allein in eines der kleinen japanischen Restaurants traut, erregt Aufsehen – und ist endgültig für Tokio gewonnen. Die japanische Küche läßt sich nicht in ein paar Sätzen erklären, man muß sie lange studieren. Alles in allem, es ist eine kunterbunte Brutzelküche. Das Essen besteht aus hundert verschiedenen Leckereien, jede einzelne für sich ist eine Delikatesse. Nur daß die Japaner dann grundsätzlich alles in die gleiche Sojasauce tunken, geht dem Europäer gegen den Geschmack.

Ich habe nie verstanden, in welcher Reihenfolge man was zu essen hat. Zuerst den rohen Fisch und dann den eingelegten Ingwer? Oder vorher das gegrillte Hühnerfleisch? Oder das Gemüse, süß-sauer? Wann, um Himmels willen, die grünen Nudeln? »Wie man will, ganz wie man will«, sagen die Japaner und können nicht verstehen, daß gerade das gegen alle europäischen Essenssitten verstößt. Die Suppe am Schluß, heißt es immerhin. Aber das kommt uns nun widersinnig vor. Denn oft ist die Suppe das einzige Gericht, das warm serviert wird. Wenn man die Suppe, die natürlich mit allen anderen Speisen zusammen auf den Tisch kommt, am Schluß ißt, beziehungsweise schlürft, ist auch sie kalt geworden.

Ob kalte oder warme Speisen, darauf scheinen die Japaner keinen Wert zu legen. Viel wichtiger ist ihnen die unterschiedliche Konsistenz der Speisen. Die eine muß knusprig, die andere sämig sein. Der Reis beispielsweise ist nach unseren Begriffen hoffnungslos verkocht und pappig. Das alleroberste Gebot der japanischen Küche aber, viel wichtiger als die Kunst des Würzens, ist das dekorative Anrichten der Speisen, der optische Genuß. Fisch kann dabei aussehen wie Pralines oder Petits Fours. Aber Nachtisch, Dessert gibt es überhaupt keinen. Nach einer süßen Speise wird man in japanischen Restaurants vergeblich suchen. Auch nach Brot übrigens, es gibt einfach keines. Aber die jungen Leute in Japan, so hört man, essen immer mehr Brot, so daß die Reisbauern inzwischen schon über Absatzsorgen klagen.

Wenn der Tourist sich der japanischen Küche widmet, so ist dies nicht nur eine Frage der vergleichenden Völkerkunde, sondern auch eine der Reisekosten. Während man nämlich in den Hotels und Restaurants westlichen oder chinesischen Stils für eine Mahlzeit mindestens vier- oder fünftausend Yen bezahlen muß, braucht man in einem japanischen Restaurant selten mehr als 1500 Yen. Bedenkt man das kleine Vermögen, das man allein für Taxikosten ausgibt, dann beginnt man, seine Reisekasse nachzuzählen. Selbst der Eintritt ins Museum kostet nie unter 500 Yen, also fünf Mark. Abgesehen von Uhren, Foto- und Phonogeräten ist Telefonieren wahrscheinlich das einzige, was in Tokio wirklich billig ist: zehn Yen, also zehn Pfennig, kostet das Drei-Minuten-Gespräch. Aber wann telefoniert man schon einmal in Tokio?

In der U-Bahn-Station Hibiya fragte ich einen älteren Herrn, auf welcher Seite des Bahnsteigs der Zug in Richtung Onarimon fahre. Darauf kamen ihm Bedenken, ob der Bahnsteig für Onarimon denn überhaupt der richtige sei. Ich wußte genau, daß es der richtige war. Aber ich mußte den Alten erst überzeugen. Er ließ mich nicht fort, bevor wir vereint den Stadtplan studiert und analysiert hatten. Und es wäre gewiß auch unhöflich gewesen, an dieser Stelle mit meinen stolzen Kenntnissen über das innere Wesen der U-Bahn von Tokio zu prahlen. Das habe ich eingesehen. Aber auf diese Weise habe ich den letzten Zug verpaßt.

Gabrielle Wittkop-Ménardeau

Fast ein Planet

Beobachtungen in Tokio

Zuallererst ein Geruch. Tokio riecht nach Bonbon, nach Desinfizierungsmittel mit dem Aprikosenduft billiger Parfüms, synthetic flavour. Vor der Tür der Restaurants und sogar vor der der soba-ya, wo kalte Nudeln, nur mit einer Sojasauce begossen, serviert werden, steht der Dachs aus Fayence oder Holz als ein Symbol der Üppigkeit. Er soll der Legende nach auf seinem Baum trommeln und je nachdem seine Gestalt verwandeln, um seine Leidenschaft für Krapfen stillen zu können. In der Vitrine versuchen erstaunlich naturalistische Attrappen eine Wahl zu erleichtern, die nicht ohne eine gewisse Schwierigkeit ist. In Margeritenform geschnittene Meerrettichscheiben, gekochte Koloquinten, zu Fächern verarbeitet, Schmetterlinge und Phönix aus Bohnenpaste – daran hatte Cesar Ritz nicht gedacht, als er den Rat gab, niemals ein Gericht zu dekorieren –, Schnitten aus grauem Gelee, die in roten Schalen zittern, blinde Suppen in Schüsselchen aus schwarzem Lack, worin weißliche Buletten schwimmen, sauersüße Rohkost, Lamellen von rohem Fisch, zu Chrysanthemen zusammengefügt, derartiges, völlig fettloses Angebot ruft Erinnerungen an die Menüs von 1947 wach und an Jugendjahre, die von der Furcht vor dem Cholesterin noch verschont waren. Allerdings kann man auch ein schönes tempura finden, eine Fritüre aus Meeresfrüchten, die portugiesische Jesuiten in Japan eingeführt haben, weil sie die Gerichte der Fastenzeit – tempora – weniger puritanisch wünschten als zum Beispiel das o-den, einen Brei aus Tintenfisch, der in Wasser abgekocht ist und mit karamellisiertem Soja gewürzt wird. Und so ist denn jedermann schlank, abgesehen von dem Dachs natürlich, der, unter dem schwarzen Vorhang mit dem Namen des Restaurants, unermüdlich irgendeinen problematischen Krapfen erhofft.

Im öffentlichen Ueno-Park rieselt der doppelte Regen der Wassertropfen und der Kirschblütenblätter auf die sonntägliche Menge herab. Unter farbigen Schirmen sitzen die Familien und trinken Tee. Man singt zum Klang des Shamisen; die Fröhlichkeit ist beschwingt und ohne Vulgarität. Wie aus Seidenpapier geschnitten ist die ganze Szene, und nur Rodins Denker besitzt Schwerkraft; Rodins Werke, große exotische Fetische, sind nämlich zahlreich in einem Land, das zwar das Exotische ablehnt, das jedoch durch die Weisungen Meijis zu den exemplarischen Werten des Kosmopolitismus gelenkt worden ist. Plötzlich ziehen die schrillen Mißtöne eines Akkordeons die Aufmerksamkeit auf eine Gruppe von drei wie Krankenpfleger gekleideten Bettlern: der Musikant steht aufrecht und wird von zwei anderen auf allen vieren flankiert; deren maskierte Gesichter sind dem Boden zugewendet, die Hände in weißen Handschuhen, statt der Beine Metallstäbe wie Insektenglieder, im Regen glänzend. Sie sind schauerlich anonym. Dennoch wird an sie gedacht, und an den Straßenkreuzungen gibt es außer den Verkehrsampeln auch akustische Signale: der Kuckuck lädt zum Warten ein, der Sperling fordert auf, die Fahrbahn zu überqueren, und piepst lang genug, um auch den Alten und den Versehrten genügend Zeit dafür zu lassen, ohne daß sie hasten müssen. Symbole sind beliebt: ein grünes Blatt am Wagen zeigt an, daß ein Anfänger darin sitzt, während ein gelbes Zeichen angibt, daß der Fahrer nur über einen provisorischen Führerschein verfügt. Wenn alles gutgeht, kann er den echten Führerschein gegen eine Gebühr von umgerechnet tausend Mark erwerben.

Die Untergrundbahn ist mit ihren Trinkwasserbrunnen und Marmorsäulen von der Sauberkeit eines Hospitals. Wie Herrschaftschauffeure sind die Schaffner weiß behandschuht ... oder wie die Bettler im Ueno. Wie es scheint, ist der Japaner zwar unempfindlich gegen Kälte und mangelnden Komfort, jedoch äußerst darauf bedacht, direkten Hautkontakt zu vermeiden. Ein Land der Hygiene, Land des Handschuhs, wo die Hände der Straßenfeger und der Toilettenfrauen in lila Gummi verschwinden. Sogar der Stadtstreicher, der an der Shibuya-Station im Kehricht wühlt, trägt Handschuhe. Figuren wie er sind übrigens in Tokio sehr selten und können nicht auf die geringste Nachsicht rechnen. Er ist ein eta; eine Unperson, ein Schatten, ähnlich wie in schwarzen Kapuzen die Lenker der Bunraku-Marionetten Unpersonen sind, die als nichtexistierend angesehen werden und in der Ikonographie nirgends auftauchen.

Wenig Sitzplätze in der Untergrundbahn: in Voraussicht der Stunden des großen Andrangs nach Geschäftsschluß sind die Bänke parallel an den Wänden entlang. Keinerlei Gedränge; man stellt sich in Reihen an, um einzusteigen. Keine Hysterie wie in Europa, und wenn die Männer die Plätze einnehmen und selbst alte und schwangere Frauen stehen müssen, so ist es auf Grund eines überkommenen Rechtes und nicht einer der Undiszipliniertheit verdankten Chance.

In keinem anderen Land sieht man so viele verkrüppelte, zwergenhafte und bucklige alte Frauen. Schuld daran sind weder die Arbeit noch der Rheumatismus, noch auch die ewigen Verbeugungen, sondern wahrscheinlich der Kimono, der das Gehen behindert, die Knie zusammenpreßt, und die Füße einwärts dreht, während der Körper, völlig aus dem Gleichgewicht gebracht, sich im Lauf der Jahre immer stärker vorwärts neigt, bis er einen rechten Winkel bildet. Die Malerin aus dem japanischen Mittelalter zeigt den Adel der damaligen Bekleidung, weite rote Hosen, wehende übereinandergetragene Mäntel, frei herabfallendes Haar, wie auf den Porträts der höfischen Dichterinnen aus der Fuijiwara-Epoche, während der moderne weibliche Kimono, in seiner einengenden Unnachgiebigkeit, starr wie ein Sarg, den Körper zum Anonymat verdammt. Auch wenn der Stoff prachtvoll ist, bleibt die ungraziöse Einzwängung, um so unverständlicher, wenn man den enormen Aufwand an Stoff bedenkt. Die Preise sind unterschiedlich, doch für ein Exemplar von schöner Qualität muß man kaum weniger als eine Million Yen (etwa zehntausend Mark) rechnen, wozu noch der Preis des Obi, des breiten Brokatgürtels, und der verschiedenen Zubehörteile kommt. Der Traditionalismus ist ein Luxus.

»Weißer Regen auf den Nihon-bashi« ... Viele Male von den Menschen oder den Erdbeben zerstört, wieder auf- und umgebaut, zeigt die berühmteste japanische Brücke, von wo aus man besser als irgendwo sonst »die Sonne sich im Osten aus dem Meer erheben sehen konnte«, nicht mehr die mindeste Ähnlichkeit mit dem Holzschnitt von Hiroshige. Heute ist sie ein langer Betonsteg zwischen den Hochhäusern der Banken, Versicherungsgesellschaften und den großen Kaufhäusern. Dennoch ist die alte Verfügung aus der Tokugawa-Epoche in Kraft, und noch immer befindet sich in der Mitte des Nihonbashi der Nullpunkt, von dem alle japanischen Entfernungsmessungen ausgehen. Hier ist die Stadt senkrecht, übereinandergetürmt, zum Himmel ansteigend, jedoch so gebaut, daß sie den Erdbeben trotzen kann. Hier und da liegt zwischen den Kolossalfassaden ein kleines Haus mit blauem Ziegeldach, mit roter und goldner Tür, irgendein Luxus-Etablissement oder ein traditioneller Wohnsitz.

Tokio, fast ein Planet. Die Quadrierung dieses gewaltigen Konglomerates von 33 Ortschaften, dieses Ungeheuer, das sich praktisch bis nach Yokohama erstreckt, bleibt völlig labyrinthisch. Wenn in manchen Vierteln jeder Häuserblock numeriert ist, so bleibt die winzige Ziffer auf den Karten mit ihrem unentzifferbaren Gewirr von Zeichen unauffindbar, und man kann nicht feststellen, wo der nächste Block beginnt oder wo der eigene Standort ist. Alle Namen sind in Kanji oder Kana geschrieben, manchmal von links, meist von oben nach unten, links nach rechts, manchmal von rechts, während die einzige nicht zugelassene Richtung von unten nach oben ist. Es ist zu empfehlen, niemals auszugehen, ohne die Adresse des Hotels in Kanji bei sich zu haben. Dieser unentwirrbare Aspekt eines Landes, das für die Klarheit seiner Linie und die Ruhe seiner Räume berühmt ist, mag wohl eine der letzten chinesischen Erbschaften sein oder wohl auch »die Rückseite der Stickerei«, das im Negativ gezeichnete Motiv, die dunkle chaotische Seite, nach der eine auf die Spitze getriebene Askese plötzlich kippt, um dort ihrem dialektischen Gegenteil zu begegnen. Man muß an Kafka denken oder auch an Orwell. Sogar ein örtlicher

Fremdenführer – im internationalen Kauderwelsch gaido nach dem englischen guide genannt – vermag den Taxichauffeur, der zwangsläufig nur seinen eigenen Distrikt kennt, nur mit Mühe den Weg zu erläutern. In Tokio hat man seit Menschengedenken keinen Taxichauffeur den Koffer des Fahrgastes aufheben oder die geringste Beistandsgeste machen sehen; seine einzige spezielle Initiative besteht darin, flink die Halb-Automatik zu betätigen, mit der der Wagenschlag die Finger des Fahrgastes einklemmt; dabei hat man sie noch nötig, um zwei oder drei Finger zu heben, will man sein Einverständnis ausdrücken, nach 23 Uhr die doppelte oder die dreifache Taxe zu zahlen.

Mit viel Vorsicht kann man Spaziergänge in der Stadt riskieren, sofern man sich nicht zu weit vom Hotel entfernt und darauf achtet, sich ein paar unverwechselbare Kennpunkte einzuprägen. Zum Beispiel das Denkmal, das zur Erinnerung an einen Hund errichtet wurde, der jahrelang auf den toten Herrn wartete. Blumenbekränzt, feiert er allegorisch die Treue und erreicht mythologische Dimension, die nur allein ein Tier als Tier aufwertet in einem Land, wo es praktisch nur für Kochtopf oder Laboratorium existiert, es erfülle denn einen dekorativen Zweck wie die prachtvollen rosaroten und weißen, seltsam gezeichneten, goldgetigerten schwarzgetupften Karpfen, für welche Sammler bis zu 200 000 Yen zahlen.

Stadtkaleidoskop. In Marunouchi, dem Geschäftsviertel, wo eine Filiale zu haben jede bedeutende Firma ihrem Prestige schuldig ist, öffnen die Antiquitätenhändler ihre eisernen Rolläden, die Trottoirs werden gewaschen, vor den Restaurants werden Flaschen abgeladen. In hundert Jahren wird vielleicht die Rue Saint-Honoré einmal so aussehen: Erinnerung an die Zukunft und nostalgische Haute Couture zwischen den Klippen der Wolkenkratzer.

Kasumigaseki. Das Viertel der Ministerien, doch vor allem große Lektion in Architektur, ideale Konkretisierung aller geometrischen Abstraktion. Auf einer Mauer beansprucht eine Inschrift für die jetzige Epoche den Namen des letzten Tenno. In einem Square sind die Bäume in schwarzes Nylon eingewickelt, Baumwitwen, von Gärtnern eingekleidet. Vom 36. Stockwerk des Kasumigaseki-Hochhauses aus umfaßt der Blick einen

Häuserozean mit Parks, Türmen, dem kaiserlichen Palast, dessen Mauern sich im grünen Wasser eines Kanals spiegeln, wo junge Leute rudern, und mit dem Parlamentsgebäude, einem riesigen Granitkuchen, der lange Zeit der höchste Bau in Japan gewesen ist. Heute scheint er ziemlich bescheiden neben dem New Otani Hotel wie die schmiegsame, runde Schulter eines Kolosses, oder verglichen mit dem Tokyo Tower, der höher ist als der Eiffelturm. Die Japaner lieben die Superlative.

Kanda, ein rührendes Stadtviertel mit Holzhäuschen und Ziegeldächern; man hat einfach das Papier durch Glas ersetzt; die Nylonkarpfen geben die Anzahl der Knaben jeder Familie an. In den Höfen werden grüne Pflanzen gepflegt. Die Kneipen heizen mit alten Elektroöfen, und die Stromleitungen bilden Notlinien in der Luft, zeichnen Graphiken an den Himmel; niemand stört sich daran in diesem doch so hoch technisierten Land. Ebensowenig wundert man sich über die Anzahl alter kleiner Lebensmittellädchen, deren Kundschaft ihnen trotz der Supermärkte treu bleibt. Als unerwarteter Beweis für den patriarchalischen Konservativismus und für die Hochschätzung affektiver Werte hat Tante Emma noch ihre japanische Entsprechung.

Die Menge hastet geschickt ohne Karambolagen. Ungemein differenziert erzählen die Gesichter Japans lange Geschichte. Alle Augenblicke trifft man auf Leute, die von einer Hochzeit zurückkommen, an ihrer dunklen Kleidung und an dem in den Furoshiki eingewickelten Paket erkennbar, da die Jungverheirateten das Hochzeitsgeschenk durch eine Gegengabe von höherem Wert erwidern müssen. Trotz des Lärms gibt es statt der Telefonzellen nur die nach der Straße zu offenen Muscheln, die großen Zuspruch finden, denn Tokio ist vielleicht auf der ganzen Welt die Stadt, in der am häufigsten telefoniert wird. Blaue Telefone für den zwischenstädtischen Fernsprechverkehr, rote für Gespräche innerhalb der Stadt, die bei drei Minuten Dauer nur 10 Yen kosten und, sobald eine leise Flötenmelodie erklingt, verlängert werden können. Etwas durch Musik zu sagen ist äußerst beliebt, und die gleiche Melodie leitet, allabendlich um 21.30 Uhr präzise, auch die süßliche Stimme ein, die im Hotelzimmer von der Decke herabschallt, um gute Nacht zu wünschen und zu mahnen, man möge im Bett nicht rauchen.

Ob die Stimme wohl auch ein unsichtbares Auge besitzt? Once more George Orwell.

Tokio muß man abends sehen, wenn der nasse Asphalt die Lichtreklamen spiegelt, die wie die »roaring twenties« zucken, funkeln, erlöschen, aufflammen und tanzen, die riesigen Ideogramme an den Hochhäusern vor dem violetten Himmel, die Kandelaber mit den Kugellampen, gruppiert wie von einem Luftballonhändler, das eilige Aufblitzen der Wagen, die Pilzkultur der farbigen Regenschirme. Zahlreiche Kinos, Nachtlokale mit französischen Namen, Konfektionsgeschäfte, Yakitori-Bratereien mit ihren roten Papierlaternen, viele Pachinko-Kaschemmen.

Draußen eilen die kleinen Verkäuferinnen zur U-Bahn, ihre Regenmäntel schimmern wie Reptilienhaut. (Gelobt seien diese kleinen Verkäuferinnen, sie sind in Tokio die einzigen, die man lachen hört.) Wie Neon-Kometen flitzen die Züge über Metallbrücken. Über den Dächern kündet ein weißer Riesenkegel irgendein Bowling an und sieht wie eine enorme Sake-Flasche aus. Doch wer das nächtliche Tokio vom Hotelfenster aus fotografieren will, entdeckt eine Perle japanischer Logik: »Please be careful when you open the window. The window cannot be opened.«

Die Hotelverwaltung verweigert den Schlüssel zum Öffnen, denn was beweist schließlich, daß der Gast nicht die Absicht hat, sich hinabzustürzen? Mehr als das Land des Lächelns ist Japan das Land des Selbstmords, wenn die Insulaner auch, statt aus irgendeinem namenlosen Fenster zu springen, gewähltere Todesarten vorziehen. An den Hängen des Fuji-san gibt es einen Wald, dessen Gestrüpp so unentwirrbar ist, daß man aus ihm nicht mehr herausfindet. Es ist der Ausflugsort für unglückliche Liebespaare, die weder ihrer Familie ungehorsam sein noch voneinander lassen wollen – und nie wieder findet man ihre Spur. Nein, manchmal stößt man auf ihre Skelette, scheint es, was allerdings die Annahme nahe legt, daß es doch auch Leute geben muß, die herausfinden und geheime Schneisen des Waldes kennen. Vielleicht Skelettsammler?

Wenn auch der Artikel IX der Verfassung – einzigartig auf der Welt – den förmlichen Verzicht auf jede Art von Recht zur Kriegsführung festgeschrieben hat, so ist Japan doch immer noch ein Land der Uniformen, des Mannschaftssports und der autoritären Überwachung. Unmöglich, einen Tempel oder Schrein zu besuchen, ohne auf die düsteren Heuschreckenscharen von Schülern zu stoßen, deren schwarze Livree an Klerikales und an Martialisches erinnert, namentlich, wenn sie bei Erledigung ihres Besuchsprogramms in den kulturellen Stätten Wimpel und Fähnchen als Sammlungszeichen schwenken.

Asakusa. Der Tempel der Kwannon steht im Vergnügungsviertel und in »the floating world«, wo sich Utamaro seine Inspiration zu holen pflegte. Der Legende nach hätten Fischer in ihren Netzen aus dem Sumida die goldene Statue mitgebracht, die jetzt die Verehrung der Gläubigen empfängt. Hat man die Pforte, zwischen den beiden Wächtern des Windes und des Regens hinter ihrem Gitter aus Hühnerdraht, durchschritten, gelangt man in die lange Allee der Nakamise, der Buden mit Zuckerzeug, Souvenirs, mechanischem Spielzeug. Familien, Neugierige, vor allem aber Pilger, drängen zu den Weihrauchbecken, deren Rauch alle Leiden heilen soll. Das Gesicht im Schatten des großen Hutes verborgen, schreitet ein buddhistischer Mönch langsam dahin, in seinen schwarzweißen Mantel gehüllt, die Bettlerschale in der Hand, und murmelt Gebete. Im Tempel – Gold, roter Lack, Kerzen und Opfergaben – herrscht ein unaufhörliches Kommen und Gehen. Niemand verweilt lange. Ein kurzes Gebet, ein Weihrauchstäbchen, ein Obolus, der in den vergitterten Holzbehälter geworfen wird, der Kauf vielleicht eines seidenen Amuletts, und schon ist der Besuch beendet. Nicht selten sieht man übrigens dieselbe Person direkt von einem schintoistischen Schrein zu einem buddhistischen Tempel hinübergehen und umgekehrt, die 800 Millionen Schinto-Gottheiten verhindern es keineswegs, daß der Gläubige auch einer der zahllosen buddhistischen Sekten angehört. Geburt und Heirat sind in der Regel schintoistisch, aber es kommt häufig vor, daß die Begräbnisriten auf buddhistische Weise ablaufen.

Wenn ein derartiger Synkretismus auch mehreren asiatischen Ländern gemeinsam ist, so hat man im Hinblick auf den Japaner doch den Eindruck, daß er seine Elastizität vor allem auf metaphysisches Gebiet auszudehnen vermag; zum Beispiel gehorcht er dieser glücklichen Geschmeidigkeit, wenn er nach

Befragung eines Orakels sich einer ihm mißfallenden Weissagung entledigt, indem er sie in einen Baum hängt, so daß überall in der Nachbarschaft der Tempel die Bäume Papierschnitzel tragen, wie die Biedermeierfräulein ihre Lockenwickler, frivoler Aspekt einer ernsten Sache, beweist sie doch, daß Japan zum Glück noch andere Wege zu gehen vermag als bloß die der Rigorosität.

CIP-Kurztitelaufnahme der Deutschen Bibliothek

Das Reiselesebuch Asien
hrsg. von Theodor Geus
Frankfurt (Main) - Societäts-Verlag, 1984
ISBN 3-7973-0424-2
NE: Geus, Theodor [Hrsg.]